INNSBRUCKER BEITRÄGE ZUR KULTURWISSENSCHAFT

Im Auftrag der
Innsbrucker Gesellschaft zur Pflege der Geisteswissenschaften
herausgegeben von

WOLFGANG MEID

Sonderheft 87

Ghiorgo Zafiropulo

L'ILLUMINATION DU BUDDHA

De la Quête à l'Annonce de l'Eveil
Essais de chronologie relative et de stratigraphie textuelle

Enquête sur l'ensemble des textes canoniques bouddhistes
se référant — à titre principal ou accessoire —
à l'«Abhisaṃbodhi» du fondateur et à quelques épisodes
connexes: antérieurs ou postérieurs

Innsbruck 1993

Gedruckt mit Unterstützung des Fonds zur Förderung der wissenschaftlichen Forschung (FWF) in Wien und des Universitätsbundes Innsbruck.

ISBN Nr. 3-85124-168-1

Texterfassung: Institut für Sprachwissenschaft und Druckerei G. Grasl
Datenkonvertierung und Herstellung: Druckerei G. Grasl, A-2540 Bad Vöslau

Auslieferung durch:
Institut für Sprachwissenschaft der Universität Innsbruck
A-6020 Innsbruck, Innrain 52

Avec toute ma reconnaissance, ce travail est dédié à quatre personnes sans lesquelles il n'aurait jamais pu être mené à bien:

A mon épouse Isabella Prinzessin von SCHOENBURG-HARTENSTEIN,
ainsi qu'à Monseigneur Etienne LAMOTTE,
tous deux ne plus de ce monde

et à messieurs les professeurs Dr. Ernst STEINKELLNER (Wien)
et Dr. Hans SCHMEJA (Innsbruck)

«Fils de famille, celui qui, voyant l'inconditionné (*asaṃskṛta*), est entré dans la détermination absolue de l'acquisition du bien suprême (*avakrāntaniyāma*) n'est pas capable de produire la pensée de la suprême et parfaite illumination (*anuttarasamyaksaṃbodhicitta*). Au contraire celui qui se base sur les conditionnés (*saṃskṛta*) — ces mines de passions (*kleśākara)* — et qui n'a pas encore vu les vérités saintes (*adṛṣṭasatya*), celui-là est capable de produire la pensée de la suprême et parfaite illumination.»

VIMALAKĪRTINIRDEŚA Chap. VII, § 3 [LAMOTTE ⟨1962⟩ p. 289 – 290]

Table analytique des matières

Abréviations des textes cités

A.	= Aṅguttara Nikāya (PTS). Ed. par R. Morris et E. Hardy, London 1885 (2me éd. rev. par A. K. Warder 1961), 1888, 1895, 1899, 1900 (5 vol.)
ABH.K.	= Abhidharmakośa de Vasubandhu. Trad. annotée de L. de la Vallée Poussin, Paris, 1923, 1924, 1925, 1926, 1931 (6 vol.)
ABH.K.BH.	= Abhidharmakośabhasya. Ed. par P. Pradhan, 2me éd. rev. par Aruna Haldar, Patna 1975
AŚV.	= Aśvaghoṣa: Buddhacarita. Ed. et trad. de E. H. Johnston, Calcutta 1935 – 1936, 2me éd. Delhi 1972
B.H.S.D.	= Buddhist Hybrid Sanskrit Dictionary de F. Edgerton, New Haven, Yale Univ. 1953
CPS.	= Catuṣpariṣatsūtra. Ed. par E. Waldschmidt, Teil II und III, Berlin 1957 – 1962
CR.P.D.	= Critical Pāli Dictionary. Publ. par V. Trenckner, D. Andersen, H. Smith, L. Alsdorf, K. R. Norman, Copenhague 1924 – 1987. En cours de publication: on en est arrivé à la lettre „e" seulement
D.	= Dīgha Nikāya (PTS). Ed. par. T. W. Rhys Davids et E. Carpenter, London 1899, 1903, 1910 (3 vol.)
DAS.	= Daśabalasūtra. Ed. et trad. par E. Waldschmidt, in „Bruchstücke buddhistischer Sūtras aus dem ... Sanskrit ...", Leipzig 1932, Reprint Wiesbaden 1979
DH.	= Dhammapada. Ed. et trad. par S. Radhakrishnan, Oxford 1950
EĀ/c.	= Ekottarāgama (chinois), Taishō 1425
G.DH.	= Gāndhāri Dharmapada. Ed. par John Brough, London 1962
IT.	= Itivuttaka (PTS.). Ed. par E. Windisch, London 1890
LV.	= Lalita Vistara. Ed. par. S. Lefman, Halle a. S. 1902
M.	= Majjhima Nikāya (PTS). Vol. I. Ed. par V. Trenckner, II et III par R. Chalmers, London 1888, 1896 et 1899 (3 vol.)
MĀ/c.	= Mādhyamāgama (chinois), Taishō 26
MVU	= Mahāvastu. Ed. par Emile Senart, (3 vol.) Paris 1882, 1890 et 1897
MW.S.E.D.	= Monier Williams, A Sanskrit-English Dictionary, 2me éd., Oxford 1899
NID.S.	= Nidānasaṃyukta. „Fünfundzwanzig Sūtras des ..." Ed. et trad. par Chandrabhāl Tripāṭhī, Berlin 1962, „Sanskrittexte aus den Turfanfunden" VIII
PTS.	= Pāli Text Society
P.T.S.D.	= The Pāli Text Society's Pāli-English Dictionary. Ed. par T. W. Rhys Davids et W. Stede, London 1921 – 1925
PTN.DH.	= Patna Dharmapada. Ed. par Gustav Roth, Göttingen 1980 (pour détails voir Roth in Bibliographie)
S.	= Saṃyutta Nikāya (PTS). Ed. par Léon Feer, London 1884, 1888, 1890, 1893 et 1898 (5 vol.)
S.BH.VU	= Saṅghabhedavastu. Ed. par Raniero Gnoli, Rome 1977 – 1978, I.S.M.E.O.: S.O.R XLIX 1 et 2
SN.	= Sutta-Nipāta (PTS). Ed. par Dines Andersen et Helmer Smith, London 1913
THA.	= Theragāthā (PTS). Ed. par H. Oldenberg, 2me éd., London 1966, avec appendices de K. R. Norman
THĪ.	= Therīgāthā (PTS). Ed. par R. Pischel, 2me éd., London 1966, avec appendices de L. Alsdorf

UD.	= Udāna (PTS). Ed. par P. Steinthal, London 1885
UV.	= Udānavarga. Ed. par Franz Bernhard, Göttingen 1965–1968, „Sanskrittexte aus den Turfanfunden" X
VIN.	= Vinayapiṭaka. Vol. I à IV. Ed. par H. Oldenberg, London 1879, 1880, 1881, 1882
VIN.DHG./c.	= Vinaya Dharmagupta, Taishō 1428
VIN.MAHĀSĀṂ./c.	= Vinaya Mahāsāṃghika, Taishō 1425
VIN.MAHĪŚĀSAKA/c.	= Vinaya Mahīśāsaka, Taishō 1421
VIN.SARV./c.	= Vinaya Sarvāstivādin, Taishō 1435
YAŚ.	= Sphūṭārthā Abhidharmakośavyākhyā de Yaśomitra. Ed. par Wogihara, 2 vol., 1er éd. Tokyo 1932–1936, Reprint Tokyo 1971

Bibliographie

Akanuma

⟨1929⟩: Chizen Akanuma, „Comparative Catalogue of Chinese Āgamas and Pāli Nikāyas", Nagoya

Alsdorf

⟨1965⟩: Ludwig Alsdorf, „Les études jaina — état présent et tâches futures", Collège de France, Paris

⟨1968⟩: „Die Āryā-Strophen des Pāli Kanon", Wiesbaden, Akademie der Wissenschaften und der Literatur, Abh. der Geistes- und Sozialwiss. Klasse, Jahrg. 1967, Nr. 4

Bareau

⟨1955⟩: André Bareau, „Les sectes bouddhiques du Petit Véhicule", Saigon, Publ. Ec. Fr. Ex. Or., XXXVIII

⟨1962⟩: Id., „La légende de la jeunesse du Buddha dans les Vinayapiṭaka anciens, in „Oriens Extremus", Wiesbaden, Jahrg. 9, Heft 1, p. 6 – 38

⟨1963⟩: Id., „Recherches sur la biographie du Buddha dans les Sūtrapiṭaka et Vinayapiṭaka anciens" [1er partie] De la quête de l'éveil à la conversion de Maudgalyāyana, Paris, Publ. Ec. Fr. Ex. Or., LIII

⟨1970 – 71⟩: Id., [2me partie] Les derniers mois. Le Parinirvāṇa et les funérailles, Paris, ibid. LXXVII, tomes I et II

⟨1974⟩: Id., „La jeunesse du Buddha dans les Sūtrapiṭaka et Vinayapiṭaka anciens", in BEFEO., LXI, p. 199 – 274

⟨1979⟩: Id., „La composition et les étapes de la formation progressive du Mahāparinirvāṇasūtra ancien", in BEFEO., LXVI, p. 45 – 103

⟨1980⟩: Id., „Le Buddha à Uruvilva", in „Festschrift" pour Mgr. E. Lamotte, MCB., Louvain-la-neuve

Basham

⟨1951⟩: A. L. Basham, „History and Doctrines of the Āsīvikas", London

Bechert

⟨1973⟩: Heinz Bechert, „Notes on the formation of buddhist sects and the origins of Mahāyāna", in „German Scholars on India", Contributions to Indian Studies, vol. I, p. 6 – 18, Varanasi

⟨1976⟩: Id., „Buddha — Feld- und Verdienstübertragung: Mahāyāna-Ideen im Theravada-Buddhismus Ceylons", in Acad. R. de Belg. „Bull. Cl. Lettres et Sc. Morales", 5me série, t. LXII, 1 – 2, p. 27 – 51, Bruxelles

Bernhard

⟨1965 – 68⟩: Franz Bernhard, „Udānavarga", herausgegeben von ..., Göttingen, 2 vol.

⟨1969⟩: Id., „Zur Interpretation der Pratītyasamutpāda Formel", in „Festschrift Frauwallner", Wien, WZKSO., XII—XIII, p. 53 – 63

Bloch

⟨1950⟩: Jules Bloch, „Les inscriptions d'Asoka", Paris, „Les belles lettres"

Bollee

⟨1971⟩: Willem B. Bollée, „Anmerkungen zum buddhistischen Häretikerbild", in ZDMG., Band 121, p. 70 – 90, Berlin

⟨1980⟩: Id., „The Pādas of the Suttanipāta", STIIM., 7, Reinbek

⟨1983⟩: Id., „Reverse index of the Dhammapada, Suttanipāta, Thera- and Therīgāthā Pādas", STIIM., 8, Reinbek

BRONKHORST
⟨1985⟩: Johannes Bronkhorst, „Dharma and Abhidharma“, in BSOAS., XLVIII/2, p. 305 – 320, London
⟨1986⟩: Id., „The two traditions of meditation in Ancient India“, Stuttgart, „Alt- und Neuindische Studien“, 28

BROUGH
⟨1962⟩: John Brough, „The Gāndhāri Dharmapada“, edited by ..., London

CONZE
⟨1954⟩: Edward Conze, „Buddhist texts through the ages“, Oxford

DE JONG
⟨1949⟩: J. W. de Jong, „Cinq chapitres de la Prasannapada“, Paris
⟨1991⟩: Id., „Buddhist Studies“ (1984 – 1990) [publié au Japon]

DELBRÜCK
⟨1888⟩: B. Delbrück, „Altindische Syntax“, Halle a. S.

DUTOIT
⟨1905⟩: Julius Dutoit, „Die Duṣkaracaryā des Bodhisattva“, Strassburg

EDGERTON
⟨1953⟩: Franklin Edgerton, „Buddhist Hybrid Sanskrit grammar and dictionary“, 2 vol., New Haven: Yale Univ. Press

ERGARDT
⟨1977⟩: J. T. Ergardt, „Faith and knowledge in Early Buddhism“, Leiden

FAHS
⟨1985⟩: Achim Fahs, „Grammatik des Pāli“, Leipzig

FAUSBÖLL
⟨1898⟩: V. Fausböll, „The Sutta-Nipāta“, translated by ..., 2nd ed. in „Sacred Books of the East“, vol. X, Oxford (reprint 1965: Banarsidas, Delhi)

FEER
⟨1870⟩: M. Léon Feer, „Les quatre vérités et la prédication de Bénarès“, in J. A., Paris: Mai – Juin 1870, p. 345 – 472

FILLIOZAT
⟨1955⟩: Jean Filliozat, „Compte-rendu de EDGERTON ⟨1953⟩“, in Toung Pao, tome XLIII/1 + 2, p. 147 – 171, Leyden

FOUCHER
⟨1949⟩: A. Foucher, „La vie du Bouddha“, Paris

FRANKE
⟨1913⟩: Otto Franke, „Dīghanikāya in Auswahl übersetzt“, Göttingen

FRAUWALLNER
⟨1953⟩: Erich Frauwallner, „Geschichte der indischen Philosophie“, Salzburg, Band I
⟨1956 a⟩: Id., „The earliest Vinaya and the beginnings of buddhist literature“, Rome, I.S.M.E.O.: S.O.R. VIII
⟨1956 b⟩: Id., „Die Philosophie des Buddhismus“, Berlin
⟨1971 – 72⟩: Id., „Abhidharma-Studien“, III et IV, Wien, in WZKS., XV, p. 69 – 121 et XVI, p. 95 – 152

GEIGER
⟨1925⟩: Wilhelm Geiger, „Saṃyutta-Nikāya“, trad. du Nidāna-Saṃyutta: XIIme, München
⟨1930⟩: Id., Idem, trad. des onze premiers Saṃyuttas, München

GOMEZ
⟨1976⟩: Luis O. Gomez, „Proto-Mādhyamika in the Pāli canon“, in „Philosophy East and West“, Hawai, 26, nr. 2 (april), p. 137 – 165

HAR DAYAL
⟨1932⟩: Har Dayal, „The Bodhisattva doctrine in Buddhist Sanskrit literature", London

HARE
⟨1934⟩: E. M. Hare, „The Book of the Gradual Sayings", [trad. de l'Aṅguttara-Nikāya] PTS., London, vol. III

HARVEY
⟨1983⟩: Peter Harvey, „The nature of the Tathāgata", in „Buddhist Studies", ed. by Ph. Denwood and Al. Piatigorsky, p. 35 – 52

HEILER
⟨1922⟩: Friedrich Heiler, „Die buddhistische Versenkung" [2. verbesserte Auflage], München

V. HINÜBER
⟨1968⟩: Oskar von Hinüber, „Studien zur Kasussyntax des Pāli, besonders des Vinaya-Piṭaka", München
⟨1979⟩: Id., „Die Erforschung der Gilgit-Handschriften", Göttingen, N.A.W.G. (Phil.-hist. Kl.), Jahrg. 1979, Nr. 12
⟨1986⟩: Id., „Das ältere Mittelindisch im Überblick", Wien, Ö. A. W. (Komm. für Sprachen und Kulturen Südasiens) 20
⟨1990⟩: Id., „Der Beginn der Schrift und frühe Schriftlichkeit in Indien", A.W.L. Mainz, Stuttgart 1990

HORNER
⟨1938⟩: Isaline B. Horner, „The Book of Discipline", I: Trad. du Vinaya III, Suttavibhaṅga, PTS. London
⟨1940⟩: Id., idem, II: Trad. du Vinaya IV, Suttavibhaṅga, PTS. London
⟨1942⟩: Id., idem, III: Trad. du Vinaya IV, Suttavibhaṅga, PTS. London
⟨1945⟩: Id., idem, IV: Trad. du Vinaya I, Mahāvagga, PTS. London
⟨1951⟩: Id., idem, V: Trad. du Vinaya II, Cūlavagga, PTS. London
⟨1954⟩: „Middle length sayings", I: Trad. du Majjhima N. I, p. 1 – 338, PTS. London
⟨1957⟩: Id., idem, II: Trad. du Majjhima N. I, p. 339 – 524, et du Majjhima N II, p. 1 – 213, PTS. London
⟨1959⟩: Id., idem, III: Trad. du Majjhima N. II, p. 214 – 266, PTS. London
et du Majjhima N. III, p. 1 – 302, PTS. London

JOHNSTON
⟨1936⟩ E. H. Johnston, „The Buddhacarita" (of Aśvaghoṣa), éd. et trad. par ..., Calcutta, 2ᵐᵉ édition, Delhi: 1972

JONES
⟨1949⟩: J. J. Jones, „The Mahāvastu", trad. ..., PTS. London, vol. I
⟨1952⟩: Id., idem, vol. II
⟨1956⟩: Id., idem, vol. III

LAMOTTE
⟨1944⟩: Mgr. Etienne Lamotte, „Traité de la grande vertue de sagesse", [en abrégé: „Traité ..."], tome I, Louvain, Bibl. Muséon, 18
⟨1947 – 48⟩: Id., „La légende du Buddha", in „Revue hist. des Rel.", Paris, tome 134, p. 37 – 71
⟨1947⟩: Id., „La critique d'authenticité dans le bouddhisme", in „India antiqua" (Fest. J. Ph. Vogel), Leyden, p. 213 – 222
⟨1949⟩: Id., „Traité ...", tome II, Louvain, Bibl. Muséon, 18
⟨1954⟩: Id., „Sur la formation du Mahāyāna", in „Asiatica" (Fest. Weller), Leipzig, p. 377 – 396
⟨1958⟩: Id., „Histoire du bouddhisme indien", Louvain, Bibl. Muséon, 43
⟨1962⟩: Id., „L'enseignement de Vimalakirti", Louvain, Bibl. Muséon, 51

⟨1970⟩: Id., „Traité ...“, tome III, Louvain, Publ. Inst. Or., 2
⟨1976⟩: Id., „Traité ...“, tome IV, Louvain, Publ. Inst. Or., 12
⟨1977⟩: Id., „Die bedingte Entstehung und die höchste Erleuchtung“, in „Beiträge zur Indienforschung“, Berlin (Fest. E. Waldschmidt), p. 279 – 298
⟨1980⟩: Id., „Traité ...“, tome V, Louvain, Publ. Inst. Or., 24

La Vallee Poussin
⟨1923 – 31⟩: Louis de la Vallée Poussin, „L'Abhidharmakośa de Vasubandhu, Vol. I – VI, Paris – Louvain
⟨1937 a⟩: Id., „Le bouddhisme et le Yoga de Patañjali“, in M. C. B., Louvain, tome V, p. 223 – 242
⟨1937 b⟩: Id., „Musīla et Nārada“, in M. C. B., Louvain, tome V, p. 189 – 203

Levi
⟨1915⟩: Sylvain Lévi, „Sur la récitation primitive des textes bouddhiques“, J. A., Paris, 11me série, V, p. 401 – 447

Mac Queen
⟨1984⟩: G. Mac Queen, „The doctrines of the Six Heretics according to the Śrāmaṇyaphala-S.“, I.I.J., Leiden, 27, p. 291 – 307

Masson
⟨1942⟩: J. Masson, „La religion populaire dans le canon Pāli, Louvain, Bibl. Muséon

Meisig
⟨1987⟩: Konrad Meisig, „Das Śramaṇyaphala-Sūtra“, Wiesbaden, Freiburger Beiträge zur Indologie, Band 19
⟨1990⟩: Id., „Meditation (Dhyāna) in der ältesten buddhistischen Lehre“, in: Festschrift A. Th. Khoury (Würzburger Forschungen zur Missions- und Religionswissenschaft: Religionswissenschaftliche Studien 14), Würzburg-Altenberge, 1990, pp. 541 – 554

Monier Williams (en abr.: M. W. S.E.D.)
Monier Williams, „A Sanskṛit-English Dictionary ...“, 2me éd., Oxford 1899

Nakamura
⟨1980⟩: Hajime Nakamura, „The theory of 'Dependent Origination' in its incipient stage“, in „Fest. Walpola Rahula“, London

Norman
⟨1976⟩: Kenneth Roy Norman, „Pāli and the language of the Heretics“, in „Acta Orientalia“, 37, p. 117 – 126
⟨1982⟩: Id., „The Four Noble Truths: A problem of Pāli syntax“, in „Indological and Buddhist studies“ (Fest. J. W. de Jong), Canberra
⟨1983⟩: Id., „Pāli literature“, Wiesbaden

Oldenberg
⟨1934⟩: Hermann Oldenberg (trad. fr.), „Le Bouddha“, Paris (d'après l'éd. allemande de 1923)

Pande
⟨1974⟩: Govind Chandra Pande, „Studies in the origins of buddhism“, 2nd ed., Delhi

Przyluski
⟨1926 – 28⟩: Jean Przyluski, „Le Concile de Rājagṛha“, Paris

Radhakrishnan
⟨1950⟩: S. Radhakrishnan, „The Dhammapada“, éd. et trad. par ..., Oxford (Indian Impression 1982)

Rhys Davids
⟨1922⟩: Mrs. Caroline Rhys Davids, „The Book of Kindred Sayings“ (trad. du Saṃyutta N.), tome II, PTS. London

⟨1938⟩: Id., „What was the Original Gospel in Buddhism?“, London

ROTH

⟨1980⟩: Gustav Roth, „Particular features of the language of the Ārya-Mahāsāṃghika-Lokottaravādins“, in „Die Sprache der ältesten buddhistischen Überlieferung“, Göttingen, A.A.W.G, Phil. Kl. 117; supplément: „Notes on the Patna Dharmapada“, p. 93 – 97 et „Text of the Patna Dharmapada“, p. 97 – 135

SCHMITHAUSEN

⟨1969⟩: Lambert Schmithausen, „Ich und Erlösung im Buddhismus“, in „Zeitschrift für Mission und Rel.-Wiss.“, Münster, 53, p. 157 – 170

⟨1977⟩: Id., „Die dreifache Leidhaftigkeit“, in ZDMG., Wiesbaden, suppl. III, 2, p. 918 – 931

⟨1978⟩: Id., „Zur Struktur der erlösenden Erfahrung im indischen Buddhismus“, in „Transzendenzerfahrung, Vollzugshorizont des Heils“, Wien, hersg. von G. Oberhammer, p. 97 – 119

⟨1981⟩: Id., „On some aspects of descriptions or theories of liberating insight and enlightenment in Early Buddhism“, Wiesbaden, in „Studien zum Jainismus und Buddhismus“, Gedenkschrift L. Alsdorf, Alt- und Neuindische Studien (Univ. Hamburg), p. 199 – 250

SENART

⟨1900⟩: Emile Senart, „Buddhisme et Yoga“, in „Revue de l'Hist. des Rel.“, tome 42, p. 345 – 364

SPEYER

⟨1896⟩: J. S. Speyer, „Vedische und Sanskrit-Syntax“, Strassburg (Grundriß der Indo-Arischen Philologie . . . I, 6)

THOMAS

⟨1933⟩: Edward J. Thomas, „History of Buddhist Thought“, London

⟨1947⟩: Id., „Nirvāṇa and Parinirvāṇa“, in „India antiqua“ (Fest. J. Ph. Vogel), Leyden, p. 294 – 295

⟨1949⟩: Id., „The Life of the Buddha“ (3rd rev. ed.), London, reprint 1975

TUNELD

⟨1915⟩: Ebbe Tuneld, „Recherches sur la valeur des traditions bouddhiques palie et non-palie“, Lund

VETTER

⟨1985⟩: Tilmann E. Vetter, „Recent research on the most ancient form of buddhism“, in „Buddhism and its relation to other religions“, (Fest. Dr. Shozen Kumoi), Kyoto, p. 67 – 84

⟨1987⟩: Id., „Some remarks on older parts of the Suttanipāta“, presented at the VIIth World Sanskrit Conference in Leyden '1987', forthcoming

⟨1988⟩: Id., „The ideas and meditative practices of Early Buddhism“, Leiden

VOGEL

⟨1970⟩: Claus Vogel, „The teaching of the Six Heretics“, Wiesbaden

WALDSCHMIDT

⟨1951⟩: Ernst Waldschmidt, „Catuṣpariṣasūtra, Vergleichende Analyse des . . .“, Fest. Walter Schubring, Hamburg, p. 84 – 122. Reprint Göttingen 1967, in „Von Ceylon bis Turfan“, p. 164 – 202

⟨1952⟩: Id., „Das Mahāvadānasūtra“, Teil I, Berlin, Abh. d. Ak. d. Wiss., Jahrg. 1952, Nr. 8

⟨1957⟩: Id., „Das Catuṣpariṣasūtra“, Teil II, Berlin, idem, Jahrg. 1956, Nr. 1.

⟨1958⟩: Id., „Ein zweites Daśabalasūtra“, Repr. 1967 in „Von Ceylon bis Turfan“, Göttingen, p. 347 – 352

⟨1960⟩: Id., „Die Erleuchtung des Buddha“, in „Fest. W. Krause“, Heidelberg, p. 214 – 229, Repr. 1967 in „Von Ceylon bis Turfan“, p. 396 – 411

⟨1962⟩: Id., „Das Catuṣpariṣasūtra“, Teil III, Berlin, Abh. d. Ak. d. Wiss., Jahrg. 1962, Nr. 1

⟨1979⟩: Id., „Daśabalasūtra“, in „Bruchstücke buddhistischer Sūtras aus dem zentralasiatischen Sanskrit Kanon“, Leipzig 1932, p. 207 – 225. Reprint Wiesbaden 1979, p. 403 – 421

⟨1982⟩: Id., „Die Legende vom Leben des Buddha“ (Trad. partielle du L. V.), 2me éd. revue, Graz [1er éd. 1929]

WARDER

⟨1956⟩: A. K. Warder, „On Relationships between Early Buddhism and other Contemporary Systems“, in BSOAS., XVIII, p. 43 – 63

WELLER

⟨1928⟩: Friederich Weller, „Die Überlieferung der älteren buddhistischen Schriften“, in „Asia Major“, V, p. 149 – 122

WOODWARD

⟨1936⟩: F. L. Woodward, „The Book of Gradual Sayings“ (Trad. de l'Aṅguttara N.), vol. V, PTS. London

Avertissement

Pour éviter toute équivoque quant à la portée de la présente étude, nous tenons à préciser son objectif, ainsi que les bornes au delà desquelles nous refuserons de nous laisser entrainer en discussions, interprétations et jugements à propos d'un bouddhisme primitif, ou si l'on préfère du "bouddhisme du Buddha".

Le terrain, où nous nous interdirons de nous avanturer, concerne particulièrement la première communauté monastique et ses règles de vie, le soi-disant premier enseignement doctrinal et ses prétendues implications philosophiques, la ou les techniques de méditation en tant que constituant "le" ou "les chemins" typiques du bouddhisme, le caractère religieux de ses débuts. Certes toutes ces questions sont des plus intéressantes, mais elles ne concernent en rien le fond même de ce travail et dépasseraient en tout cas nos compétences.

En conséquence nous prions le lecteur de bien vouloir prendre note que les pages qui vont suivre sont exclusivement consacrées aux informations, plus ou moins directes, que l'on est en droit d'espérer extraire de l'ensemble des traditions bouddhiques anciennes en ce qui concerne l'*Abhisaṃbodhi* du Maître. Nous avons voulu rassembler le plus grand nombre possible de textes pertinents: passages entiers ou simples citations, nous efforçant d'être aussi complet que nos connaissances et lectures personnelles l'auront permis.

En pareille matière on ne peut prétendre à être vraiment exhaustif. Nous osons cependent espérer que rien de trop important ne nous aura échappé et nous nous excusons d'avance des omissions ou lacunes qu'on pourra trouver dans ces pages.

Le sujet de ce travail, précisons le, est strictement limité à ce que la, ou plutôt les traditions auront pu nous conserver de renseignements sur l'Eveil du Maître, sur quelques épisodes l'ayant précédé et sur les résultats immédiats qui s'en sont suivis pour le récent Eveillé.

Comme l'ont démontré et répété à l'envie Mgr Lamotte, Frauwallner, E. J. Thomas, Bareau et d'autres, il ne peut être question de reconstituer une biographie historique, même partielle de Śākyamuni. Dès le départ nous avons à faire à une geste, à une légende, pour laquelle les riches fonctions fabulatrices des habitants de l'Inde, particulièrement du bassin du Gange, s'y seront donnés à coeur joie. Cepandent l'existence même de cette légende et du fait bouddhique, tels qu'ils émergent de notre documentation, nous obligent d'admettre celle d'un fondateur ayant réellement vécu. Personne aujourd'hui ne penserait à mettre en doute l'historicité du Buddha, ou celle de son expérience de l'illumination. Mais vu les particularités de la transmission de notre documentation — d'abord orale, ensuite mise par écrit, au début très certainement d'une manière fragmentaire, erratique et dans des dialectes variés, pour finir par les versions plus ou moins complétement normalisées, qui nous sont parvenues[1] —, il ne peut être question

[1] Voir «contra» la récente étude de v. Hinüber ⟨1990⟩ surtout pp. 63–65. Cf. notre Addendum III p. 194 sq. pour la discussion.

de trouver un critère historique qui nous permette d'isoler, nous ne dirons certainement pas avec certitude, mais même pas avec vraisemblance, un noyau historique solide.

Tout ce que l'on peut envisager atteindre sera de distinguer et de déterminer quels libellés auront pu, sans invraisemblance flagrante, avoir appartenu aux couches les plus anciennes des traditions. Nous utilisons ici un pluriel, car dès l'origine il a dû y en avoir plusieurs et il nous paraît fort improbable qu'elles aient pu débuter avec une légende unique et bien fixée, qui aurait appartenu à un problématique «Urkanon».

Cependant, et nous l'admettons volontiers, dans la forêt des textes provenant dc toutes les diverses traditions, il doit se trouver des morceaux, dont les libellés pourraient avec une certaine vraisemblance remonter jusqu'à des "dires" originaux du Maître. Le cas échéant nous en indiquerons l'hypothétique possibilité, lorsque celle-ci ne paraîtra pas manifestement exclue ou par trop invraisemblable. Mais cela ne pourra en aucun cas prétendre à une preuve d'authenticité et être considéré comme donnée historique. – Le maximum de vérité relative, à laquelle on puisse tendre, est de se faire une idée à peu près exacte de ce que les premières générations de disciples ont cru savoir sur l'expérience originelle de leur Fondateur et sur ce qu'elles pensaient qu'il en avait dit lui-même. Il n'est pas d'évidence que tous auront pensé la même chose et que même, si ils l'auraient pensé, ils l'auront exprimé en des termes identiques.

A priori, les interprétations, rationalisations ou explications des générations suivantes paraissent ne rien pouvoir ajouter à la connaissance des strates anciennes de la tradition, qui nous intéressent ici. D'où le fait que nous nous sommes en général gardés d'utiliser pour ce travail les littératures commentairielles et abhidharmiques, et ce à l'exception des cas, où elles nous auraient conservé quelque libellé, fragment de textes ou trace d'une tradition, autrement disparus.

Nous nous permettrons d'ajouter encore quelques remarques à propos de ce qui pourrait paraître un parti-pris de notre part, c'est à dire le fait de nous être cantonnés autant que possible dans une interprétation sémantique à tendence étymologique et littérale des termes et expressions analysées dans cette étude et qui parfois pourra se trouver en désaccord avec la lexicographie classique de la terminologie bouddhique.

En effet:

A) Il paraît évident qu'à l'époque même ou Śākyamuni aura fait l'expérience de l'*Abhisaṃbodhi*, ainsi que durant toute la période originelle durant laquelle se seront formés le *Saṅgha* et le *Dharma* bouddhiques, il ne pouvait pas encore s' être constitué un vocabulaire spécifiquement bouddhique et communément en usage dans l'ensemble de l'aire parcourue par les premiers prédicateurs.

B) Le Bouddhisme de ces tout premiers temps se sera propagé principalment dans une des zones campagnardes et villageoise, où, — comme partout au monde d'ailleurs –, les variations dialectales auront toujours été particulièrement prononcées. En effet, il s' agissait là d'un pays de plaine, bassin fluvial très ramifié du Gange moyen, s' étendant de *Kapilavastu* à *Vārаnāsi*, de *Rājagṛha* à *Śravati* et *Kauśambi*, où les cours-d'eau sont bien des liens de communication, longitudinalement tout au moins, et tout à la fois, transversalement aussi, des obstacles à franchir: donc d'une région tout particulièrement apte à favoriser un morcellement dialectal prononcé.

A l'époque qui nous intéresse ici, le continent Indien ne semble pas avoir subi d'invasion ou de migrations, avec les bouleversements et modifications linguistiques que celles-ci entrainent généralement. En conséquence on peut considérer que le milieu linguistique, où le premier Bouddhisme a pris naissance et se sera développé, est demeuré longtemps dialectiquement polymorphe, mais tout à la fois très stable. On doit, pensons-nous, se le représenter comme un «flou dialectal» à transitions graduelles.

C) Une prédications, qui, dès son début se sera déplacée dans une aire aussi vaste et un milieu linguistique de ce genre, aura forcément dû pour se faire comprendre

1) s' adapter continuellement, à mesure qu'elle se déplaçait, aux situations dialectales locales;

2) utiliser un vocabulaire déjà existant, avec termes et concepts accessibles à tous;

3) et, si le besoin de forger quelque "mot-concept" nouveau se faisait sentir, de le faire d'une manière intelligible pout tous; c' est à dire en combinant pour cela racines, préfixes et suffixes, tous déjà connus et en usage dans la région, et formant ainsi des termes relativements neufs, mais qui néanmoins transmettaient un sens facilement compréhensible, et ce indépendamment des particularités propres au dialecte de l'auditoire.

Ces remarques justifieraient à nos yeux le fait d'avoir souvent négligé intentionellement les interprétations et définitions de mots ou expressions clefs bouddhiques, proposées par et à partir des littératures scholastiques (*Commentaires* et *Abhidharmas*), afin, dans la mesure du possible, d'en rester au sens propre originel des termes. Nous l'aurons fait tout particulièrement, lorsque les interprétations scholastiques différaient des sens qu'on pouvait trouver dans des libellés anciens, soit parce que antérieurs au premier schisme (vu le parallélisme des versions des diverses traditions), soit parce que faisant partie de textes gnomiques dont l'antiquité ne fait de doute pour personne.

I^{ERE} PARTIE

«Avant Uruvilvā»

CHAPITRE IER

La Quête

A. Le Grand Départ

Selon la tradition, Siddhārtha aura débuté la quête, qui fera de lui notre Buddha historique, par ce qu'il est convenu de nommer "son grand départ". Sans cette partance initiale il n' y aurait, historiquement parlant, jamais eu du Bouddhisme.

La légende veut que celui, que les siècles célébreront comme le Buddha par excellence, un beau jour, prenant dégout aux agréments de la vie laïque, se soit décidé à quitter sa famille et son clan. Alors, abandonnant tous ses biens — dont cette même légende semble l'avoir fort bien pourvu — et ayant endossé la robe d'ascète mendiant, il se sera mis à la poursuite d'un bonheur qui ne passe pas.

Pour un homme, né et ayant toujours vécu dans l'horizon ontologique de la croyance au *saṃsāra*, il va de soi que pareille recherche ne pouvait avoir pour but que la découverte présumée d'un moyen d'échapper définitivement à cette ronde inéluctable de morts et de renaissances, et dont la douloureuse prise de conscience initiale — plus ou moins subite ou progressive selon les version — nous est donnée par la tradition comme ayant été le mobile: et de sa décision, et des événements qui s' ensuivront.

Cependant les récits fort circonstanciés, qui nous ont été conservés de cet épisode — bien que par ailleurs nullement invraisemblables — ne paraissent pas nous fournir d'indications particulières d'authenticité ou d'ancienneté relative. — Aussi se défend-on mal de l'impression de n' avoir là que des contes explicatifs, artificiels et relativement tardifs.[1] Vu d'ailleurs leur peu de portée pour notre sujet, nous nous contenterons de constater la nécessité historique de ce «Grand Départ», sans nous en occuper plus avant.

---

[1] Cf. A. BAREAU ⟨1962⟩ p. 21–24 et ⟨1974⟩ p. 246–260.

B. L'Ecolage et la Duṣkaracaryā

Faisant suite au «Grand Départ», la tradition a conservé le souvenir de trois tentative successives de notre futur Buddha, d'atteindre la libération désirée. Toutes trois seront marquées par un échec. Les deux premières correspondent au double écolage de notre apprenti-ascète auprès de deux Maîtres, dits réputés. La troisième aurait consisté dans la pratique d'austérités inouies qu'il se serait inutilment infligées.

B.1 L'Ecolage

Une lecture de l'ensemble des textes canoniques, mentionnant les deux Maîtres attribués à Śākyamuni par la tradition, ne nous paraît pas fournir d'argument décisif permettant de considérer l'existence de ces personnages comme controuvée et les épisodes qui les concernent comme de pures fictions, n' ayant même pas appartenu au tissu primitif da la légende, ainsi que le soutiennent certains auteurs contemporains.

Quant à nous, bien au contraire, l'ancienneté de ces épisodes nous paraît nettement plausible, et cela tout particulièrement lorsqu'on les examine dans la perspective de la, ou des transformations opérées dans les pratiques de la méditation bouddhiques, au moment de l'adjonction des stations de l' Ārūpya au noyau primitif des quatre Dhyānas du *rūpa-dhātu.*

A propos de l'historicité possible de ces mêmes épisodes, nous sommes clairement conscients de nous trouver en complet désaccord avec A. BAREAU.[2] Ce dernier qualifie le tout de: «nés de l'imagination des dévots»: sic, déniant toute possibilité d'authenticité à ces récits, mettant en doute leur ancienneté et l'existence historiques des personnages.

Plus récemment J. BRONKHORST[3], dans un travail par ailleurs absolument remarquable, paraît faire siennes ces conclusions et considérer l'«inexistence historiques» de ces deux Maîtres comme ayant été définitivement prouvée par BAREAU.

Nous nous étonnons d'autant plus de la prise de position de BRONKHORST, en faveur de l'argumentation de BAREAU que, voyant dans les deux: *ākiñcanyāyatana* et *naivasaṃjñānasaṃjñayatana* des pratiques pré- et extra-bouddhiques:[4] donc "en soi historiques", il en devrait découler logiquement que des Maîtres non-bouddhistes auront forcément enseignés ces recueillements avant ou à l'époque du Buddha. — Alors, pourquoi ne pas avoir remis en question une argumentation qui, en contradiction avec la quasi unanimité des traditions de toutes les écoles ou sectes, s'efforce de prouver que le Buddha historique ne s'est pas essayé à ces pratiques?

Pour en revenir maintenant à la, soi-disant, démonstration de BAREAU, loin de nous convaincre, elle nous paraît nettement spécieuse et certains même des argu-

---

[2] Cf. BAREAU ⟨1963⟩ pp. 13 – 27 et 144 – 151.

[3] BRONKHORST ⟨1986⟩ pp. 80 – 81 + 116 et ⟨1985⟩ p. $308/_{6-17}$.

[4] Cf. BRONKHORST ⟨1986⟩ p. $85/_{33}$ à 86 in fine.

ments invoqués devoir se retourner contre elle. Nous nous trouvons donc, à regret, contraints de contester formellement cette thèse particulière du grand érudit.

Mais avant d'entrer dans une discussion détaillée des arguments avancés par A. BAREAU, et anticipant quelque peu sur l'étude qui fera l'objet du chapitre suivant, nous voudrions attirer, ici déjà, l'attention sur une convergence — à notre avis — fort significative. Il s'agit, en effet, de la convergence entre:

a) d'une part l'issue négative pour Gautama de l'essai des deux disciplines auxquelles il se serait soumis: échecs accompagnés à chaque fois par le rejet explicite de la pratique de l'*āyatana-samāpatti* de l'Ārūpya qui en devait constituer respectivement le thème essentiel, sinon l'objectif final;

b) d'autre part le fait que dans les textes les plus anciens (Vinayas et Sūtras), détaillant le chemin méditatif bouddhiste, qu'il s'y agisse du fondateur lui-même, des tout-premiers disciples ou même d'enseignement exemplaire, jamais les stations de l'Ārupya n'y figurent. L'inclusion ultérieure de ces dernières dans une *curriculum* stéréotype, manifestement plus récent, semble bien militer en faveur de l'existence d'un stade initial de la tradition, qui, tout en connaissant l'existence de ces recueillements, était averti de leur "non-bouddhicité".[5]

Ceci dit, nous affirmerons expressément n'avoir pu trouver aucune donnée de critique historique et textuelle nous permettant de traiter les personnages d'ĀRĀḌA KĀLĀMA et d'UDRAKA RĀMAPUTRA d'une façon différente de celle qu'on applique généralement au cas des «Six Maîtres Hérétiques» du SĀMĀNAPHALA-S.[6] et autres sources. En effet et d'un commun accord, semble-t-il, l'historicité de *tout les six* paraît partout acceptée; alors que, à l'exception de NIGRANTHA JÑĀTIPUTRA (MAHĀVIRA) et des Ājīvikas: MASKARIN GOŚĀLĪPUTRA et PŪRAṆA KASSAPA[7], notre documentation concernant les trois autres soit tout à la fois: et plus indigente, et nullement plus probante que celle concernant les Maîtres «putatifs» du Buddha.

Par conséquent, il nous semblera tout à fait légitime jusqu'à preuve du contraire, et ce au même titre que pour les «Six Maîtres Hérétiques», de postuler l'historicité d'ĀRĀḌA et d'UDRAKA. Il devrait en aller de même en ce qui concerne les enseignements que leur attribue la tradition et qui originellement tout au moins étaient manifestement "non-bouddhistes".

Passons maintenant à la discussion, point par point, de l'argumentation de BAREAU contre la thèse de l'historicité des épisodes de "la légende" concernant le deux écolages de Śākyamuni.

1) *Son premier argument* repose sur le fait que ces deux épisodes ne figurent pas dans le VINAYA MAHĪŚĀSAKA.

---

5 Cf. BRONKHORST ⟨1985⟩ p. 314 et ⟨1986⟩ p. 75–89 qui par une démarche logique fort originale (idem, p. XI–XII) en arrive à la même conclusion: la "non-bouddhicité" des recueillements de l'Ārupya.

6 D. I, 47–49. Cf. VOGEL ⟨1970⟩ et BOLLEE ⟨1971⟩ qui citent toutes les sources et la littérature. Cf. aussi: WARDER ⟨1956⟩ et MAC QUEEN ⟨1984⟩, et tout récemment: MEISIG ⟨1987⟩ qui inclue dans son étude la version du S.BH.VU.

7 Cf. BASHAM ⟨1951⟩ p. 80 sq.

Or, nous ne disposons pour ce Vinaya que d'une traduction chinoise, à propos de laquelle E. FRAUWALLNER[8] s'exprime de la manière suivante:

"Of all the Vinaya works ... the Vinaya of the Mahīśāsaka has the worst 'tradition'. In some passages the extant text is apparently lacunous. — I refer for instance to the Pāṇḍulohitakavastu ... Here we are clearly confronted with a gap in the manuscript on which our text is based. But even without this the tradition of the text is bad and neglected ..."

En conséquence, l'argument «ex silentio» d'un seul texte opposé à plusieurs autres Vinayas, et de plus d'un texte dont la tradition textuelle et la "complétude" seraient sujettes à caution, ne peut peser très lourd.

Remarquons en passant qu'il est un autre Vinaya où ces deux épisodes ne figurent pas dans le texte qui nous en est parvenu. C'est le VINAYA THERAVĀDIN en *pāli*. Ici BAREAU lui-même n'essaye pas d'en tirer avantage. — Ça se comprend. — Bien que BAREAU et personne d'autre, à notre connaissance, ne paraissent en avoir jamais fait état, il nous semble évident qu'avec ce premier chapitre du MAHĀVAGGA l'on a à faire à un texte tronqué.

Tel qu'il nous a été transmis, il débute abruptement par un "instrumental": *tena samayena ...*; alors que pour l'ensemble de la littérature canonique nous ne connaissons aucun autre exemple de pareille "expression initiale" employée comme ouverture de chapitre. *A fortiori*, elle paraît tout á fait impossible en tant que commencement absolu d'un livre.

De plus, et cela nous paraît capital, tel que ce texte nous est parvenu, ce chapitre du Mahāvagga porte le titre-colophon de BODHIKATHĀ NIṬṬHITĀ. ‖ 1 ‖:[9] «Le Récit de l'Eveil est terminé». Ce titre ne correspond plus au contenu du texte conservé. En effet, dès les premiers mots, la scène se situe *après* l'obtention de la *Bodhi* et ne contient plus aucun récit ou description de celle-ci.

Il nous paraît donc manifeste que ce chapitre débute aujourd'hui sur une lacune. — Quelle en est la portée? — Se limiterait-elle au seul début du chapitre et le morceau manquant aurait-il correspondu, à peu de chose près, à l'introduction du CATUṢPARIṢA-SŪTRA? Ou bien aurions nous perdu avec ce même début de chapitre d'autres épisodes, y compris ceux concernant l'écolage du Maître? — Rien ne nous permet d'en décider: car la numération actuelle des chapitre peut fort bien ne pas être d'origine.

Cependant nous croyons intéressant de noter, que si l'on prend l'ensemble des épisodes biographiques du MAHĀSACCAKA-S.[10], et si, leur conservant leur ordre dans le sūtra, on les dispose comme devant précéder immédiatement l'épisode sur lequel débute notre MAHĀVAGGA actuel, en obtient une séquence générale d'épisodes très semblable à celle du VINAYA DHARMAGUPTAKA et quasi identique à celle du VINAYA MAHĪŚĀSAKA, dont elle ne différerait justement, que par son inclusion des deux épisodes de l'écolage du *bodhisattva*.

---

[8] FRAUWALLNER ⟨1956 a⟩ p. 183 – 184.

[9] VIN. I,2/$_{27}$.

[10] M. I, 240/$_{18}$ à 248/$_{18}$.

2) *Deuxième argument:* le contraste noté par BAREAU[11] entre les possibilités d'analyse étymologiques des deux noms des Maîtres du futur Buddha, tout au contraire de ce qu'il en pense lui-même, nous semble militer en faveur de leur authenticité, plutôt que contre elle.

En effet, selon BAREAU le nom de UDRAKA RĀMAPUTRA s'expliquerait assez facilement par une étymologie sanskrite ou prakrite; alors que l' analyse étymologique de celui d'ĀRĀḌA KĀLĀMA demeurerait obscure et pourrait même révéler une origine non-aryenne.[12]

Si, comme le présume BAREAU, les deux noms avaient été inventés pour l'occasion par un pieux diascévaste, on aurait pu s'attendre à ce qu'ils eussent présenté des formations linguistiques analogues. — Cela n'aurait-il pas été plus probant? —

3) *Troisième argument:* BAREAU reproche à nos deux épisodes leurs formes stéréotypes, parallèlles et très similaires entre elles. Justement cela nous semblerait plutôt un signe d'ancienneté, caractéristique de la transmission orale primitive par récitations psalmodiées. Celles-ci tendaient forcément à favoriser la répétition de formulations identiques ou quasi-identiques afin d'en faciliter la mémorisation. Voir, sur le sujet, les remarques fort judicieuses que E. FRAUWALLNER lui a consacré.[13]

4) *Quatrième argument:* Quant à l'épisode concernant la demande du Buddha "frais moulu": *«A qui donc prêcher la bonne nouvelle?»* BAREAU s'appuie sur le fait que les sources THERAVĀDIN, SARVĀSTIVĀDIN, MAHĪŚĀSAKA et DHARMAGUPTAKA (les seules d'ailleurs, et ce sélectivement, citées) n'y font aucune allusion à la relation de Maître à élève, qui par le passé aurait existé entre ĀRĀḌA et ŚĀKYAMUNI, ainsi qu'entre UDRAKA et lui, relation qui, selon BAREAU aurait dû être mentionnée ici, afin que ces épisodes de l'écolage puissent être considérés comme anciens. La simple constatation de cette carence lui suffit pour soi-disant démontrer:

A) l'antériorité de ce dernier épisode par rapport aux deux autres;

B) la dérivation des deux épisodes de l'écolage de ce soi-disant premier épisode;

C) et enfin, que le but de toute cette "concoction" aurait été de donner quelque substance à ces deux noms, inconnus par ailleurs, et dont lui, BAREAU, considère avoir, par ses analyses étymologiques, démontré le caractère fictif.[14]

— Comme argumentation circulaire et pétition de principe on ne fait pas mieux.

Tout d'abord nous devons faire justice d'un argument de BRONKHORST[15] qui voit un indice confirmant la thèse de BAREAU dans le fait que dans le VINAYA MAHĪŚĀSAKA la mention des noms d'ĀRĀḌA et d'UDRAKA à propos de ce même épisode contrasterait défavorablement, quant à la possibilité d'admettre éventuellement leur historicité, avec l'omission totale des épisodes d'écolage auprès de ces deux Maîtres.

---

[11] BAREAU ⟨1963⟩ p. 16 – 17 et 26 – 27.
[12] BAREAU ⟨1963⟩ p. $27/_4$.
[13] FRAUWALLNER ⟨1953⟩ p. 30 – 32 et 151 – 152.
[14] Cf. BAREAU ⟨1963⟩ p. 20 – 21 et 147 – 149.
[15] BRONKHORST ⟨1986⟩ p. $81/_{10}$ sq.

Un pareil argument, à propos d'un texte que nous savons présenter des lacunes graves[16], n'est vraiment pas recevable. Nous avons d'ailleurs déjà fait état de la mauvaise transmission de ce texte dans notre examen du premier argument de BAREAU.

A BAREAU lui-même nous objecterons qu'il est tout à fait regrettable que dans une argumentation de ce genre on écarte, a priori, des textes relevant d'autres traditions canoniques, sous prétexte que leur rédaction définitive, telle qu'elle nous est parvenue, serait relativement tardive; alors que ces mêmes textes contiennent manifestement et de l'aveu général d'importants morceaux d'origine fort ancienne. Il s'agit ici des MAHĀVASTU, LALITA-VISTARA, CATUṢPARIṢASUTRA et SAṄGHABHEDAVASTU.

Après une mise en garde, hélas encore toujours de mise, envers l'insinuant préjugé que les versions *pāli*, parce-que souvent plus courtes ou paraissant plus rationelles, seraient *ipso facto* plus anciennes et par conséquent à préférer à celles des autres versions canoniques, nous attirerons l'attention sur les quelques lignes d'introduction de G. ROTH à son édition du PATNA DHARMAPADA.[17]

Il y conclue d'une manière décisive à l'antériorité de cette version, ou tout au moins d'un «hypothétique prototype en *prakrit*» de celle-ci, par rapport au DHAMMAPADA PĀLI. Il pourrait fort bien en découler qu'un texte aussi "sanscritisé" et linguistiquement aussi apparenté aux textes ou fragments de textes MAHĀSAṄGHIKA-LOKOTTARAVĀDIN soit éventuellement aussi ancien ou même plus ancien que sa contrepartie THERAVĀDIN-PĀLI. De cette dernière éventualité on peut tirer une conséquence importante: c'est qu'à priori on ne peut exclure que certains passages du MAHĀVASTU (ouvrage Mahāsāṅghika-Lokkotaravādin), en particulier ceux ayant trait aux Maîtres du Buddha, puissent représenter une tradition aussi ancienne que leurs parallèles des autres traditions canoniques. Jusqu'à preuve du contraire nous ne voyons aucune raison de ne pas l'admettre.

Pareille remarque serait également de mise à propos de certains passages du LALITA VISTARA. En effet, comme dans le MAHĀVASTU, une «instantanéité illuminante»: *ekacittakṣanasamāyuktayā* y est attribuée à la Saṃbodhi du Maître.[18] Par conséquent ce texte, ou tout au moins, parties de ce texte ne peuvent avoir été originairement Sarvastivādin, comme on l'admet généralement sur la foi du FOUO-PEN-HING-TSI.[19] Pareille *ekacittakṣanasamāyuktayā* est manifestement contraire aux thèses Sarvastivādin sur la *saṃbodhi*.[20] Une telle conception de l'Eveil, comme d'ailleurs l'emploi d'autres formes ou termes typiquement Mahāsāṅghika, communs au MAHĀVASTU comme au LALITA-VISTARA, laissent entrevoir la vraie origine première de ce dernier.[21]

---

16 Cf. FRAUWALLNER ⟨1956_a⟩ p. 183 – 184.

17 ROTH ⟨1980⟩ p. 93 – 96 et tout particulièrement p. 94/3 – 4.

18 MVU II, $285/_{2-3}$ et LV. $350/_{13-14}$.

19 Cf. TUNELD ⟨1915⟩ p. 13.

20 Cf. ABH. KOŚA (L.V.P) II p. 205 – 206.

21 Cf. TUNELD ⟨1915⟩: note de la page 206 pour les références; mais elle en tire des conclusions inverses.

E. CONZE est, à notre connaissance, l'un des deux seuls érudits à avoir attribué le LALITA VISTARA aux Mahāsāṅghika, malheureusement sans explication, ni justification.[22] L'autre, L. FEER[23], déjà en 1870, avait conclu à son appartenance aux Mahāsāṅghika, non cependant aux Lokkotaravādin comme le MAHĀVASTU, mais à une autre division de la même école, vu que, malgrès leurs évidentes similitudes, ces deux textes présentent d'appréciables divergences.

Si l'on tient compte des remarques précédentes, les estimant fondées, on devra considérer les deux textes parallèles et fort similaires du MVU. III, $322/_{13 sq.}$ et du LV. $403/_{8sq.}$ comme représentant très vraisemblablement la même tradition Mahāsāṅghika à propos de l'épisode où le Buddha se remémore les noms de RUDRAKA (= UDRAKA) RĀMAPUTRA et d'ĀRĀḌA KĀLĀMA au moment où il s'interroge sur la question de «à qui prêcher?».

Il est à noter que dans les deux passages précités l'ordre habituel des deux Maîtres est inversés, par rapport à celui de l'ensemble de nos autres sources; à cependant une exception près: celle du seul VINAYA MAHĪŚĀSAKA.[24] De plus nos deux textes mentionnent explicitement que RUDRAKA enseignait (*deśayeti*) à ses disciples (*śrāvakebhyo)* [LV. seulement]) le Dharma *naivasaṃjñāsaṃjñāyatanasahavratayе/ai* = «par le moyen du recueillement de la non-conscience-non-inconscience» (Trd. LAMOTTE). Serait-ce par trop solliciter ces textes, que d'y lire une allusion à l'écolage même du *bodhisattva?*[25]

D'autre part, le SAṄGHABHEDAVASTU (Mūlasarvāstivādin), comme aussi le C.P.S., dans leurs passages concernant le même épisode, et tout en conservant l'ordre habituel des Maîtres, font affirmer par le Buddha de chacun d'eux:

yo māṃ pūrvācārya:[26] «Il a été par le passé mon Maître».

Quoiqu'il en soit l'absence de mention de cette relation de Maître à élève, dans la majorité et non dans l'unanimité de nos textes, ne nous paraît pas avoir dans cette épisode la force probante que lui attribue BAREAU.

Celui-ci insiste sur l'importance conférée aux Indes au respect habituel et quasi obligatoire du disciple envers ses maîtres spirituels, pour en conclure à l'incohérence, que manifesterait l'absence, ici, de la mention de cette relation et considère cette omission comme un indice tout à fait convaincant d'une composition ultérieure à et dérivée de cet épisode pour tout le récit des écolages du Bodhisattva. — Malheureusement, c'est exactement le contraire qui nous paraît vraisemblable. En effet c'est précisement en conclusion de chacun de ces deux premiers épisodes du récit, que le futur Buddha se refuse catégoriquement de se reconnaitre disciple soit d'ĀRĀḌA, soit d'UDRAKA.

Et même dans un épisode subséquent, et dont personne n'a jamais mis en

---

22 CONZE ⟨1954⟩ in «BIBLIOGRAPHIE»

23 FEER ⟨1870⟩ p. 468.

24 Cf. BAREAU ⟨1963⟩ p. 145 – 146.

25 Il serait encore à noter ici qu'à propos de l'écolage du Bodhisattva le LALITA VISTARA (LV. $243/_{15}$-245_{15}) mentionne seulement RUDRAKA RĀMAPUTRA et ignore totalement ĀRĀḌA KĀLĀMA.

26 S.BH.VU I, $130/_{19}$ et $131/_{4}$. CPS p. $442/_{11+19}$ fournit la lecture *me* au lieu de *māṃ*.

doute la très haute antiquité: celui de la "Rencontre d'Upaka",[27] le Buddha maintenant pleinement conscient d'avoir atteint son but déclarera fièrement n'être le disciple de personne. On pourrait donc presque dire, qu'il aura quitté ses deux Maîtres en claquant la porte derrière soi. En tout les cas selon la tradition unanime il aura affirmé tout haut que les buts proposés par leurs enseignements ne correspondaient nullement à son objectif personnel.

Enfin pour terminer cette argumentation, à tendance "psychologisante" et sans grande portée à nos yeux, nous ajouterons qu'il nous semble contraire à toute vraisemblance de supposer que, si le Buddha avait eu de tels Maîtres, il aurait été inconcevable, dans l'ambiance Indienne, qu'il ne conservasse pas des sentiments de reconnaissance tels envers eux, que, malgrès l'échec flagrant de ces expériences, il aurait dû se sentir obligé de proclamer en toutes circonstances qu'il avait été leur élève. Qu'il ait ensuite estimé suffisamment ses deux ex-Maîtres pour penser à les faire participer à son expérience toute nouvelle ne nous semble en rien devoir contredire le fait qu'il se soit dispensé de crier sur les toits qu'il s'était essayé à leur école par le passé.

En tous les cas il nous paraît indéniable que si l'on admet que l'épisode, qui nous occupe ici et qui se termine par une prise de conscience "supranormale" du décès des deux personnages considérés, aurait été composé indépendamment et antérieurement à ceux de l'écolage, tout motif valable pour une telle composition nous échapperait totalement.

Le motif invoqué par Bareau est plus que mince et superfétatoire: «justifier le choix des cinq disciples renégats comme premiers auditeurs». — Alors comment s'expliquer que l'inventeur du morceau aurait pu s'imaginer que les noms de ces deux personnages — soi-disant fictifs d'après Bareau, ne l'oublions pas — se soient présentés à l'esprit du Buddha sans raisons apparentes, «*out of the blues*» comme diraient les Anglais, et celui-ci de prendre aussitôt et miraculeusement conscience que leurs porteurs venaient tout justement de mourir?

Est-il concevable qu'un pieux auteur de légende, aussi "inventif" et aussi "borné" qu'on puisse se le représenter, ait pu imaginer et fabriquer de toutes pièces ces noms et ces personnages, pour leur confectionner un épisode en lui-même totalement insignifiant et dont l'inclusion dans la légende, originellement comme première citation intentionnelle des noms d'Ārāḍa et d'Udraka, n'aurait eu aucun motif apparent? On frise ici l'absurde.

5) *Le cinquième argument* se baserait sur le fait qu'en dehors des textes bouddhiques on ne trouve aucune mention des noms de ces deux Maîtres. Un tel argument est d'un bien faible poids, vue la pénurie générale de notre documentation concernant l'époque. Nous nous référerons de nouveau à la situation de la documentation concernant trois des six «Maîtres Hérétiques» et à ce que nous en avons déjà dit au début de ce chapitre.

6) *Le sixième argument* aurait trait à la soi-disant "bouddhicité" originelle des

[27] Nous étudierons cet épisode en détails dans un chapitre subséquent et y comparerons toutes les versions conservées.

deux recueillements enseignés par ces Maîtres.[28] — Elle nous semble absolument exclue.[29] Pour la justification de cette affirmation péremptoire, nous renvoyons le lecteur au chapitre suivant, où nous étudierons en détail la question des recueillements de l'Ārūpya dans la tradition bouddhiste ancienne.

Si nous nous sommes étendus si longuement sur ces épisodes de l'écolage du Bodhisattva et sur les personnages d'ĀRĀḌA KĀLĀMA et d'UDRAKA RĀMAPUTRA, ce n'est pas à cause de l'importance qu'on pourrait leur accorder dans la reconstruction d'une biographie ou pseudo-biographie légendaire du Buddha. A nos yeux, l'intérêt majeur de l'étude de ces récits réside dans le fait qu'ils contiennent, à notre connaissance, les mentions les plus anciennes, dans toute la tradition bouddhiste, de deux (sinon de trois[30]) des stations de l'Ārūpya comme moyens et buts de certaines pratiques spirituelles, probablement pré-bouddhiques, mais, en tout cas, extra-bouddhiques.

Comme nous le verrons par la suite, ces recueillements n'ont jamais été mis en relation avec la Saṃbodhi du Fondateur, telle que la tradition ancienne nous en a conservé le souvenir. Pareils concepts et terminologie n'ont aussi jamais figuré ni dans les prédications les plus anciennes, ni dans les traditions relatives à la discipline des premières communautés, telles qu'elles se reflètent dans les Vinayas qui nous ont été conservés.

B. 2 La Duṣkaracaryā

Maintenant, si l'on reprend le fil de la légende, nous trouvons notre futur Buddha, qui, déçu de l'insuccès de l'instruction reçue, va tenter d'atteindre son but par ses seules forces au moyen de pratiques d'un ascétisme outré. Ça sera l'épisode de la *duṣkaracaryā/dukkarakārikā.*

Installé sur les bords de la Nairañjanā à Uruvilvā, il s'adonne à toute les gammes possibles d'austérités, s'attirant ainsi l'admiration de cinq ascètes mendiants, qui s'attachent à lui, espérant, en s'associant à ses pratiques, atteindre, eux aussi, le but entrevu. Cependant après quelques années, — le nombre varie selon les sources —, notre héros épuisé, émacié et quasi réduit au point de rendre l'âme se rend à l'évidence. Maintenant convaincu de l'inefficacité de ces pratiques ascètiques quant au but qu'il se proposait, il les interrompt et pour rétablir ses forces se remet à se nourir normalement. Sur ce, les cinq disciple-ascètes qui s'étaient agrégés à lui, déçus par ce qu'ils prenaient pour de la faiblesse et un manque de constance, le quittent pleins de reproches et l'abandonnent à son sort.

Vu l'unanimité de nos sources et comme BRONKHORST aussi semble l'admettre[31],il a dû exister une tradition, antérieure à la composition du récit dans sa forme actuelle, qui conservait le souvenir d'une période d'austérités s'étant avérée inutile et évidemment sans lien aucun avec l'obtention de la Saṃbodhi.

---

[28] BAREAU ⟨1963⟩ p. $17/_{11\,sq.}$ et $27/_{7\,sq.}$

[29] Voir dans le même sens la toute récente étude de BRONKHORST ⟨1986⟩ p. 175 – 186.

[30] A en croire le Sūtra Sarvāstivādin T 26 p. 776 c, l. 4 sq. — BAREAU ⟨1963⟩ p. $24/_{31}$.

[31] BRONKHORST ⟨1986⟩ p. $14/_{6}$.

Quant a nous, nous ne voyons aucune raison de mettre en doute l'ancienneté de l'épisode, y compris tout ce qui y concerne les cinq disciples. Alors que, pour le détail même des austérités, il est à présumer, qu'avec le temps, le noyau originel s'en sera amplifié et enjolivé.

Pour une étude critique des textes, nous renvoyons à l'étude exhaustive de J. DUTOIT[32] (aux sources duquel il faudrait ajouter maintenant le SAṄGHABHEDAVASTU ⟨1977⟩), ainsi qu'au livre de J. BRONKHORST[33]: travaux auxquels nous n'aurions rien à ajouter.

---

32 DUTOIT ⟨1905⟩.
33 BRONKHORST ⟨1986⟩ p. 1–23.

IIme Partie

«Uruvilvā»

Note liminaire

Afin de déblayer un terrain fort encombré d'apports de toutes sortes et d'origines diverses: pratiques, concepts et opinions de tout genre, anciens ou modernes, avec ce deuxième chapitre, nous commencerons: «**1**», par une étude critique des recueillements de l'*árūpa-dhātu*, considérés trop souvent comme devant être les stades supérieurs et obligatoires du "chemin du Nirvāṇa".

Ainsi nous n'aurons plus par la suite à les prendre en considération. En effet, et comme nous l'avons déjà indiqué en passant dans le chapitre précédent, nous pensons qu'une lecture, comparative et critique, des textes les mentionnant, démontrera incontestablement qu'il ne peut s'agir là que d'une adjonction, relativement plus récente, aux pratiques et à la doctrine primitive du Bouddhisme ancien.

Par conséquent, dans l'étude des traditions concernant l'Abhisaṃbodhi du «Maître» nous pourrons dorénavant négliger tout texte ou passage de texte, dont ces stations de l'Ārūpya feraient, en tout ou en partie, partie intégrante.

Ensuite, avec notre troisième chapitre nous nous occuperons: «**2**», des «Quatre Dhyānas»: *dhyāna/jhāna* traditionnels du *rūpa-dhātu* et tenterons d'évaluer la portée qui devrait leur être attribuée dans l'expérience originelle du "Fondateur", comme dans celles des premiers disciples, telles que ces expérience nous ont été conservées dans les couches les plus anciennes de nos textes canoniques.

Chapitre II

Préambule Méditatif de l'Eveil

«1» Les Recueillements de l'Ārūpya

De tous les récits ou mentions de l'Eveil du Buddha[1], contenus dans l'ensemble des textes canoniques conservés, et quelque soit la tradition à laquelle ils aient pu appartenir, une simple lecture en parallèlle mettra en évidence un fait des plus significatifs: alors que les *dhyāna/jhāna* y sont fréquemment mentionnés, *jamais* les recueillements ou stations de l'*arūpa-dhātu* n'y figurent, ni à titre de série de quatre (ou de cinq), ni à titre particulier pour l'un ou l'autre d'entre eux.

Avant d'examiner cette prétendue anomalie en détails, signalons tout de suite deux passages du Canon Pāli qui sembleraient faire exception et controuver l'affirmation ci-dessus. Il s'agirait: a) de l'Ariyapariyesana-S (M. I. $173/_{30}$ — 175) et b) du Tapussa-S (A. IV, $440/_{12}$ — 448). Mais ce ne sont là qu'exceptions apparentes et ne résistent pas à un examen sérieux de ces textes.

a) En effet pour l'Ariyapariyesana-S. l'exception n'en est tout simplement pas une. Ici les quatre *āyatana* de l'*arūpāvacara* ne figurent pas dans le corps du récit, mais couronnés d'un *saññavedayita-nirodha*, ils ne seront énumérés que dans cet espèce de rajout[2], d'appendice final du sūtra, qu'est le "Sermon sur les cinq qualités du désir", morceau particulièrement mal soudé au récit qui le précède. D'ailleurs dans le parallèle Sarvastivādin de ce sūtra, donné par Bareau: (T. 26 p. 771 $c/_{27}$ — 778 $c/_{6}$)[3], ce morceau sur les Dhyānas et les stations de l'Ārūpya manque totalement.

b) Quant au Tapussa-S. de l'Aṅguttara, c'est l'unique cas de tout le canon où l'on trouve l'énumération des neuf recueillements du *rūpa* et de l'*arūpa-dhātu*, parcourus en succession ascendante et descendante, mise en relation immédiate avec l'obtention de l'Eveil par Śakyamuni, scellée ici par la formule courte de la réalisation de son but (notre formule «α»).[4]

Ce sūtra nous paraît devoir être, très probablement, un décalque amplifié d'un passage du Mahānibbāna-S du Dīgha (D. II, 173 – 175), mais aussi un décalque

---

1 Dans ces récits ou énoncés, le sujet peut se trouver être à la première personne, ou à la troisième. Cette dernière pourra se présenter: soit sous la forme pronominale, soit comme substantif: *Tathāgata, Bhagavant*, etc. … peu importe. Nous voudrions nous élever ici contre la pratique très fréquente (mais surtout dans les versions anglaises de la «PTS.») de rendre le terme *tathāgata* de nos textes par *«un Tathāgata»*, au lieu de par *«le Tathāgata»*, alors qu'on ne trouve rien, dans le texte traduit, qui exprimerait ou impliquerait la signification d'un *article indéfini*: c'est à dire = *«l'un quelconque de nombreux Tathāgatas»*.

2 Il est à remarquer qu'à partir de la ligne 21 de la page 173, l'auditoire auquel s'adresse le Buddha change. Il ne'agit plus maintenant des cinq disciples renégats et reconvertis, mais de ce groupe habituel de Bikkhus anonymes, aux quels s'adressent généralement les sūtras doctrinaux de nos Nikāyas.

3 Cf. Bareau ⟨1963⟩ p. 173 et 193-194.

4 Voir Chp. II et V le tableau des sigles et libellés concernant l'Abhisaṃbodhi p. 36 et 128.

incomplet.[5] En effet il omet la dernière remontée jusqu'au quatrième *dhyāna* du *rūpa-dhātu*, ce dernier paraissant généralement dans les textes canoniques avoir été considéré comme le lieu de passage privilégié pour atteindre soit au nirvāṇa en ce monde, soit au nirvāṇa définitif du Maître au moment de sa mort.

Il paraît difficile de ne pas conclure que, par rapport aux autres récits de l'Eveil, ce sūtra ne peut qu'appartenir à une couche relativement plus récente de la tradition et sa rédaction, en tous les cas, dater d'une époque postérieur à celle du Mahāparinibbāna Sutta.[6]

En outre, et c'est là une anomalie toute particulière au Tapussa-S., la disparition des impuretés, *āsavāparikkhayaṃ agamaṃsu*, s'y effectue dans le neuvième recueillement: le *saññāvedayita nirodha* et ensuite, ça ne sera qu'après avoir parcouru la série descendante (inverse) complète des entrées et sorties de tous les autres huit recueillement, donc curieusement à partir d'un état «non méditatif», que l'Eveil sera atteint par le Buddha déclarant: *anuttaraṃ sammāsambodhiṃ abhisambuddho paccaññāsiṃ*. C'est au moins bizarre!

Pour être complet il y aurait aussi à mentionner le JHNĀNĀBHIÑÑA-S. du SAṂYUTTA. (S. II, 210 – 214). Le Buddha y déclare que, selon son bon plaisir *yāvadeva ākaṅkhāmi*, il peut (comme Kassapa d'ailleurs)[7] atteindre et demeurer dans n'importe lequel des neuf *anupubba vihāra* (ce sūtra ne les designant pas ainsi collectivement), posséder à volonté les six *abhiññā* et réaliser, dès cette vie l'*anāsavam cetovimuttiṃ paññāvimuttiṃ* (notre formule «γ»).

Nous avons évidemment à faire ici avec un texte composite, relativement tardif et dénotant déjà des influences scholastiques. Son énumération de tous les neuf *anupubba vihāra*, chacun en particulier, et bien que, comme déjà noté, le terme même d'*anupubba vihāra* n'y soit pas employé, l'apparente au SAṄGĪTI-S. du DĪGHA.

Il nous paraît intéressant de noter ici, qu'à part ces quelques cas particuliers de la tradition Théravādin on ne trouve aucun autre texte canonique qui associe les stations de l'*Ārūpya* à l'Eveil du Fondateur.

---

[5] En tous les cas, avec les Parinirvāṇa-sūtra des différentes traditions canoniques, c'est le seul autre sūtra à avoir associé la séquence des stations de l'Arūpya à la personne même du Buddha. Il nous semble difficile de ne pas voir là un rapport. Cf. la note suivante pour l'opinion contraire de SCHMITHAUSEN.
Ajouter encore le sūtra en S. II/214 – 215 duquel nous fairons justice ci-dessous.

[6] Contra SCHMITHAUSEN. Selon une communication personnelle écrite: bien qu'admettant la tardiveté certaine de ce sūtra, il n'y verrait aucune dérivation ou dépendance du Māhaparinibbāna-S.; mais plutôt une tentative d'adhérents d'une doctrine de *saṃjñāvedayitanirodha-vimokṣa* de transformer le compte-rendu traditionel de l'Illumination dans leur propre acception et de l'adapter à leur propre doctrine. (Cf. aussi SCHMITHAUSEN ⟨1981⟩ 214 sq.) Y aurait-il eu là pareille tentative, elle se sera avérée si malvenue, qu'elle est demeurée absolument unique pour l'ensemble des canons. Attribuer pareille "déviation" de la tradition à l'expérience même du Buddha est d'un anachronisme flagrant, donc forcément tardif et apparemment déjà "scholasticisant". Et par conséquent nous nous sentons justifiés de ne pas tenir compte de ce texte dans notre argumentation subséquente.

[7] A propos de Kassapa, cf. aussi S. II, $222/_4$, la mention d'un *navannam anupubbavihārasamāpattinaṃ* y est suivi immédiatement de la formule «γ» de l'obtention du but.

Cependant deux, au moins, de ces recueillements immatériels figurent déjà dans plusieurs des récits biographiques comme ayant été atteints, pratiqués et rejetés par Śākyamuni lui-même durant sa quête, à l'occasion de ses deux écolages successifs auprès d'Ārāḍa Kālāma et d'Udraka Rāmāputra.[8] Ce sont respectivement l'*ākiṃcanyāyatana/ākiñcaññāyatana* et le *naivasaṃjñānāsaṃjñāyatana/nevasaññānāsaññāyatana*.

Le Buddha ayant, selon la tradition, rejeté ces pratiques comme ne menant pas au but cherché, il paraîtrait fort invraisemblable qu'il les ait lui-même ensuite reintroduites (enrichies d'ailleurs de deux recueillements supplémentaires: l'*ākāsānantyāyatana* et le *vijñānānantyāyatana*) dans le chemin et dans l'entrainement qu'il aurait proposé à ses disciples. Et, invraisemblance encore plus grande: il les aurait introduits comme stades supérieurs et succédants aux quatre Dhyāna, qui lui aurait suffi, à lui: «le Buddha», pour se rendre maître de l'Eveil(?).

On peut taxer nos premiers et pieux diascévastes de nombreuses invraisemblances, mais celle-ci au moins ne peut leur être imputée.

Il est également à remarquer que l'obtention de l'état d'*Arhant* par les disciples n'est, à notre connaissance, jumelée nommément que trois fois seulement dans tout le Canon Pāli (Sūtra et Vinaya), aux recueillements immatériels; et ce dans un groupe de trois Sutta du SAṂYUTTA: le *Jhānābhiñña-S.* (S II (XVI-9) p. 211 – 212), l'*Upassaya-S.* (S. II (XVI-10) p. 216 – 217) et le *Cīvara-S.* (S. II (XVI-11) p. 222). Il nous paraît licite de négliger ces témoignages d'un assemblage singulier de quelques textes sans parallèles et très vraisemblablement de composition tardive.

Pour permettre une vue d'ensemble de la question et des comparaisons concluantes nous avons établi deux séries de tableaux: l'une, des mentions exclusives des seuls *dhyāna/jhāna* du *rūpa-dhātu* et l'autre, de celles où figurent également les recueillements de l'*arūpa-dhātu*, et ce d'après les sources canoniques que nous avons collationnées d'une manière aussi complète qu'il nous aura été donné de pouvoir le faire.

Nous y précisons pour chaque citation si il s'agit a) du Buddha lui-même, b) d'un (ou de plusieurs) disciple, ou bien c) d'énoncés «exemplaires» d'enseignements doctrinaux. Nous y indiquons aussi, par un sigle, quelle formule ou "énoncé de l'obtention du but" parfait chaque citation, et combien de *vijjā/vidya* ou *abhiñña* l'accompagnent.

Malheureusement ces tableaux ne comportent pas de références aux textes canoniques conservés en Chinois et en Thibétain. Notre ignorance de la première de ces langues ne nous permet pas de déterminer et juger avec la précision voulue les équivalents sanskrits originaux des termes ou expressions chinoises des traductions des Āgamas et des Vinayas du Taisho. Les rares traductions en langues occidentales ne nous offrent pas un matériel suffisant et parfois aussi ne sont pas assez sûres.

---

[8] D'après une source unique: le Sūtra Sarvāstivādin (T 26, p. 776 b/$_5$ — 776 c/$_4$ BAREAU ⟨1963⟩ p. 14) ce recueillement aurait été précédé dans l'apprentissage auprès d'Ārāḍa Kālāma d'une autre station de l'Ārūpya: le *vijñānānantyāyatana*.

Quant au Thibétain notre incapacité, bien qu'identique, est moins regrettable vu le petit nombre de textes canoniques hinayanistes inclus dans le canon conservé dans cette langue.

Abréviations utilisés dans les tableaux

ĀS = *Āyatana-samāpatti* de l'*arūpa-dhātu*
B = BUDDHA
BOD = Bodhisattva légendaire «pré-bouddhique»
DH = Dhyāna
4 DH* = les quatre *dhyāṇa* spécifiés
4 DH = les quatre *dhyāna* énumérés mais non spécifiés
Di = Disciple
E = à titre exemplaire ou d'enseignement
Ṛ = ṚṢI
SVN = *Sañña-vedayita-nirodha*

Sigles des Formules Canoniques

Ayant, une fois au moins, suffi à exprimer dans les textes anciens l'obtention de la SAṂBODHI

Formule «o»	«O_a»	(SKR.)	*anuttarāṃ samyaksaṃbodhim abhisaṃbuddho 'smi*	[SBHVU. I, $136/_{12-13}$ = CPS. $446/_{20}$ = YAS. $520/_{13}$
		(P.)	*anuttaram sammāsambodhim abhisambuddho*	[VIN. III, $4/_{2}$ ≡ A. IV, $176/_{17}$ ≡ S. I, $68/_{12-13}$
	«O_b»	(BHS.)	*ekacittakṣanasamāyuktayā prajñayā anuttarāṃ samyaksaṃbodhimabhisaṃbuddho*	[MVU. II, $133/_{11-12}+285/_{2-3}+416/_{3}$
			'abhisaṃbudhya	[LV. $350/_{13-14}$
Formule «α»	—	(P.)	*akuppā me cetovimutti ayaṃ antīmā jāti n'atthi dāni punabbhavo*	[VIN. I, $11/_{30-31}$ = S. V, $423/_{10}$ = M. I, $167/_{28-29}$ = M. III, $162/_{24-25}$
Formule «β»	—	(P.)	*khīṇā jāti vusitaṃ brahmacariyaṃ kataṃ karaṇīyaṃ nāparaṃ itthattāyā*	[VIN. III, $5/_{34}$ ≡ A. IV, $179/_{7}$ = M. I, $23/_{24-25}$ etc.
		(BHS.)	*kṣīṇā me jātir-uṣitaṃ brahmacaryaṃ kṛtaṃ karaṇīyaṃ noparim-itthatvam*	[MVU. III, $447/_{7}$
		(SKR.)	*kṣīṇā me jātir-uṣitaṃ brahmacaryaṃ kṛtaṃ karaṇīyaṃ nāparam asmād bhavaṃ*	[LV. $418/_{20-21}$ = SBHVU. I, $119/_{3}$ = DASABALA-S. $223(419)/_{13}$ + YAS. $275/_{23}$
Formule «γ»	—	(P.)	*āsavānaṃ khayā anāsavaṃ cetovimuttiṃ paññāvimuttiṃ diṭṭhe va dhamme*	M. I, $71/_{13-14}+482/_{34-36}$
			sayaṃ abhiññā sacchikatvā upasampajja	S. II, $214/_{19-21}$ + A. II, $37/_{13-15}$ etc.
		(SKR.)	*āsravāṇāṃ kṣayād anāsravāṃ cetovimuktiṃ prajñāvimuktim dṛṣṭa eva dharme*	YAS. $642/_{24-26}$ et les
			svayam abhijñayā sākṣātkṛtvopasaṃpadya	DASABALA S. Sanskrits.
Formule «δ»		(P.)	*rāgo me pahīno . . . doso me pahīno . . . moho me pahīno ucchinnamūlo*	A. I, $184/_{15-19}$
			tālāvatthukato anabhāvakato āyatiṃ anuppādadhammo	M. I, $250/_{13-16}$ + A. II, $38/_{26}$–$39/_{3}$ (variantes)
Formule «ε»		(P.)	*vusitavā katakaraṇīyo ohitabhāro anuppattasadattho parikkhīṇabhavasaṃyojano sammadaññā vimutto*	M. I, $235/_{10-12}$ = IT. $38/_{16-18}$ etc. Parallèles partiels sanskrits de certains UVS s'appliquant au Buddha lui-même: LV. $425/_{16-22}$ + MVU. III, $262/_{13-14}$

I Dhyānā du Rūpa-Dhātu

M. I	**Majjhima Nikāya** Sūtra/Sutta	**M. I** pages		Dhyāna/ Jhāna	Vidya/ Vijjā ou Abhiññā	Formules d'Arahant ou d'obtention du But	Remarques
4	Bhayabherava-S.	21–23	B	4 Dh*	3 *vijjā*	«β»	
7	Vatthūpama-S.	38–39	E	7Samādhi (≡4Jhāna)	3me *vijjā*	«β»	Les quatres *appamāṇa* y prennent la place des quatre *jhāna*.
13	Mahādukkhanda-S.	$89/_{32}$–90	E	4 Dh*	—	—	
19	Dvedhāvitakka-S.	117	B	4 Dh*	3 *vijjā*	«β»	(Répétition du *Sutta* n. 4)
26	Ariyapariyesana-S.	167	B	—	—	«α»	précedée immédiatement de «*asaṇkiliṭṭhaṃ anuttaraṃ yogakkhemaṃ nibbānaṃ ajjhagamaṃ*»
27	Cūlahattipadopadama-S.	181–184	E	4 Dh	3 *vijjā*	«β»	(Rép. du *S.* n. 4)
36	Mahāsaccaka-S.	$243/_4$	B	Dh	—	—	«. . . *ahaṃ appānakaṃ jhānaṃ jhāyeyyan-ti*»
		$247/_{17}$–$249/_{18}$	”	4 Dh*	3 *vijjā*	«β»	
38	Mahātaṇhāsaṅkhaya-S.	$270/_{1-8}$	E	4 Dh*	3 *vijjā*	«γ»(270/26)	
39	Mahāassapura-S.	276–279	E	4 Dh*	3 *vijjā*	«β»	(Rép. du *S.* n. 4)
44	Cūḷa-Vedalla-S.	303–304	E	1re + 4me Dh	—	—	*avijjan-tena pajahati, na tattha avijjānnsayo anusetīti.*
45	Cūḷa Dhammasamādāna-S.	309	E	4 Dh*	—	—	*so kāyassa bhedā param-maraṇā sugatiṃ saggaṃ lokaṃ upapajjati.*
51	Kandaraka-S.	347–348	E	4 Dh*	3 *vijjā*	«β»	
53	Sekha-S.	$356/_{21}$–$358/_1$	E	4 Dh*	3 *vijjā*	«γ»	
60	Apaṇṇaka-S.	412–413	E	4 Dh*	3 *vijjā*	«β»	(Rép. du *S.* n. 51)
65	Bhaddāli-S.	441–442	E	4 Dh*	3 *vijjā*	«β»	
76	Sandaka-S.	521–522	E	4 Dh*	3 *vijjā*	«β»	(Rép. du *S.* n. 51)

M. II		M. II					
79	Cūḷa-Sakuludayi-S.	37–39	E	4 Dh*	3 *vijjā*	«β»	
85	Bodhirāsakumara-S.	93–94	B	4 Dh*	3 *vijjā*	«β»	(Rép. du *S.* n. 36)
94	Ghoṭa mukha-S.	161–162	E	4 Dh*	3 *vijjā*	«β»	(Rép. du *S.* n. 51)
99	Subha-S.	204	E	1re + 2me Dh	—	—	
100	Sangārava-S.	212	B	4 Dh*	3 *vijjā*	«β»	(Rép. du *S.* n. 36)
101	Devadaha-S.	226–227	E	4 Dh*	3 *vijjā*	«β»	(Rép. du *S.* n. 27)
M. III		**M. III**					
107	Gaṇaka-S.	4	E	4 Dh*	–	«ε»	
108	Gopakamoggallāna-S.	14	E	4 Dh*	—	—	La pratique des 4 *jhāna* louée par Gotama.
112	Chabbisodana S.	36	E/B	4 Dh*	«3me» *vijja*	«β»	
119	Kāyagatāsati S.	92–99	E	4 Dh*	3 *vijjā*	«γ»	
122	Mahā-suññata S.	111	E	4 Dh*	—	—	
125	Dantabhūmi-S.	136	E	4 Dh*	3 *vijja*	«β»	(Rép. du *S.* n. 51)
128	Upakilesa-S.	162/11	B	7Samādhi (=4Jhāna)	—	«α»	1er + 2me Sam. = 1er Dh/3me + 4me Sam. = 2me Dh/ 5me + 6me Sam. = 3me Dh/7me Sam. = 4me Dh
138	Uddesavibhaṇga-S.	226–227	E	4 Dh*	—	—	
139	Araṇavibhaṇga-S.	233	E	4 Dh*	—	—	Il en résulte *sambodhisukhaṃ*
141	Saccavibhaṇga-S.	252	E	4 Dh*	—	—	cela se nomme *sammāsamādhi*

D. I	DIGHA NIKĀYA	D. I					
1	BRAHMAJALA S.	37–38		4 DH*			
2	SĀMAÑÑAPHALA-S.	73–84	E	4 DH*	6 *abhiñña*	«β»	Les 3 derniers *abhiñña* correspondent aux 3 *vijjā*.
3	AMBAṬṬHA-S.	100	E	4 DH*	6 *abhiñña*	«β»	Répétition textuelle du *S.* n. 2 de la p. 73/ jusqu'à p. 84 in fine dans les sutta nos. 3, 4, 6, 7, 8, 10, 11 et 12.
4	SOṆADANDA-S.	124	E	4 DH*	6 *abhiñña*	«β»	
5	KŪṬADANTA-S.	147	E	4 DH*	3me *vijja*	«β»	Ici manque la rép. des pp. 77–83, laissant le seul 3me *vijja* avant la form. «β».
6	MAHĀLI-S.	157–158	E	4 DH*	6 *abhiñña*	«β»	à la page $156/_{24}$ se trouve aussi la formule d'*Aharant* «γ»
7	JĀLIYA-S.	159–160	E	4 DH*	6 *abhiñña*	«β»	
8	KASSAPASĪHANĀDA-S.	173–174	E	4 DH*	6 *abhiñña*	«β»	à la page $171/_{18}$ form. «γ» comme *S.* n. 6
10	SUBHA-S.	207–209	E	4 DH*	6 *abhiñña*	«β»	
11	KEVADDHA-S.	214	E	4 DH*	6 *abhiñña*	«β»	
12	LOHICCA-S.	233	E	4 DH*	6 *abhiñña*	«β»	
D. II		**D. II**					
17	MAHĀSUDASSANA-S.	186	E	4 DH*	—	—	suivis des 4 *appamāṇa*
22	MAHĀSATIPAṬṬHĀNA-S.	313	E	4 DH*	—	—	se nomme *sammāsamādhi*
D. III		**D. III**					
26	CAKKAVATISĪHANĀDA-S.	78	E	4 DH*	—	«γ»	précédé des 4 *appamāṇa*
28	SAMPASĀDANĪYA-S.	$113/_{22}$	E	4 DH	—	—	
29	PĀSADIKA-S.	131–132	E	4 DH*	—	—	conduit au *nibbāna*
33	SAṄGĪTI-S.	$222/_{4-16}$	E	4 DH*	—	—	
”	—”—	$270/_{22}$	E	«4me» DH	—	«δ»	

S. I	**Samyutta Nikāya**	**S. I**					
II,2,1	Candimasa	52/6+8	E	Dh's	—	—	«*jhānāni*» au pluriel
S. II		**S. II**					
XXI,1	Kolita	272	Di	«2me» Dh	—	—	= *ariya tuṇhībhava*
XXI,4	Nava (le novice)	278	Di	4 Dh	—	—	
S. IV		**S. IV**					
XXXVI,29	Suddhikaṃ Nirāmisan	236–237	E	4 Dh*	—	—	comme stages de moins en moins charnels: *nirāmisatara*
XLI,8	Nigaṇtha	298–299	E	4 Dh*	—	—	
XLI, 9	Acela	301–302	Di	4 Dh*	—	«β»	
S. V		**S. V**					
XLV,8	Vibaṇgha	10	E	4 Dh*	—	—	c'est *sammā samādhi*
XLVIII,8	Daṭṭhabbam	196	E	4 Dh*	—	—	«*catusu jhānesu*»
XLVIII,10	Vibhaṇga (2)	198	E	4 Dh*	—	—	se nomme *samādhindriyam*
LIII,1	Pathamasuddhiyam	307–308	E	4 Dh*	—	—	*nibbāna-ninno nibbāna-poṇo nibbāna pabbharo* . . . par eux un moine afflue, glisse, tend au *nirvāṇa*
LIII,54	Uddham Bhāgiyāni	309–310	E	4 Dh*	—	—	(Répétition du précédent)

A. I	AṄGUTTARA NIKĀYA	A. I					
II,11	BALĀNI	53	E	4 DH*	—	—	se nomme *bhāvanābalaṃ*
III,58	TIKAṆṆA	163–165	E	4 DH*	3 *vijjā*	«β»	
III,63	VENĀGA	182 + 184	B	4 DH*	—	«δ»	*idaṃ kho taṃ . . . ariyam uccāsayanamahāsayanaṃ yassāhaṃ etahari nikāmalābhī akicchalābhī akasiralābhī ti*
III,73	SAKKA (1)	220	E	4 DH	—	«γ»	
III,74	SAKKA (2)	221	E	4 DH	—	«γ»	
III,88	SIKKHA (1)	235	E	4 DH	—	—	
III,89	SIKKHA (2)	236	E	4 DH	«3me» *vijjā*	«γ»	
III,92	PAVIVEKA	242	E	«1er» DH	—	—	
A. II		**A. II**					
IV,22	URUVELĀ	23	E	4 DH	—	«γ»	
IV,35	VASSAKĀRA	36/12 37/11	E B	4 DH 4 DH	— —	«γ» «γ»	
IV,38	PATILĪNA	41	E	«4me» DH	—	«δ»	
IV,41	SAMĀDHI ?	45	E	4 D*	—	—	
IV,87	SAMAṆA ?	88	B	4 D*	—	«γ»	
IV,123	PUGGALĀ ?	126–127	E	4 D*	—	—	Les *jhāna* font renaitre parmi les *deva:* le 1er chez les *Brahmakāyikā*, le 2me chez les *Ābhassarā*, le 3me chez les *Subhakiṇhā* et le 4me chez les *Vehapphalā*.
IV,163	PAṬIPADĀ ?	151–152	E	4 D*	—	—	
IV,169	PUGGALĀ ?	156	E	4 D	—	—	
IV,194	VYAGGHAPAJJĀ	195	E	4 D*	—	—	pour la réalisation du nirvāṇa: *nibbānassa sacchikiriyāya*
IV,198	ATTANTAPA ?	211	E	4 D*	3 *vijjā*	«β»	même texte que dans le MAHĀSACCAKA-S. no. 36 M. I pp. 247–249
IV,200	PEMA	214	E	4 D*	«3me» *vijjā*	«γ» + «δ»	
IV,244	TATHĀGATASEYYĀ	245	E	4 D	—	—	

A. III		A. III					
V,14	PAÑCA BALANI	11	E	4 DH*	—	—	
V,15	—"—	12	E	4 DH	—	—	*catūsu jhānesu*
V,28	ARIYA-PAÑCAṆGIKA-SAMMĀ-SAMĀDHI	25–29	E	4 DH*	6 *abhiññā*	«γ»	
V,75	YODHĀJĪVA (1)	93	E	4 DH	«3me» *vijjā*	«β»	
V,76	YODHĀJĪVA (2)	100	E	4 DH	«3me» *vijjā*	«β»	(répétition du précédent)
V,94	PHĀSUVIHĀRA	119	E	4 DH*	—	«γ»	
V,104	SUKHUMĀLA	131	E	4 DH	—	«γ»	
	—"—	132	B	4 DH	—	«γ»	
V,106	ĀNANDA	134	E	4 DH	—	«γ»	
V,109	CĀTTUDISO	135	E	4 DH	—	«γ»	
V,110	ARAÑÑAVANAPATTHA	135	E	4 DH	—	«γ»	
V,166	NIRODHA ?	195	E	4 DH	—	«γ»	
V,192	DONA	226	E	4 DH	—	—	pour devenir *devasama*
V,232	PIYA	262	E	4 DH	—	«γ»	
V,?	VAGGĀSAṄGAHITĀ-S.	272	E	4 DH	—	—	pour obtenir le *arahattaphala*
	—"—	273	E	4 DH	—	—	—"—
VI,29	UDĀYIN	323/11	E	1er, 2me, 3me DH	—	—	
	—"—	325/5		4me DH	—	—	
VI,45	DĀLIDDIYAṂ	354	E	DHS	—	½ «α»	*jhānāni upasampajja . . . «akuppa me vimutti»*
VI,60	CITTA HATTHISĀRIPUTTA	394–396	Di	4 DH*	—	—	Le disciple, ayant cependant d'abord désavoué la discipline, longtemps après y retourne et obtient l'état d'*Arahant.*
	—"—	399		—	—	«β»	
VI,73	JHĀNA	428	E	«1er» DH	—	—	conditions pour atteindre le «1er» *jhāna*
VI,74	JHĀNA	428–429	E	«1er» DH	—	—	—"—

A. IV		A. IV					
VII,4	Balāni	4	E	4 Dh	—	—	
VII,50	Nandamātā	66	Di	4 Dh*	—	—	
VII,63	Nagara	109	E	4 Dh	—	—	
	—”—	111–112	”	4 Dh*	—	—	
VII,65	Koviḷāra	118–119	E	4 Dh*	«3me» *vijjā*	«γ»	
VII,71	Vinayadhara	140	E	4 Dh	—	«γ»	
VII,72	—”—	141	E	4 Dh	—	«γ»	
VIII,11	Verañja-S.	176–179	B	4 Dh*	3 *vijjā*	«β»	
VIII,30	Anuruddha-S.	234–235	D	4 Dh	—	«β»	
VIII,57	Āhuneyya	291	E	4 Dh	3 *vijjā*	«γ»	
VIII,58	—”—	292	E	4 Dh	—	«γ»	
VIII,71	Saddha	314–315	E	4 Dh	—	«γ»	
A. V		**A. V**					
X,8	Saddha	10–11	E	4 Dh	—	«γ»	
X,20	Aryavāsā	31–32	E	«4me» Dh	—	«δ»	
X,30	Kosala (b)	$67/_{31}$–$69/_{18}$	B	4 Dh	3 *vijjā*	«γ»	
X,71	Ākaṅkhā	132	E	4 Dh	—	«γ»	
X,72	Akaṇṭakanikkaṇṭakā	134–135	E	4 Dh*	—	—	... *saññāvedayitanirodhasamāpattiyā saññā ca vedanā ca kaṇṭako ... akaṇṭakanikkaṇṭakā arahanto*
X,98	Thera	201	E	4 Dh	—	«γ»	
XI,15	Subhūti	339–340	E	4 Dh	3 *vijjā*	«γ»	

V. I	**Vinaya Pāli**	**V. I**					
I,3,5	Mahâvagga	103	E	4 Dh	—	—	
I,3,8	—"—	104	E	4 Dh	—	—	→ *jhānānam vimokkhānaṃ samādhinaṁ samāpattīnaṃ*
V. III		**V. III**					
	Suttavibhañga						
I,4–8	Pārājika I	4–5	B	4 Dh*	3 *vijjā*	«β»	cf. A. IV ⟨VIII,11⟩ p. 176–179: «Verañja-S.»
IV,1	Pārājika IV	87–88	E	4 Dh	—	—	
IV,4	—"—	161–171	E	4 Dh	—	—	
V. IV		**V. IV**					
VIII,1–2	Pācittiya VIII	23–30	E	4 Dh	—	—	

Mvu. I	**Mahâvastu**	**Mvu. I**		Dhyāna	Vidyā ou Abhijñā	Formule	Remarques
	Dīpaṃkarāvadāna	228–29	BOD	4 Dh*	1er + 2me *vidyā*	form. «O_b»	Bodhisattva *Dīpaṃkara* comme prédecesseur de Śākyamuni
	Jātaka	272	Ṛ	4 Dh	5 *abhijñā*	—	Les Ṛṣi des Himalayas
	Jyotipālāvadāna	284/3	BOD	4 Dh	5 *abhijñā*	—	Bodhisattva Rakṣita: *bāhirakeṇa mārgeṇa*
	Jātaka	350	Ṛ	4 Dh	5 *abhijña*	—	Ṛṣi Kapila
	Jātaka	353	Ṛ	4 Dh	5 *abhijñā*	—	Ṛṣi Kola
Mvu. II		**Mvu. II**					
	(Enfance)	30/11	Ṛ	4 Dh	5 *abhijña*	—	Le sage Asita: *vāhitakeṇa mārgeṇa* (contemporain du Buddha)
	—"—	45	B	1er Dh	—	—	Premier Dhyāna «encore enfant» sous l'arbre: «jambousier»
	Manjarī Jātaka	48	Ṛ	4 Dh	5 *abhijñā*	—	le brāhman des *kauśika: vāhitakeṇa mārgeṇa*
	Kinnarī Jātaka	96	Ṛ	4 Dh	5 *abhijñā*	—	Les Ṛṣi des Himalayas
	(Mahābhiniṣkramaṇa)	129	B	1er Dh	—	—	Souvenir décisif du «1er» Dhyāna sous le «jambousier» avant le «Grand Départ».
	—"—	131–133	B	4 Dh*	1er + 2me *vidyā*	form. «O_b»	
	—"—	145	B	1er Dh	—	—	Répétition de l'expérience du 1er Dhyāna, comme sous le «jambousier» avant le «Grand Départ».
	Śyāmaka Jātaka	210	Ṛ	4 Dh	5 *abhijñā*	—	le Ṛṣi Gautama
	Avalokita Sūtra	282–285	B	4 Dh*	1er + 2me *vidyā*	form. «O_b»	Explicité comme étant la compréhension des 4 *Āryasatya* et des quatre connaissance concernant les *āśrava*, suivi du *Pratītyasamutpada*.

Mvu. III	**Mahâvastu**	**Mvu. III**				Formule	
	Nalinī Jātaka	143	Ṛ	4 Dh	5 *abhijñā*	—	le Ṛṣi Kāśyapa
	—"—	145	Ṛ	4 Dh	5 *abhijñā*	—	son fils Ekaśṛnga
	—"—	152	Ṛ	4 Dh	5 *abhijñā*	—	*Ekaśrnga*, devenu roi, renonce au trône et reprend la vie religieuse: *bāhirakeṇa mārgeṇa*
	Padumāvati Pūrvayoga Avadāna	153	Ṛ	4 Dh	5 *abhijñā*	—	le Ṛṣi Māṇḍavya
	Rāhulabhadra Pūrvayoga Avadāna	172	Ṛ	4 Dh	5 *abhijñā*	—	Prince *Sūrya*, comme pré-incarnation de Rāhula
	(Ordination de Upāli)	179–180	D	4 Dh	—	—	Upāli obtient les 4 Dhyānas en présence du Buddha avant son ordination
	Gangapāla Jātaka	190–194	Ṛ	4 Dh	5 *abhijñā*	—	Upaka (comme pré-incarnation du Buddha), le potier de Kāśi et Gangapāla: tous les trois.
	(Ordination de Rāhula)	261	B	4 Dh	—	—	*dhyānāni catvāri*
	Śarabhanga Jātaka	361	Ṛ	4 Dh	5 *abhijñā*	—	le Ṛṣi Gautama
	—"—	362	Ṛ	4 Dh	5 *abhijñā*	—	le Ṛṣi Śarabhanga
	—"—	363	Ṛ	4 Dh	5 *abhijñā*	—	le Ṛṣi Vatsa élève de Ṛṣi Kāśyapa
	—"—	364	Ṛ	4 Dh	5 *abhijñā*	—	99 Ṛṣi: ascètes
	Pūrṇa Avadāna	378	Di	4 Dh	5 *abhijñā*	—	Pūrṇa et ses 29 disciples avant leur conversion
	(Questions de Nālaka)	383	Di	4 Dh	5 *abhijñā*	—	Nālaka, neveu de Asita, avant sa conversion
	(Les trois Kāśyapas)	431	Di	4 Dh	5 *abhijñā*	—	Upasena, neveu des 3 Kāśyapas, avant sa conversion
	(Avec le Sahasravaga-S. du Dhp. 70)	434 + 436	Di	4 Dh	5 *abhijñā*	*parinivṛtā*	conversion du 700 ascètes déjà maitres des 4 *dhyāna* et des 5 *abhijñā*
	Arindama Jātaka	430	Ṛ	4 Dh	5 *abhijñā*	—	le Roi Arindama les obtient *bāhirakeṇa mārgeṇa*

LV.	Lalita Vistara	LV.					
		343/$_{13}$–**348**/$_{15}$	B	4 Dh*	1er + 2me *vidyā*	. . .	La déconverte du *pratītyasamutpada*, parcouru dans les deux sens, suit immédiatement le «2me» *vidyā*.
		348/$_{19-22}$		. . .	3me *vidyā*	. . .	Prise de conscience de *duḥkha* (sans mention de 4 Āryasatya): *idaṃ duḥkhamiti* ‖ *yathābhūtamajñasiṣaṃ* ‖ ‖ suivie de l'*āśravakṣaya* en trois modalités seulement: *āśravosamudayo*, *°nirodha* et *°nirodhagāminī*; suit à nouveau un *pratītyasamutpada* en sens inverse.
		350/$_{14}$		. . .	. . .	form. «o_b»	Après la reconnaissance par les Dieux de son Eveil le Buddha récite l'*udāna* suivant: *chinna vartmopasānta rajāḥ śuṣkā āśravā na puna śravanti* ‖
		351/$_{1-2}$					*chinna vartmani vartata duḥkhasyaiṣo 'nta ucyate* ‖ ‖

TEXTES CHINOIS D'APRÈS LES **TRADUCTIONS** DE **A. BAREAU ⟨1963⟩**						
	BAREAU ⟨1963⟩					
SŪTRA SARVĀSTIVADIN T 26 p. 589c/$_{9-23}$	p. 68 +p. 76	B	4 DH*	le «3me» *vidyā* seul	form. «β»	*āśravakṣaya* suivie immédiatement de l'énumération des 4 Āryasatya et des quatre connaissances appliquées aux *āśrava*
SŪTRA ANONYME T 125 p. 666b/$_{9-22}$	p. 68 +pp. 76–77	B	4 DH*	3 *vidyā*	form. «β»	simple constatation générale: «ceci est la douleur», sans mention des 4 Āryasatya
VINAYA DHARMAGUPTAKA T 1428 p. 781a/$_{23}$—781c/$_{11}$	pp. 68–69 +pp. 78–79	B	4 DH*	3 *vidyā*	form. «β»	les 4 Āryasatya et les 4 connaissances appliquées aux *āśrava.*
VINAYA MAHĪŚĀSAKA T 1421 p. 102c/$_{17-20}$	p. 69 +pp. 77–78	B	«4me» DH	le «3me» *vidyā* seul	—	*āśravakṣaya* seul, sans aucune autre qualification de l'Éveil (vu les lacunes avérées de ce texte, dont la transmission est mauvaise [cf. FRAUWALLNER ⟨1956⟩ p. 183–184] on ne peut conclure pour ce texte à l'identité: *āśravakṣaya* = *saṃbodhi*)
SAṄGHABHEDA-VU.						
ŚRĀMAṆAPHALA-S. Edition: MEISIG ⟨1987⟩ pp. 298–354	Edition GNOLI ⟨1978⟩ Tome II pp. 242–250	E	4 DH*	6 *abhijñā*	form. «β»	
PARALLÈLES CHINOIS TRADUITS PAR **K. MEISIG ⟨1987⟩**						
	MEISIG ⟨1987⟩					
du DIRGHĀGAMA 85b/$_{11}$–86c/$_{8}$	p. 298–355	E	4 DH*	6 *abhijñā*	form. «β»	
de l'EKOTTARĀGAMA 274c/$_{7}$–275c/$_{27}$	p. 299–355	E	4 DH*	6 *abhijñā*	form. «β»	

II Āyatana-Samāpatti de l'Arūpa-Dhātu

M. I	Majjhima-N.	Pages M. I		Rūpa-Dh. Dhyāna/ Jhāna	Arūpa-Dhātu		Vidya/ Vijjā ou Abhiññā	Arahant Formule	Remarques
					Āyatana-Samāpatti	Sañña Vedayita Nirodha			
1	Mūlapariyāya-S.	2–3	E	—	4 ĀS	—	—	—	
6	Ākaṅkheyya-S.	33	E	4 Dh	. . .	. . .	—	«γ»	*santā vimokhā atikkama rūpe āruppa*
8	Sallekha-S.	40–41	E	4 Dh	4 ĀS	—	—	—	
25	Nivāpa-S.	159–160	E	4 Dh	4 ĀS	SVN	«3me» *vijjā*	—	*āsāva parikkhīṇā*
26	Ariyapariyesana-S.	174–175	E	4 Dh	4 ĀS	SVN	—	—	dans l'appendice qu'est le "sermon sur les cinq qualités du désir"
30	Cūḷasāropama-S.	203–204	E	4 Dh	4 ĀS	SVN	«3me» *vijjā*	—	*akuppā cetovimutti*
31	Cūḷagosiṅga-S.	207–209	E	4 Dh	4 ĀS	SVN	—	—	*uttariṃ manussadhammā alamariyaviseso adhigato phāsuvihāro*
41	Sāleyyaka-S.	289	E	—	4 ĀS	—	—	«γ»	
43	Mahāvedalla-S.	294–298	E	«1er» –«4me» Dh	«2me» + «3me» ĀS	—	—	—	*akuppā cetovimutti* précédé des *appamāṇa*
52	Aṭṭhakanāgara-S.	350–352	E	4 Dh	«1er», «2me» et «3me» ĀS	—	3me *vijjā*	—	entre les *jhāna* et les *āyatana* s'intercalent les *appamāṇa*
59	Bahuvedaniya-S.	398–400	E	4 Dh	4 ĀS	SVN	—	—	
64	Mahā-Māluṅkya-S.	435–437	E	4 Dh	«1er», «2me» + «3me» ĀS	—	3me *vijjā*	«γ»	
66	Laṭukikopama-S.	454–456	E	4 Dh	4 ĀS	SVN	—	—	
69	Gulissāni-S.	472/15	E	—	. . .	. . .	—	—	*santā vimokhā atikkama rūpe āruppā*
70	Kīṭāgiri-S.	474–479	E	—	. . .	. . .	«3me» *vijjā*	—	—"—

M. II		M. II		Rūpa	Arūpa				
77	Mahā-Sakuludāyi-S.	12–13	E	—	4 ĀS	SVN	—	—	en tant que les cinq derniers 8 *vimokhā* et menant comme les 4 *jhāna* à: l'*abhiññāvosāna-pāramippattā*
		15–17	E	4 Dh	—	—	—	—	
105	Sunakhatta-S.	254–256	E	—	3me + 4me ĀS	—	—	—	
106	Āṇañjasappāya-S.	262–265	E	—	3me + 4me ĀS	—	—	—	
M. III		**M. III**							
111	Anupada-S.	25–28	E	4 Dh	4 ĀS	SVN	3me *vijjā*	—	
113	Sappurisa-S.	43–45	E	4 Dh	4 ĀS	SVN	3me *vijjā*	—	
120	Saṃkhāruppatti-S.	103	E	—	4 ĀS	—	—	«γ»	
121	Cūḷa-Suññata-S.	105–109	E	—	4 ĀS	—	—	—	
140	Dhātuvibaṅga-S.	243–244	E	—	4 ĀS	—	—	—	

D. I	Digha-N.	D. I							
1	Brahmajala-S.	34–35	E	—	4 ĀS	—	—	—	Identifier les 4 *āyatana* avec la délivrance est hérésie.
9	Poṭṭhapāda-S.	182–184	E	4 Dh	4 ĀS	SVN	—	—	
D. II		**D. II**							
15	Mahānidāna-S.	69	E	—	1er, 2me et 3me ĀS	—	—	—	en tant que 5me, 6me et 7me des *viññāṇaṭṭhiti*
		70–71	E	—	4 ĀS	SVN	—	«γ»	en tant que 4me, 5me, 6me, 7me et 8me des 8 *vimokhā*
16	Mahāparinibbāna-S.	112–113	E	—	4 ĀS	SVN	—	—	—"— des 8 *vimokhā*
	—"—	156	B	4 Dh	4 ĀS	SVN	—	—	
		—"—	—"—	4 Dh	—	—	—	—	*parinibbāyi*

D. III		D. III							
33	SAṄGITI-S.	215/$_{21}$	E	—	—	—	—	—	*Rūpa-dhātu, arūpa-dhātu, nirodha-dhātu*
		222		4 DH	—	—	—	—	
		224		—	4 ĀS	—	—	—	= 4 *āyatana*
		253			1er, 2me et 3me ĀS	—	—	—	en tant que 5me, 6me et 7me des 7 *viññāṇa-ṭṭhiti*
		261–262			4 ĀS	SVN	—	—	en tant que 4me, 5me, 6me, 7me et 8me des 8 *vimokhā*
		263			4 ĀS	—	—	—	en tant que 6me, 7me, 8me et 9me des 9 *sattāvasā*
		265–266		4 DH	4 ĀS	SVN	—	—	équivalents aux 9 *anupubba vihārā*
		266		4 DH	4 ĀS	SVN	—	—	équivalents aux 9 *anupubba nirodhā*
		270–271		4me DH	—	—	—	«δ»	
34	DASUTTARA-S.	281	E	—	—	—	6 *abhiññā*	«γ»	
		282/$_{12}$		—	1er, 2me et 3me ĀS	—	—	—	7 *viññāṇa-ṭṭhiti*
		288/$_{2}$		—	4 ĀS	SVN	—	—	8 *vimokhā*
		288/$_{26}$		—	4 ĀS	—	—	—	9 *sattāvasā* } identiques au *sūtta* précédent
		290/$_{4}$		4 DH	4 ĀS	SVN	—	—	9 *anupubba vihārā*
		290/$_{6}$		4 DH	4 ĀS	SVN	—	—	9 *anupubba nirodhā*

S. I	Saṃyutta-N.	S. I							
VI,2,5	Parinibbāna-S.	158–159	B	4 Dh	4 ĀS	—	—	—	(comparé au D. II ⟨16⟩ p. 156 le *S.V.Nirodha* y manque)
		—"—	"	4 Dh	—	—	—	—	*parinibhāyi*
S. II		**S. II**							
XIV,11	Sattimā	150	E	—	4 ĀS	SVN	—	—	*nirodha samāpatti*
XVI,9	*Jhānābhiññā*	210–214	B + Di	4 Dh	4 ĀS	SVN	6 *abhiññā*	«γ»	*aham yāvadeva ākaṅkhami* = «selon que je le désire». *Kassapa* a même pouvoir
XVI,16	Upassaya	216–217	Di	4 Dh	4 ĀS	SVN	6 *abhiññā*	«γ»	—"—
XVI,11	Cīvara	221–222	Di	4 Dh	4 ĀS	SVN	6 *abhiññā*	«γ»	—"—
S. III		**S. III**							
XXVIII, 1–9	Sāriputta Saṃyutta	235–238	Di	4 Dh	4 ĀS	SVN	—	—	
S. IV		**S. IV**							
XXXVI,11	Rahogataka	217–218	E	4 Dh	4 ĀS	SVN	3me *vijjā*	—	= *khīṇāsavassa bhikkhuno . . .*
XXXVI,									
15	Santakam (1)	220–221	E	4 Dh	4 ĀS	SVN	3me *vijjā*	—	—"—
16	Santakam (2)	221	E	4 Dh	4 ĀS	SVN	3me *vijjā*	—	—"—
17	Aṭṭhaka (1)	222	E	4 Dh	4 ĀS	SVN	3me *vijjā*	—	—"—
18	Aṭṭhaka (2)	222–223	E	4 Dh	4 ĀS	SVN	3me *vijjā*	—	—"—
19	Pañcakaṅgo	225–228	E	4 Dh	4 ĀS	SVN	—	—	
20	Bhikkhunā	229	E	4 Dh	4 ĀS	SVN	—	—	
XL, 1–9	Moggalāna-Saṃyutta	262–269	Di	4 Dh	4 ĀS	—	—	—	*animitto ceto-samādhi*
XLI,7	Godatta	296	E	—	2me et 3me ĀS	—	3me *vijjā*	«δ»	*khīṇasavassa . . . akuppā cetovimutti*

S. V		**S. V**							
XLVI,54	Metta	119–121	E	—	1er, 2me et 3me ĀS	—	—	—	
XLVIII,40	Uppatika	213–215	E	4 Dh	4me ĀS	SVN	—	—	
LIV,8	Dīpa	318–319	E	4 Dh	4 ĀS	SVN	—	—	

A. I	**Aṅguttara N.**	**A. I**							
I, XX	Jhāna Vagga	$38/_{19-26}$ $+41/_{3-13}$	E	4 Dh	4 ĀS	SVN	—	—	
III,114	Ākāsānañcāyatana	267–268	E	—	1er, 2me et 3me ĀS	—	—	—	
A. II		**A. II**							
190	Uposatha	184	E	4 Dh	4 ĀS	—	—	—	

A. IV		A. IV							
VII,41	VIÑÑĀṆA-ṬṬHITI	39–40	E	—	1er, 2me et 3me ĀS	—	—	—	équivalents aux 5me, 6me et 7me *viññāṇaṭṭhiti*
VIII,68	VIMOKHĀ	306	E	—	4 ĀS	SVN	—	—	équivalents aux 4me, 5me, 6me, 7me et 8me *vimokhā*
VIII,94	AṬṬHA VIMOKHĀ	349	E	—	4 ĀS	SVN	—	—	—"—
IX,24	SATTĀVASĀ	401	E	—	4 ĀS	—	—	—	équivalents aux 6me, 7me, 8me et 9me *sattāvasā*
IX,31	ANUPUBBA-NIRODHĀ	409	E	4 DH	4 ĀS	SVN	—	—	équivalents aux 9 *anupubba-nirodhā*
IX,32	ANUPUBBA-VIHARĀ	410	E	4 DH	4 ĀS	SVN	—	—	équivalents aux 9 *anupubba-viharā*
IX,33	—"—	411–414	E	4 DH	4 ĀS	SVN	—	—	—"—
IX,34	SUKHA-NIBBĀNA	415–418	E	4 DH	4 ĀS	SVN	3me *vijjā*	—	*āsavā parikkhīṇā*
IX,35	GĀVI	419–422	E	4 DH	4 ĀS	SVN	6 *abhiññā*	«γ»	*āsavānaṃ khayā*
IX,36	JHĀNA	422–426	E	4 DH	4 ĀS	SVN	3me *vijjā*	—	*āsavānaṃ khayam* ...
IX,37	ĀNANDA	427	E	—	1er, 2me et 3me ĀS	—	—	—	
IX,38	BRĀHMANĀ	430–431	E	4 DH	4 ĀS	SVN	3me *vijjā*		*āsavā parikkhīṇā*
XI,39	DEVĀSURASAṄGĀMA	433–434	E	4 DH	4 ĀS	SVN	3me *vijjā*		—"—
IX,40	NĀGA	437–438	E	4 DH	4 ĀS	SVN	3me *vijjā*		—"—
IX,41	TAPUSSA-S.	440–448	B	4 DH	4 ĀS	SVN	3me *vijjā*	«α»	*ca me disvā āsavā parikkhayaṃ agamaṃsu, ... imā nava anupubbavihārasamāpattiyo ...* *evaṃ anulomapaṭilomaṃ samāpajjim pi vuṭṭhahim pi ... abhisambuddho paccaññāsiṃ*
IX,42	PAÑCĀLACAṆḌA	450–451	E	4 DH	4 ĀS	SVN	3me *vijjā*	—	
XI,43	KĀYASAKKHĪ	452	E	4 DH	4 ĀS	SVN	3me *vijjā*	—	
IX,44	PAÑÑAVIMUTTA	452–453	E	4 DH	4 ĀS	SVN	3me *vijjā*	—	
IX,45	UBHATOBHĀGAVIMUTTA	453	E	4 DH	4 ĀS	SVN	3me *vijjā*	—	
								→	Dans les 10 *sūtta* IX,42 à 51 le 3me *vijjā* comme *āsavā parikkhīṇā*
IX,46–51	NIBBĀN SUTTĀ (6 répétitions du même)	453–454	E	4 DH	4 ĀS	SVN	3me *vijjā*		
IX,94	— ? →	465	E	4 DH	4 ĀS	SVN	—	—	

A. V		A. V							
X,6	Samādhi	7–8	E	—	4 ĀS	—	—	—	parlé par le Maître
X,7	—"—	8	E	—	4 ĀS	—	—	—	même texte parlé par *Sāriputta*
X,29	Kosala (2)	63–64	E	—	3me et 4me ĀS	—	—	—	
X,85	Katthī	157–158 +160	E	4 Dh	4 ĀS	SVN	—	—	Un *bhikkhu* se vente indûment d'avoir atteint les 9 stations.
X,99	Upāli	207–209	E	4 Dh	4 ĀS	SVN	3me *vijjā*	—	*āsavā parikkhīṇā*
XI,9	Saññā-Manasikāra	321–322	E	—	4 ĀS	—	—	—	
XI,10	Sekkha (?)	324–326	E	—	4 ĀS	—	—	—	
XI,17	Dasama	343–346	E	4 Dh	1er, 2me et 3me ĀS	—	3me *vijjā*	—	*āsāvānaṃ khayam* (entre les *jhānā* et les *āyatanā* s'intercalent les *appamaṇā*)
XI,19	Samādhi	353–354	E	—	4 ĀS	—	—	—	Répétitions du *Sūtta* X,6 ci-dessus
XI,20	—"—	355–356	E	—	4 ĀS	—	—	—	
XI,21	—"—	356–357	E	—	4 ĀS	—	—	—	
XI,22	—"—	357–358	E	—	4 ĀS	—	—	—	
XI,24 (?)	— ? —	360	E	4 Dh	1er, 2me et 3me ĀS	—	—	—	

Les recueillements de l'Ārūpya

Il suffit, croyons nous, de parcourir ces tableaux pour se convaincre que, parmi les textes cités, le groupe de ceux mentionnant les quatres *dhyāna/jhāna* est non seulement le groupe le plus compréhensif, le plus étendu, mais aussi celui qui cite les textes ou fragments de textes les plus anciens: qu'il s'y agisse de Śākyamuni lui-même, de disciples, ou d'enseignements-prédications. Par contre les recueillement immatériels figurent presque exclusivement dans les discours d'exposés doctrinaux, qui décèlent déjà des tendances à une systématisation avancé et un esprit classificateur, annonciateur, — semble-t-il —, des systématisations scholastiques "abhidharmiques" subséquentes.[9]

Maintenant, si nous éxaminons ces deux catégories d'états méditatifs en elles-mêmes: c'est à dire celle des *dhyāna* proprement-dits et celle des *āyatana-samāpatti*, et les comparons entre elles, les constatations suivantes paraissent s'imposer.

a) La progression simplificatrice, naturelle et logique, manifeste dans l'ordre même des obtentions successives des quatre Dhyānas du *rūpa-dhātu*, finalement couronnées pour l'heureux délivré par l'*āśravakṣaya/āsavakkhaya*: «la destruction des impuretés» nous y fait entrevoir une origine empirique et l'analyse (vraisemblablement *a posteriori*) d'une expérience vécue.[10]

b) Alors qu'en comparaison, le groupement parallèle des quatre *āyatana-samāpatti* débouchant sur un *saṃjñā°/saññā-vedayita-nirodha-samāpatti* rassemble en une séquence, plutôt artificielle, des éléments hétérogènes: tant au point de vue historique [b1]: c'est à dire par rapport aux contextes dans lesquels certains d'entre eux apparaissent, isolément et pour la première fois dans nos textes canoniques, qu'au point de vue sémantique [b2] des termes eux-même. De plus leur ordre de succession dans la séquence ne paraît *a priori* ni bien logique ou convaincante, si l'on y cherche une progression d'états "prétendûment" vécus.

[b1] En effet deux au moins de ces éléments surgissent tout d'abord dans la légende, chacun d'eux séparément des autres et sans lien organique avec eux, comme en font foi, entre autres, les récits des temps d'apprentissage de Śākyamuni auprès de ses deux Maîtres.

[b2] Originellement, de par leur signification même, les termes caractérisant les stations de l'Ārūpya paraissent: soit «**a**» n'indiquer aucune relation intrinsèque entre elles et, par leur ordre de succession, n'exprimer aucun progrès en soi; — soit «**b**» faire quasi double emploi, comme dans les cas de l'*ākāśānantyāyatana/ākāsānañcāyatana*: «le domaine de l'infinité de l'espace» déjà mentionné et celui «du néant»: l'*ākiñcanyāyatana/ākiñcaññāyatana*; ou encore le *naivasaṃjñānāsaṃjñāyatanasamāpatti/ nevasaññānāsaññāyatanasamāpatti*: «le recueillement

---

[9] Cf. BRONKHORST ⟨1985⟩. Ce brillant mémoire s'occupe des tendances abhidharmiques dans les Vinayas et Sūtras antérieurement à la constitution et l'acception d'un *Abhidharma-Piṭaka* canonique.

[10] C'est à dire une espèce de rationalisation d'un «vécu intuitif», tel que cela paraît devoir être généralement le cas pour une expérience de ce genre, et cela dans n'importe quelle tradition religieuse que ce soit.

du domaine de la non-conscience et de la non-inconscience» avec le *saṃjñāvedayita-nirodha-samāpatti/saññāvedayita-nirodha samāpatti*: «le recueillement de la cessation de la conscience et de la sensation».[11]

Enfin si l'on relit tous les passages des textes canoniques qui assemblent les quatre Dhyānas du *rūpadhātu* et les Recueillements de l'*Ārūpya* en une seule séquence, formant, soit-disant, une progression continue jusqu'au but, on ne peut s'empêcher d'être frappé par l'incongruité d'une telle juxtaposition.[12] L'impression d'artificialité déjà ressentie à propos de l'assemblage des stations de l'Immatériel en un seul groupe, soit-disant progressif, ne fait que s'accentuer. Et l'on demeure fort sceptique, malgrès les trésors d'ingéniosité et d'érudition dépensés par les commentateurs bouddhistes ou par les auteurs de traités d'Abhidharma — sans parler de nos bouddhologues occidentaux — afin d'interpréter, expliquer et convaincre leurs lecteurs de "l'absolue nécessité" des *nava anupūrva-vihāra-samāpatti/nava anupubba-vihāra-samāpatti* («les neufs recueillements dans les séjours gradués»)[13] pour s'assurer un cheminement salutaire jusqu'au point suprême: le *nirvāṇa* en ce monde.

Quoiqu'il en soit, il nous semble difficile de ne pas voir dans tout cela l'effet d'élaborations ultérieures, en partie probablement déterminées par des influences non- et pré-bouddhiques, et en tous les cas relativement tardives. Manifestement, il s'y révèle une mise en œuvre de reflexions intellectuo-philosophiques de générations nouvelles, où se respire un air bien différent de celui des récits canoniques si directs, soit de l'Eveil du Buddha, soit de l'obtention de l'état d'Arhant par les premiers disciples, soit même des prédications ou exposés doctrinaux des Sūtras les plus anciens.

Pour corroborer cette thèse de la non appartenence du «système des Samāpatti de l'Ārūpya» au Bouddhisme le plus ancien, nous nous appuyerons sur les cinq arguments qui suivent. Ils paraissent, tous ensemble, former un faisceau de preuves indépendantes et convergentes, et tout à fait concluantes, dont la vraisemblance équivaudrait à nos yeux à une démonstration.

I. — Tout d'abord nous voudrions attirer l'attention sur deux passages particulièrement significatifs du BRAHMAJĀLA-S. Dans sa deuxième partie ⟨D. I, 12 – 45⟩ il nous présente une espèce de catalogue des soixante-deux *dṛṣṭi/diṭṭhi* (opinions-doctrines) des Śramanes et Brāhmanes.

Ce sūtra mentionne ⟨pages: 34 – 35⟩ à propos de certains «Annihilationistes»: *Ucchedavādin* leur pratique des quatre *Āyatanas* de l'*arūpa-dhātu*. Plus loin ⟨pages: 37 – 38⟩ et complètement indépendemment, notre Sūtra détaillera les quatre Dhyānas du *rūpa-dhātu*, et ce à propos des *Diṭṭha-dhamma-nibbāna-Vādin*: «Ceux qui enseignent un Nirvāna dans l'ordre des choses visibles».

Notons également que ce sūtra ne contient aucune mention du *sañāvedayita-nirodha-samāpatti.*

---

11 Cf. aussi sur le sujet les remarquables analyses de la diversité des énumérations et des différents stades du cheminement au travers de l'*Ārūpya*, conservés dans les Sūtras à contenu doctrinal, dans BRONKHORST ⟨1986⟩ §§7.2.1 à 7.2.4. p. 76 – 86: mais surtout le paragraph 7.2.4.

12 Voir les judicieuses remarques de HEILER ⟨1922⟩ p. 29 à ce propos.

13 Ou mieux „les neuf obtentions des stades de méditation en progression graduelle".

De l'ensemble de ces remarques il nous paraît conséquent et licite de conclure que ce Sūtra n'a pu être conçu que dans une ambiance et à une époque où l'on n'avait pas encore associé les quatre recueillements de l'Ārūpya aux quatres Dhyānas classiques afin d'en constituer une seule et unique pratique d'ascèse progressive, et dont l'on ne trouve pas la moindre trace dans ce texte.

D'autre part au moment de la rédaction de ce Sūtra — et puisqu'il le fait — il devait être chose usuelle et normale de parler de groupes distincts, non bouddhistes ou bouddhistes hérétiques, qui se seraient adonnés respectivement: les uns aux seules pratiques des *āyatana-samāpatti* de l'Ārūpya, les autres à celles des quatre *dhyāna* exclusivement. — Ces derniers — peut être même étaient-ils des bouddhistes aberrants — prétendaient, abusivement selon notre Sūtra, que l'obtention de l'un ou de l'autre des Dhyānas ou de tous les quatre suffisait pour accéder au Nirvāṇa.[14]

II. — Deuxièmement nous voudrions insister sur le fait que les composés: *arūpadhātu* et *arūpāvacara* sont totalement inconnues de «VINAYAPIṬAKA» Pāli et, qu'à notre connaissance, le terme même d'*arūpa* n'y figure nulle part.

La même constatation s'applique au «MAHĀVASTU» et au «LALITA VISTARA» et très probablement à l'ensemble du volumineux «VINAYA des MŪLASARVĀSTIVĀDIN», mais quasi certainement à son «SAṄGHBHEDAVASTU».[15]

A cela s'ajoute que, lorsque dans le VINAYA PĀLI l'on rencontre le mot de *samāpatti*, celui ci y est toujours utilisé dans son sens étymologique et général de «obtention»: c'est à dire d'avoir atteint, d'avoir assumé, d'avoir réalisé un état. En CULLAVAGGA IV, 14, 14 nous avons:

sotāpatti samāpatti, ayaṃ āpatti no adhikaranaṃ.[16] Et en SUTTAVIBHAÑGA, PĀCITTIYA II. 2. 1. *sabbāppi āpittayo hīnā, api ca sotāpatti samāpatti ukkaṭṭhā.*[17]

Comparer encore:

... *jhāṇam vā vimokkhaṃ vā samādhiṃ vā samāpattiṃ vā maggaṃ vā phalaṃ va* ... ⟨MAHĀVAGGA I, 78. 5⟩.[18]

... *jhānānaṃ vimokkhānaṃ samādhīnaṃ samāpattīnaṃ* ... *kusalānaṃ dhammānaṃ adhigamāya* ⟨idem, II. 3. 7 + 8⟩.[19]

... *asubha samāpattiyā* ... ⟨SUTTAVIBHAÑGA: PĀR. III, 1.1 + 1. 2⟩.[20]

uttarimanussadhammo nāma jhānaṃ vimokkhaṃ samādhi samāpatti ñāṇadassanaṃ ... ⟨SUTTAVIBHAÑGA, PĀR. IV. 3⟩.[21]

---

14 Cf. LAMOTTE ⟨1949⟩ II p. 1052/$_{\text{note 2}}$.

15 Nous en avons consulté l'édition GNOLI ⟨1977 – 1978⟩ avec la plus grande attention; mais vu le manque de tout index, nous ne pouvons prétendre à la certitude que notre collation en ait été exhaustive.

16 VIN. II, 93/$_4$.

17 VIN. IV, 7/$_{14}$ HORNER ⟨1940⟩ (trd. II.) remarque: "When *āpatti* is combined with *sota*° or *sam*° it has the more primary meaning of acquiring, obtaining, entering in relation with as in VIN IV PĀÇ II" et elle traduit par «attainment».

18 VIN. I, 97/$_{12}$.

19 VIN. I, 107/$_{7+8}$.

20 VIN. III, 68/$_5$ + 69/$_{29}$. J. B. HORNER traduit: «taking the impure as stage of meditation».

21 VIN. III. 91/$_{30}$

Dans tous ces textes l'on ne peut découvrir le moindre indice qui permettrait de considérer que dans l'un quelconque de ces passages où figure le mot de *samāpatti*, son emploi puisse s'entendre comme s'appliquant aux recueillements de l'Immatériel. Bien plus: le PARĀJIKA IV, 4. 5–9 ⟨VIN. III, 95–97⟩ et le PĀCITTIYA VIII, 2. 1 ⟨VIN. IV, $25/_{32-39}$⟩ du SUTTAVIBHAÑGA, après l'énumération des quatre *jhāna*, les font suivre par les termes de *vimokkhā*, *samādhi* et *samāpatti*, chacun caractérisé par les trois modalités de *suññata*, *animitta* et *appaṇihita*.

Dans tout le VINAYA on ne trouve aucune trace de l'une ou l'autre des quatre stations de l'*arūpa-dhātu* et évidemment tout aussi peu du *saññāvedayita-nirodha-samāpatti*.

D'ailleurs le mot même de *nirodha* ne figure — à notre connaissance — qu'en quatre passages du VINAYA et aucune de ces mentions ne pourrait nous autoriser à poser l'équation *nirodha* = *nibbāna*:

1) En VIN. I, $1/_{13\,sq.}$ et $2/_2$ *nirodha* n'apparaît que dans le sens de «suppression» ou d'«arrêt» de chacun des douze *nidāna* du *Pratītyasamutpāda*.

2) En VIN. I, 10–11. le terme figure dans les composés: *dukkhanirodha*, *asesavirāganirodha* et *dukkhanirodhagāmini*.

3) En VIN. I, $5/_{2-3}$ nous avons bien: *sabbasaṃkhārasamatho sabbūpadhipaṭinissago taṇhakkhayo virāgo nirodho nibbānaṃ*. Mais ici, si équation il y a, elle ne peut être qu'entre le mot *nibbānaṃ* et tout l'ensemble des termes qui le précèdent et forment une progrssion qui le prépare et culmine en lui.

4) En VIN. I, 40 se trouve le verset fameux:

ye dhammā hetuppa bhavā tesaṃ hetuṃ tathāgato āha
tesañ ca yo nirodho evaṃvādī mahāsamaṇo 'ti.[22]

Ici le mot *nirodho* dépend de *tesañ* dont l'antécédent est *dhammā*.

III. Le SUTTAVIBHAÑGA du Vinaya Pāli dans son PĀRĀJIKA IV, 1 à 6 ⟨VIN. III, p. 87 à 99⟩ et dans son PĀCITTIYA VIII ⟨VIN. IV, p. 25 à 30⟩ envisageant les offences que constitueraient des prétentions injustifiées à l'obtention de certains degrés spirituels en *jhānaṃ vimokkhaṃ samādhi samāpatti*, mentionne bien les quatre *jhāna* du *rūpa-dhātu*, mais, comme déjà noté, ne souffle pas mot des recueillements immatériels.

Si dans la Communauté, telle qu'elle existait au moment de la rédaction défintive de ce Vinaya, la pratique du "chemin" et les exercices proposés aux moines avaient comporté ces recueillements immatériels, il est évident que ceux-ci auraient été mentionnés ici au même titre que les *jhāna* et des prétentions injustifiées à leur obtention également condamnées.

IV. Nous référant au tableau de la répartition de «DIEUX BOUDDHIQUES» dans les trois *dhātu* que nous a donné J. MASSON[23], tableaux établis par lui, après une collation quasi complète des différents textes du Canon Pāli, complétée par celles du MAHĀVASTU, du LALITA VISTARA et du DIVYĀVADĀNA, nous voudrions attirer l'attention sur le fait que les catégories de Dieux de l'*arūpa-dhātu* n'y figurent que

---

[22] BAREAU ⟨1963⟩ p. 344 traduit: «Des choses qui ont pour origine une cause, Le Tathāgata (explique) la cause. De ce qui est leur cessation, le "Grand-Religieux" en parle.»

[23] MASSON ⟨1942⟩ Chapitre III.

LES LISTES DES DIEUX (CHAP. II)

	KĀMADHĀTU						RŪPADHĀTU																			ARŪPADHĀTU			
	Catummahārājakāyika	Tāvatiṃsa	Yāma	Tusita	Nimmānarati	Parinim-vasavattin	Brahmā (en général) =	Brahmakāyika	Mahābrahmā	Ābha (en général) =	Parittābhā	Appamāṇābha	Ābhassara	Subha (en général) =	Parittasubha	Appamāṇasubha	Subhakiṇṇa	Vehapphala	Abhibhū	Asaññasatta	Aviha	Atappa	Sudassa	Sudassin	Akaniṭṭha	ākāsānañcāyatana	viññāṇānañcāyatana	ākiñcāyatana	nevasaññānāsaññāyatana
D. I, 34-35		kāmāvacaro						manomayo																		●	●	●	●
D. I, 18-19							●		●																				
D. I, 215-222	●	●	●	●	●	●	●	●	●																				
D. II, 52																					●	●	●	●	●				
D. II, 68-69		vinipātika						●					●				●									●	●	●	●
D. II, 212	●	●	●	●	●	●			●																				
D. II, 250-51	●	●	●	●	●	●	●																						
D. II, 253 sv., 261	●	●	●	●	●	●	●		●																				
D. III, 194 sv.	●																												
D. III, 218	●				●	●		●					●				●												
D. III, 253		vinipātika						●					●				●									●	●	●	
D. III, 263		vinipātika						●					●				●			●						●	●	●	●
D. III, 259	●	●	●	●	●	●		●																					
D. III, 288		vinipātika						●					●				●			●						●	●	●	●
M. I, 2			devā				●						●				●	●	●							●	●	●	●
M. I, 72	●	●					●																						
M. I, 82																							suddhāvāsa						
M. I, 210	●	●	●	●	●	●		●																					
M. I, 251 sv.		●																											
M. I, 289	●	●	●	●	●	●		●		●	●	●	●	●	●	●	●	●			●	●	●	●	●	●	●	●	●
M. I, 328-29							●						●				●	●	●										
M. I, 410								rūpino manomaya																		ārup.man.			
M. I, 518	satta deva																												
M. II, 194	●	●	●	●	●	●	●																						
M. III, 100 sv.	●	●	●	●	●	●	●			●	●	●	●	●	●	●	●	●			●	●		●	●	●	●	●	●
M. III, 147															●	●													

S. I, 133		●	●	●	●	●																							
S. V, 4ɔ9-10	●	●	●	●	●	●	●																						
S. V, 423-24	●	●	●	●	●	●		●																					
A. I, 210-14	●	●	●	●	●	●		●		deva tatuttari																			
A. I, 227-28	●	●	●	●	●	●	●																						
A. I, 267-68																										●	●	●	
A. II, 126-8								●					●				●	●			suddhāvāsa								
A. II, 128-30								●					●				●	●			suddhāvāsa								
A. II, 184	devappatta						brahmappatta																			ānejjappatta			
A. III, 202							●						●				●											●	●
A. III, 287	●	●	●	●	●	●		●		deva taduttari																			
A. IV, 39-40	vinipātika							●					●				●									●	●	●	
A. IV, 89-90	●						●		●				●						●										
A. IV, 104	●	●	●	●	●	●	●																						
A. IV, 119	●	●	●	●	●	●		●																					
A. IV, 239-41	●	●	●	●	●	●		●																					
A. IV, 252-54	●	●	●	●	●	●																							
A. IV, 256-57	●	●	●	●	●	●																							
A. IV, 261	●	●	●	●	●	●																							
A. IV, 401		vinipātika						●					●				●		●							●	●	●	●
A. V, 59-60	●	●	●	●	●	●	●		●																				
A. V, 331	●	●	●	●	●	●		●		deva taduttari																			
Vin. I, 12	●	●	●	●	●	●		●																					
Vin. III, 15	●	●	●	●	●	●		●																					
Bu, 1	●	●	●	●	●	●	●																						
Bu, 3													●				●	●							●				
Kvu, 207	●	●	●	●	●	●			●		●	●	●		●	●	●	●			●	●	●	●	●	●			
Kvu, 609	●	●	●	●	●	●	●																						
It, 45									●				rūpadhātu												arūpadh.				
Lal. V. 149-50	●	●	●	●	●	●		●	●		●	●	●		●	●	●	●		●	●	●	●	●	●				
Divy.	●	●	●	●	●	●		●	●		●	●	●		●	●	●	●			●	●	●	●	●				
Mvastu, II, 314 / Mvastu, II, 348, 360	●	●	●	●	●	●		●	●	●	●	●	●	●	●	●	●	●			●	●	●	●	●				
A. K. V. III	●	●	●	●	●	●		●	●		●	●	●		●	●	●	●			●	●	●	●	●	●	●	●	●

(chaque ● marque une citation)

dans dix-huit des soixante passages cités, soit 30%, alors que les diverses catégories de Dieux mentionnés par les autres quarante-deux textes cités, soit 70%, ne dépassent jamais la catégorie la plus haute du *rūpa-dhātu.*

En outre, parmi les sources citées, le SAṂYUTTA N. et le VINAYA-PIṬAKA tout entiers s'arrètent déjà aux Dieux de *Brahmakāyika*, une des toutes premières catégories des Dieux du *rūpa-dhātu.*

Quant aux MAHĀVASTU, LALITA VISTARA et DIVYĀVADĀNA, tous trois mentionnent l'ensemble complet des catégories des Dieux de *rūpa-dhātu*, à l'exclusion de la totalité de celles de l'*arūpa-dhātu.*

V. Enfin, pour finir, une indication de combien l'introduction des stations de l'Ārūpya dans le chemin du Nirvāṇa aura contrecarré le penchant naturel du bouddhisme primitif, — dans certaines écoles tout au moins —, est à trouver dans les faits suivants:

1) — Les *Mahāsāṃghikas* paraissent avoir été assez génés par ces *āyatana-samāpatti* pour que dans une des thèse qui leur sont attribuées ⟨BAREAU ⟨1955 a⟩ p. 67: Thèse 47 = VASUMITRA: Thèse 40 = VINITADEVA: thèse 25⟩ ils les aient évacués tous les quatre dans l'*asaṃskṛta.*

2) — De même les *Dharmaguptakas* — (si l'on admet avec A. BAREAU que le ŚARIPUTRĀBHIDHARMAŚĀSTRA leur aurait appartenu) — faisaient aussi de ces quatre *āyatana-samāpatti* de l'Ārupya des *asaṃskṛta.* ⟨BAREAU ⟨1955 a⟩ p. 195: Thèse 10⟩.

3) — Les Sarvāstivādin incluent l'*ākāśa* (concept de base du premier *āyatana-samāpatti* de l'*Ārūpya*) parmi leurs trois *asaṃskṛta.* Les deux autres étant les *prati°* et *aprati-saṃkya-nirodha*, dont le dernier paraît devoir correspondre à l'unique *asaṃskṛta / asaṃkhata* des Theravādin: le *nibbāna / nirvāṇa.*

4) — Le term d'*akiñcana* (concept de base du troisième *āyatana-samāpatti* de l'Ārūpya) n'apparaît qu'une seule et unique fois dans le Vinaya Pāli en VIN. I. $36/_{48}$ dans une connotation n'ayant absolument rien à faire avec les stations de l'Ārūpya:

disvā padaṃ santam anupadhīkaṃ
akiñcanaṃ kāmabhave asattaṃ
anaññathābhāviṃ aññaneyyaṃ
tasmā na yiṭṭhe na hute arañjin

«En voyant le chemin paisible, libre de tout attachement
et sans obstruction aucune ...»

De tout ce qui précède, il nous semble, qu'on ne peut tirer qu'une seule conclusion: c'est-à-dire que tout texte Pāli (soit texte entier d'une seule venue, soit morceau de texte: par exemple pour les Sūtras de facture composite) dans lequel figureront a titre de stations du "chemin du Nirvāṇa", — au complet ou en partie —, les recueillements de l'Ārūpya, devra, par cela même, *ipso facto* être considéré comme relativement tardif. En tout cas, en ce qui concerne le Canon Pāli, pareils textes nous semble devoir être à *postdater*[24] par rapport à la dernière rédaction-

---

24 SCHMITHAUSEN (communication personelle) aurait tendance à mettre en doute cette

révision des MAHĀVAGGA, CULLAVAGGA et SUTTAVIBHAÑGA du VINAYA-PIṬAKA, tels qu'ils nous sont parvenus.

L'intéressant, l'étonnant même, paraît être le fait que cette pratique méditative de la série des stations de l'Ārūpya n'est également mentionnée nulle part: ni dans le MAHĀVASTU[25], ni dans le LALITA VISTARA, ces deux textes étant, tout au moins dans l'ampleur actuelle de leurs rédactions, considérés généralement comme relativement tardifs, tout en ayant incorporé des morceaux d'une facture très ancienne.

Il semblerait bien, que ce même fait: de l'absence de toute mention des stations de l'Ārūpya, se verifie également pour le SAṄGHABHEDAVASTU et possiblement aussi pour l'ensemble du Vinaya Mūlasarvāstivādin.

Une fois écartés tous les textes relevant du critère précisé au paragraphe précédent, les mentions d'un *arūpa-dhātu* ou d'un *ārūpya/āruppa* , dans l'ensemble des textes canoniques des deux premières «corbeilles», se font relativement rares, et ce dans n'importe laquelle des traditions. — De plus et tout au contraire de ce qui se passe pour le terme de *rūpa* ainsi que pour les mots ou composés en dérivant, ceux formés a partir d'*ārūpa°/arūpa°* tels que *arūpa-dhāta*, *arūpa-loka*, *arūpāvacara* et les termes même d'*ārūpya/āruppa* en tant que substantifs paraissent bien ne pas avoir appartenu à l'horizon conceptuel du Bouddhisme primitif, ou tout au moins de son état le plus ancien auquel nous puissons accéder.

Les termes *arūpa*, *ārūpya*, *āruppa* semblent y avoir été utilisés, comme épithètes ou formes nominales verbales, pour qualifier un état ultime: le but final non-conceptualisable et transcendant toute forme. Ils y auront été de simples "qualificatifs négatifs" = "apophatiques" de l'Inexprimable bouddhique et non, en soi, des buts ou objets de méditation.

Comme indice, corroborant l'interprétation proposée ici, quant au sens et à l'usage originels du concept d'*arūpa* («le sans forme») dans le Bouddhisme ancien, nous citerons les versets 754 et 755 du *Suttanipata* (P.T.S), après en avoir émendé le texte à l'aide des apparats critiques et des textes des SN. p. 147, S. I, p. 133 et IT. p. 62+45. En effet si en SN. 754 b on préconise la lecture P.T.S. *āruppavāsino* il faudrait comprendre ce composé comme *āruppa+vāsino*. Mais alors *«vāsino»* devra être considéré comme un dérivé de la racine $\sqrt{vas}$-, dérivé qui ne paraît pas attesté en Pāli.[26] On pourrait à la rigueur penser à une faute de copiste écrivant *«ā»* pour *«a»* ou à un allongement du *«a»* original pour des raisons de mètre. Quoiqu'il en soit, au point de vue du sens, cette décomposition cadrerait fort bien avec la lecture alternative *āruppaṭṭhāyino*. Celle-ci est attestée pour le SUTTANI-

---

conclusion chronologique, considérant que possiblement les *Vinayadharas*, comme les *Saṃyuttabhāṇakas*, auraient eu une attitude plutôt négative en ce qui concernerait la pratique d'un «*Saṃjñā-vedayita-nirodha vimokṣa*», possiblement déjà existant à leur époque.

25 A propos du MAHĀVASTU il est à remarquer qu'une seule et unique fois les *saṃjñā-vedayita-nirodha-samāpattiyo* y sont mentionnés en MVU. I, 127 comme «objet indigne de l'ambition religieuse suprême»: EDGERTON ⟨1953⟩ p. 552. Cf. aussi HARDAYAL ⟨1932⟩ p. 274 et BRONKHORST ⟨1985⟩ p. $314/_{21}$ — Cf. «contra» et très certainement à tort JONES ⟨1949⟩ p. 100 et note.

26 Cf. FAHS ⟨1985⟩ p. 363.

PĀTA même, par une tradition manuscrite birmane et se trouve également dans le *Saṃyutta-N.* ⟨S. I, 133/$_{1-2}$⟩ qui nous semble bien avoir la *«lectio melior»* de ce verset.[27] C'est donc aussi celle que nous adopterons.

En SN. 755 b, avec NORMAN ⟨1984⟩ p. 126 nous lirons, au lieu de *susaṇṭhitā* (P.T.S), *asaṇṭhitā*, lecture attestée également, pour le SUTTANIPĀTA, dans la tradition manuscrite birmane et figurant dans les textes parallèles de l'ITIVITTAKA ⟨IT. p. 62/$_{9}$ et 45/$_{26}$⟩.

Le texte ainsi émendé de nos deux versets se lira donc:

754	*ye ca rūpūpagā sattā*	*ye ca āruppaṭṭhāyino*
	nirodhaṃ appajānantā	*āgantāro punabbhavaṃ*
755	*ye ca rūpe pariññāya*	*arūpesu asaṇṭhitā*
	nirodhe ye vimuccanti	*te janā maccuhāyino*

Nous traduirons:

SN. 754 «Tous les êtres qui sont attachés à la forme (*rūpūpagā*),
[comme] ceux qui sont fixés sur le «non-forme» (*āruppa = ārūpya*)

ne pouvant [ainsi] connaitre la cessation [du désir],
aboutiront à une nouvelle naissance.

SN. 755 Mais ceux, qui, après avoir discerné vraiment (*pariññāya*: Absolutif) [ce que sont] les formes (*rūpe*: Acc. pl.),
ne restent plus fixés (*asaṇṭhita*) sur les [objets] sans formes (*arūpesu*: Locatif pl.),

et qui dans la cessation [du désir] sont délivrés (*vimuccanti*: Passif),
eux sont des êtres ayant laissé la mort derrière eux».

Si — et quoique très invraisemblablement à notre avis — nous aurions ici une allusion aux stations de l'Ārūpya, comme le voudrait HEILER ⟨1922⟩ p. 49 + note 313 (p. 89) et comme semble le suggérer la traduction de NORMAN ⟨1984⟩ p. 125, pareille allusion équivaudrait ici à une dépréciation de la pratique même de ces stations de l'Immatériel.

Puisque nous en sommes au SUTTANIPĀTA, notons encore que nous avons au verset

SN. 1070: *Ākiñcaññaṃ pekkhamāno satīmā Upasīvā ti Bhagavā*
'n' atthī 'ti nissāya tarassu oghaṃ

«Oh Upasīva — dit le Bienheureux — n'ayant plus rien en vue, attentif à ce qu'il n'existe aucune chose sur laquelle s'appuyer, passe outre (*tarassu*: 2me pers. de l'Impératif) [sur l'autre rive] du torrent de la vie.»

Ici, *ākiñcañña* est tout bonnement employé dans son sens propre. FAUSBÖLL ⟨1898⟩ a traduit correctement: «having in view nothingness»; alors que HEILER ⟨1922⟩ note 180 (p. 80) et NORMAN ⟨1984⟩ p. 170 veulent y voir — erronément a nos yeux — une mention du troisième *āyatana-samāpatti* de l'Ārūpya.

---

[27] Cf. encore la lecture *arūpaṭṭhāyino* en IT. 62/$_{5}$, variante attestée également dans des manuscripts birmans pour le SUTTANIPĀTA.

De tout ce qui précède, s'impose, quant à nous, l'inévitable déduction: que, dans la strate la plus ancienne de la tradition bouddhiste à laquelle on puisse accéder par la critique textuelle, l'emploi "originel" du terme d'*arūpa* et de ses dérivés révèle une conception des choses toute différente de celle qu'exprimeront plus tard, avec ces termes et d'autres dérivés ou composés analogues, la littérature des commentaires, les Abhidharma-Piṭaka des diverses écoles et les traités dérivant de ceux-ci.[28]

Ceci dit, on ne peut éviter de s'interroger et de se demander quand, pourquoi et par qui les stations de l'Ārūpya auront été introduites dans le *curriculum* normal des pratiques de méditation du Bouddhisme? Ces questions sont contenues implicitement dans celle que nous formulait Monseigneur E. LAMOTTE dans une de ses lettres, datée du 9 Juillet 1979:

«Comment se fait-il que quelles que soient les étapes parcourues, le Bouddha entre toujours dans la quatrième Dhyāna pour obtenir l'Abhisaṃbodhi (Cf. KOŚA, VI, p. 177; VIII, p. 195) et réaliser le Nirvāṇa (DĪGHĀ, II, p. 156 et MAHĀPARANIRVĀṆA ed. E. WALDSCHMIDT p. 396 – 397)? Ceci m'a toujours intrigués et nulle part je n'en ai trouvé d'explication.»

Après avoir longuement lu, relu et comparé tous les textes pertinents et ensuite pesé et soupesé les diverses explications imaginables, la seule réponse à peu près plausible que nous ayons pu trouver paraît être la suivante. — Nous la donnerons pour ce qu'elle peut valoir (? ? ?), sans nous faire la moindre illusion sur sa "vérifiabilité", et faute de mieux.

On peut considérer comme assez vraisemblable, qu'avec la multiplication des conversions et le développement relativement rapide de l'ordre des moines, celui-ci a dû, très tôt déjà, comprendre un nombre appréciable d'ex-disciples de divers Maîtres spirituels, évidemment non-bouddhistes. Parmi ces disciples, il a fort bien pu y en avoir, qui auront appartenu aux communautés qui s'étaient formées autour des deux Maîtres, à l'école desquels, selon la tradition, Śākyamuni lui-même s'était mis. Si l'on accorde créance à cette tradition, il se pourrait même que certains d'entre-eux l'aient connu personnellement lors de ses noviciats avortés. Pourquoi ne pas s'en imaginer quelques-uns, qui auraient pu demeurer, même après leur conversion, fermement convaincus d'avoir, à l'occasion de leurs pratiques méditatives antérieures, fait déjà des expériences spirituelles authentiques, qui auraient conservé pour eux toute leur validité première et auxquelles ils seraient demeurés attachés. Cela paraît d'autent plus compréhensible, qu'ils devaient être conscients du fait que le Buddha lui-même avait passé par là et avait

---

[28] Nous pensons tout particulièrement aux systèmes des «Trois Dhātus» et des «Trois Lokas». Cf. LAMOTTE ⟨1949⟩ «TRAITÉ ...» II, 663/14: «Il y a trois sortes de dons: celui qui appartient au monde du désir *kāmadhātva-vacara*, celui qui appartient au monde matériel [nous préférions: „monde de la forme"] *rūpadhātvacara* et celui qui n'appartient à aucun monde *anavacara*.» Noter l'emploi de *anavacara*, alors qu'on s'attendrait plutôt à *ārūpyadhātvacara*. Ici nous avons un terme qualificatif négatif du don: „un don sans but": de «*an-avacara*»: Cf. EDGERTON ⟨1953⟩ «B.H.S.D.» p. 70, col. 2 qui traduit «*avacara*» „having ... as scope", d'où l'on doit déduire pour *anavacara*: „without any scope". Il semblerait bien qu'on ait là un reliquat du sens primitif de *ārūpa*/*ārūpya*.

maîtrisé certains au moins de ces états méditatifs. — Alors, le mieux ne serait-il pas, pour eux aussi, de passer tout simplement par tout ce que le Buddha aurait vécu, quitte à ce que l'ordre en soit parfois inversés.

Mais aussi, dans l'état fluctuant du vocabulaire technique bouddhique des premiers temps, ces mêmes disciples ne se seront nullement sentis obligés de renoncer à leur propre terminologie. Leur conceptualisation et la nomenclature des états méditatifs, auxquels ils auraient déjà accédé, convenaient parfaitement, à leurs yeux, au vécu déjà acquis. Ils n'y auront vu aucune incompatibilité avec leur nouvel état de bouddhistes convaincus et auront tout naturellement incorporés leurs concepts, dénominations et catégorisations antérieures dans leur nouvel horizon doctrinal. Ce faisant ils auront constitué un système syncrétique de méditation qui s'affirmera de plus en plus et finira par s'imposer au Bouddhisme tout entier.

Cependant vu l'abstraction de ces concepts — appartenant par définition au domaine de l'Immatériel — et vu que dans ces enseignements pré-bouddhiques chacun d'eux avait caractérisé la culmination d'un chemin spirituele particulier, il leur faudra fatalement être hiérarchisés à la suite du quatrième Dhyāna. En effet, celui-ci avait représenté jusqu'alors, pour le premier Bouddhisme, le sommet de l'abstraction méditative. Les nouveaux éléments de l'Immatériel, introduits maintenant dans les pratiques de méditation, ont dû, au moment de leur adoption, être considérés comme des sortes de gloses interpétatives de l'abstraction de ce quatrième Dhyāna, une espèce de prolongement de celui-ci[29], plutôt que comme des étapes nouvelles du "chemin": ce qu'elles tenderons à devenir avec le temps.

Maintenant, pour en revenir au Buddha lui-même: l'existence dès les premiers temps bouddhiques de pratiques méditatives limitées exclusivement aux quatre Dhyānas classiques est incontestable. Très tôt déjà ce système quaternaire a dû être considéré comme avoir été utilisé par Śākyamuni lui-même avant et pour l'obtention de son Abhisaṃbodhi. De là à conclure que celui-ci avait atteint l'Illumination: soit tandis qu'il demeurait dans le quatrième Dhyāna, soit dans les moments qui l'auront immédiatement suivi, il n'y avait qu'un pas. Cette croyance se sera très tôt généralisé, prenant quasi force de dogme.

Lors de l'adjonction des *āyatana-samāpatti* de l'Ārūpya aux pratiques de méditation, cette croyance devait inspirer déjà un tel respect qu'elle était devenue pratiquement inébranlable et que toute possibilité de situer l'accession du Fondateur au *Nirvāṇa* dans ou immédiatement après l'une des stations de l'Immatériel et même dans le *saṃjnā-vedayita-nirodha* demeurera toujours quasi inconcevable pour un bouddhiste.[30]

---

[29] Bronkhorst ⟨1986⟩ p. 84/₁₈ sq. avec de fort bon arguments, mais cependant non vraiment contraignants, verrait plutôt, au début, un premier essai d'assimilation «en parallèles» de tous les quatre *āyatana-samāpatti* aux quatre Dhyānas. Mais les différences auraient été trop grandes pour que cette tentative d'assimilation soit accepté d'une manière générale et l'on aura dû se résoudre à une simple juxtaposition qui résultera en la construction de l'*anupurvāvihāra/anupubbavihāra* avec les *āyatana-samāpatti* succédant tout simplement aux Dhyānas.

[30] Pour toutes les traditions canoniques et dans l'ensemble des textes qui nous en sont par-

Ainsi s'expliquerait, peut-être, le fait, qui aura intrigué tant de chercheurs. — Au moment de la rédaction de nos MAHĀPARINIRVĀṆA-SŪTRAS l'échelle méditative à huit ou neuf échelons s'était si bien imposée qu'on pouvait déjà, et anachroniquement, l'attribuer au «Fondateur» lui-même. Mais bien que ces M.P.N.S lui font avant de mourir gravir tous les neuf échelons jusqu'au dernier, ils les lui ferons tous redescendre un à un jusqu' au premier Dhyāna. Alors seulement, et au terme d'une seconde et ultime remontée des Dhyānas du *rūpa-dhātu*, se terminant cette fois et définitivement au quatrième Dhyāna, il lui sera possible d'entrer dans le Nirvāṇa sans retour et de s'y endormir à tout jamais. — Ainsi malgrès l'inclusion abusive de toute les stations de l'Ārūpya dans l'expérience spirituelle du Buddha, mais cela uniquement à l'occasion de sa mort, et grâce à l'invention d'une espèce d'acrobatie méditative (dont nous ne connaissons pas d'autre exemple comparable) — l'ancienne tradition d'une relation indissoluble entre le quatrième Dhyāna et l'Abhisaṃbodhi du «Maître» aura été respectée jusqu' au bout. Elle se sera avérée bien trop forte pour qu'on ait jamais même pu concevoir un autre "timing" de l'Abhisaṃbodhi.

Mais, toute cette reconstitution "pseudo-historique", quoique pouvant paraître relativement plausible, est, demeure et demeurera "toujours" — quant à nous — pure spéculation. En effet, comme ces congénères, l'érudit ne peut éviter de ratiociner. Il recherchera toujours une explication, alors même qu'il sache ne disposer d'aucun soutien confirmatif documenté. — Nous avons donc ci-dessus tenté de faire de notre mieux pour traiter les deux questions: «pourquoi?» et «par qui?»

Reste la question «Quand?» — Ici, peut-être, se trouvera-t-on sur un terrain un peu plus solide. En effet, il nous semble qu' un premier indice chronologique pourrait être tiré des MAHĀPARINIRVĀṆA-SŪTRA dans leur ensemble.

A priori, l'idée d'une version primitive et perdue du *parinirvāṇa* "sans retour"[31] de notre Buddha historique, précédé des seuls quatre Dhyānas classiques paraîtrait des plus logiques. Ainsi le voudrait E. J. THOMAS 2eme ed.⟨1949⟩ p. 153 + n. 2., A. FOUCHER ⟨1949⟩ p. 313 et A. BAREAU ⟨1971⟩ p. 156. Cependant E. WALDSCHMIDT ⟨1944 – 48⟩ p. 251, affirme que la comparaison des diverses versions du M.P.N.S., qui nous ont été conservées, n'offrirait aucun indice sur lequel fonder pareille hypothèse.

De fait l'ensemble des M.P.N.S. conservés paraissent relativement tardifs, tout au moins dans leurs rédactions actuelles. Nous n'en voulons pour preuve que l'épisode sur les «Mesures a Prendre Pour Conserver la Doctrine»: BAREAU ⟨1970⟩

---

venus, seul le TAPUSSA-S. ⟨A IV, 440/$_{12}$ – 448⟩ ferait exception, une exception absolument isolée. C'est là une anomalie unique en son genre et dont il nous semble justifié de négliger le témoignage.

[31] Comme THOMAS ⟨1947⟩ p. 294 – 295 l'a démontré, il n'y pas lieu de faire une distinction de sens entre les termes *nirvāṇa/nibbāna* et *parinirvāṇa/parinibbāna*, ou *nirvāṇati/nibbānati* et *parinirvāṇati/parinibbānati*. Malheureusement cet article n'a pas eu l'écho nécessaire pour banir de la littérature sur le Bouddhisme l'erreur terminologique d'une telle distinction, où les seconds termes auraient le sens de *nirvāṇa* défintif dans la mort et impliqueraient *ipso facto* un parcours des stations de l'Ārūpya. Les deux séries de termes sont employées indifféremment par les textes de toutes les traditions.

p. 223–239. En effet cet épisode se retrouve dans tous nos six M.P.N.S.[32] et l'exposition des règles qui y sont mentionnées implique l'existence antérieure d'un *Sūtrapiṭaka* et d'un *Vinayapiṭaka* auxquels on puisse se référer, possiblement même de *mātṛka*: c'est à dire d'un Abhidharma naissant.

Si maintenant nous nous limitons aux seules parties de ces textes qui décrivent l'ultime *parinirvāṇa* proprement dit, ils paraissent tous remonter à une version primitive, mais qui, elle déjà, serait plus récente que nos textes biographiques anciens mentionnant l'Eveil, puisqu'elle aurait contenu l'énumération des stations de l'Ārūpya. Partant de là, on pourrait essayer d'assigner à cette «version primitive» une date relative. En effet il est à remarquer que tous ces textes de M.P.N.S. semblent bien avoir appartenu à des sectes qui, toutes, dériveraient de la branche originale des STAVIRA et en seraient issues par dichotomies successives, durant les premiers siècles qui ont suivi le "premier Schisme".

Par contre, dans les textes ayant appartenue à l'autre branche originale, issue du même Schisme: les MAHĀSĀṄGHIKA, et aux sectes connexes ou dérivés, — textes peu nombreux d'ailleurs et trop souvent fragmentaires — le récit de la mort du Buddha ne paraît pas y avoir figuré dans la forme que nous lui connaissons par ailleurs. Serait-il possible que ses sectes aient connu un ultime *parinirvāṇa* du Maître sans stations de l'Ārūpya et sans le paradoxe de leurs parcours aller-et-retour?

Dans ce cas tous les récits conservés du *parinirvāṇa* du Maître au moment de la mort seraient postérieurs au premier Schisme.

On a également pu se demander si les quatre *āyatana-samāpatti* de l'Ārūpya n'avaient pas été introduits dans les pratiques méditatives bouddhistes et adjoints à elles, tous à la fois en bloc, comme un ensemble déjà existant de pratiques hétérodoxes et pré-bouddhiques. — Cela paraît bien devoir être l'opinion de BRONKHORST ⟨1986⟩ p. $82/_{14\,sq.}$, penchant ici, semble-t-il, pour une origine «Jaina», quoique page 85 *in fine* il paraît bien les considérer comme empruntés au «Main Stream of [Ancient Indian] Meditation».

Quant au *saṃjñā°/saññā-vedayita-nirodha* il serait apparement, et fort judicieusement, considéré par BRONKHORST[33] comme une innovation–réaction spécifiquement bouddhiste, relativement moins ancienne, et causée probablement par l'adoption même des stations de l' Ārūpya dans le curriculum bouddhiste. — Il sera alors identifié, et seulement pour les disciples évidemment, au Nirvāṇa en ce monde.[34] Cette argumentation de BRONKHORST nous paraît absolument convaincante et nous en adopterons la conclusion comme tout particulièrement satisfaisante.

Par contre, pour l'adjonction aux pratiques bouddhistes originelles de toute une échelle méditative de l'Ārūpya déjà constituée et provenant de milieux non-bouddhistes, nous demeurons plutôt sceptiques et renvoyons à nos remarques antérieures (p. 56–57) sur la manque d'homogénéité progressive sémantique et

---

32 Et dans le VINAYA DHARMAGUPTAKA.

33 BRONKHORST ⟨1986⟩ p. $84/_{25}$.

34 BRONKHORST ⟨1986⟩ p. $95/_{20}$ et $97/_{25}$.

sur l'insuffisance de relation organique entre les termes caractérisant ces quatre stations de l'Ārūpya.

Quoiqu'il ne soit pas douteux que ces stations, *chacune en soi*, puissent être fort voisines d'éléments particuliers du «Courant principal des pratiques méditatives de l'Inde ancienne», dont le concept a été brillamment précisé et analysé par Bronkhorst, nous considérons que deux arguments principaux continuent à militer en faveur de l'introduction dans le *curriculum* bouddhiste, indépendamment les uns des autres, de ces *āyatana-samāpatti*, ou tout au moins: certains ou certaines paires d'entre eux.

A) — Dans les textes canoniques traitant de l'écolage du futur Buddha deux des *āyatana-samāpatti* apparaissent déjà, mais séparément et sans aucune connexion entre eux: chacun d'eux représentant pour l'enseignement dont il fait partie le seul contenu spécifié, et ce (sauf une exception)[35] sans mention d'autres pratiques préalables.

B) — Dans un certain nombre de Suttas des Nikāyas Pāli nous voyons figurer les *āyatana-samāpatti* d'une manière incomplète, fragmentaire et variable. En effet ce ne sont pas toujours les mêmes qui manquent; quoique, lorsqu'il n'y en a qu'un seul qui fasse défaut, c'est toujours le quatrième qui est omis.

En M. I, $297/_{30-31}$ et S. IV, $296/_{27-30}$ nous trouvons l'*ākiñcaññāyatana* succédant à un *viññāṇañcāyatana*, sans aucune allusion ou implication des deux autres stations de l'Ārūpya. Dans ces deux textes ce double accomplissement confère l'*ākiñcañña cetovimutti*: «la libération de l'esprit qui est le rien».

Il est intéressant de noter que cet accouplement de l'*ākiñcaññāyatana* au *viññāṇañcāyatana*, et dans le même ordre de succession, correspond exactement à leur mention dans le Sūtra Sarvāstivādin [T 26, p. 776b, ligne 5sq.: Bareau ⟨1963⟩ p. 14]: *ākiñcanyāyatana* + *vijñānānantyāyatana*; mais ici attribué à l'enseignement de Ārāḍa Kālāma. Il se pourrait donc fort bien que le couplage de ces deux *āyatana-samāpatti* dans une même pratique soit pré-bouddhique et que ces stations de l'Ārūpya aient été adoptées, initialement déjà, ainsi accouplées par certains bouddhistes.

En M. II, 254 – 256 et 263 – 265 nous avons l'*ākiñcaññāyatana* suivi du *nevasaññānāsaññāyatana*, également sans Dhyānas préalables et sans mention des deux premières stations de l'Ārūpya: dans le premier cas menant au *nibbāna*, dans le deuxième conférant l'*ariyo vimokho*: «la noble libération».

En A. V, $64/_{7-17}$ sont mentionnés ces deux mêmes Āyatanas de l'Ārūpya pour condamner ceux qui prétendent que leur réalisation représenterait le but suprême.[36] N'oublions pas que ce sont justement ces deux mêmes *āyatana-samāpatti* qui, selon la tradition, dans les enseignements d'Ārāḍa Kālāma et d'Udraka Rāmaputra en représentaient respectivement les contenus essentiels, sinon même possiblement les deux points culminants terminaux.

---

[35] Un seul Sūtra Sarvāstivādin fait exception: pour Ārāda Kālāma l'obtention de l'*ākiñcanyāyatana* y est précédé de celle du *Vijñānānantyāyatana*, alors que pour Udraka Rāmaputra le *naivasaṃjñānāsaṃjñāyatana* y suit l'*ākiñcanyāyatana*. (Bareau ⟨1963⟩ p. $24/_{31}$).

[36] Cela correspondrait à l'enseignement d'Udraka dans la version qu'en donne le Sūtra Sarvāstvādin cité dans la note précédente. Cf. Bareau ⟨1963⟩ p. 24.

En S. V, 215/$_{28}$ le *nevasaññānāsaññāyatana* figure seul de son espèce, succédant aux quatre Dhyānas et suivi immédiatement par le *saññāvedayita nirodha*, comme ultime station.

En M. I, 350 – 352 et 435 – 437, nous avons les trois premiers Āyatanas de l'Ārūpya (*ākāsānañca°, viññāṇanca°, ākiñcañña°*), précédés des quatre Dhyānas et aboutissant à l'*āsavānaṃ khayaṃ*: «la destruction des impuretés». De même en A. V, 343 – 346.

En S. V, 119 – 121, nous avons les mêmes trois pour aboutir à *upekhācetovimutti*: «la délivrance de l'esprit qui est sérénité»; de même en A. IV, 427, mais pour déboucher ici sur le «Samādhi fruit parfait»: *samādhi aññaphala*; et encore en A. I, 267 – 268 menant à la renaissance parmi les Dieux.

En A. V, 360, les mêmes trois figurent encore, avec aussi les quatre Dhyānas, comme faisant partie des «onze Dharmas qui sont à cultiver»: *ekādassa dhammā bhāvetabba.*

Et en A. IV, 39 – 40 une fois de plus ces mêmes trois Āyatanas de l'Ārūpya figurent parmi les *satta viññāṇaṭṭhiti*: «les sept stations d'êtres conscients».

Cependant la question de l'origine des stations de l'Ārūpya reste fort complexe. Il faudrait citer presque intégralement les chapitres concernant «Les Influences Extérieures sur la Meditation Bouddhique»[37] de la si remarquable étude de Bronkhorst sur les «Deux Traditions de Meditation Dans L'Inde Ancienne». Leur lecture, comme celle de tout le livre d'ailleurs, est absolument essentielle en ce qui concerne la connaissance de ce qui dans la tradition bouddhiste serait de provenance extrinsèque.

Nous nous contenterons d'en citer les lignes suivantes ⟨p. 88/$_{32\,sq.}$⟩:

'... let us see what remains that can be considered authentic Buddhist Meditation in view of the conclusions of the present chapter. — The Four Dhyānas and the subsequent destruction of the intoxicants survive the present analysis easily. — I know of no indication that they too must be looked upon as due to outside influence.'

Nous ne pouvons qu'acquiescer pleinement et notons le parallèlisme avec nos propre conclusions.

[37] I. e.: Chapitre VII et chapitre VIII jusqu'à la page 97 incluse: Bronkhorst ⟨1986⟩.

Chapitre III

Préambule Méditatif de l'Eveil

«2» Les Dhyāna et le Rūpa-Dhātu

Conformément aux résultats des analyses textuelles et des réflexions du chapitre précédent, une fois éliminé du champ de cette étude l'ensemble des stations de l'*arūpa-dhātu*, en tant qu'accrétions relativement tardives, le sujet de ce chapitre: la préparation méditative proprement dite de l'*Abhisaṃbodhi*, se trouvera *ipso facto* réduit à l'examen des seuls *dhyāna* du *rūpa-dhātu*.

Tout d'abord nous donnerons la version classique des quatre *dhyāna/jhāna* — supposés avoir précédé la *Saṃbodhi* du Fondateur — selon le MAHĀSACCAKA-S. ⟨M. I, $247/_{17-35}$⟩[1], accompagnée d'une traduction juxtalinéaire de celle-ci afin de fixer le vocabulaire ainsi que la construction de certains composés et aussi la construction des cas de certains termes.

⟨M. I, $247/_{18}$⟩

(1) *Vivicc' eva kāmehi vivicca akusalehi dhammehi*
Distancé des désirs[2], distancé des mauvais Dharmas,

(2) *savitakkaṃ savicāraṃ vivekajaṃ pītisukhaṃ paṭhamaṃ jhānaṃ upasampajja vihāsiṃ* ||
muni d'examen, muni de jugement, issu du détachement (qui est) joie et bonheur, ayant atteint le premier Dhyāna, j'y demeurai.

(3) *evarūpā pi kho me Aggivessana uppannā sukhā vedanā cittaṃ na pariyādāya tiṭṭhati* ||
Même quand en moi, Aggivessana, surgit pareille sensation de bonheur, elle ne prit pas complètement possession de mon esprit.

(4) *vitakka-vicārānaṃ vūpasamā ajjhataṃ sampasādanaṃ cetaso ekodi-bhāvaṃ*
Par la suppression de l'examen et du jugement, la paix intérieure qui est concentration de la pensée sur un seul point,

(5) *avitakkaṃ avicāraṃ samādhijaṃ pītisukhaṃ dutiyaṃ jhānaṃ upasampajja vihāsiṃ* ||
sans examen, sans jugement, produit de la méditation qui est joie et bonheur, ce deuxième Dhyāna, l'ayant atteint j'y demeurai.

(6) *evarūpā pi kho me Aggivessana uppannā sukhā vedanā cittaṃ na pariyādāya tiṭṭhati* ||
[idem (3)]

(7) *pītiyā ca virāgā upekhako ca vihāsiṃ sato ca sampajāno*
Par le détachement de la joie je demeurais serein, attentif et pleinement conscient,

---

[1] Pour le parallèle sanskrit cf. par exemple, entre autres, le L. V. $343/_{14}-344/_{3}$. Cf. LAMOTTE ⟨1949⟩ p. 1024 n. pour d'autres références.

[2] D'après SCHMITHAUSEN il faudrait plutôt traduire par «des objets du désir».

(8) *sukhañ ca kāyena paṭisaṃvedesiṃ yan taṃ ariyā ācikkhanti:*
j'éprouvais le bonheur par le moyen du corps, ce que les saints qualifient

(9) *upekhako satimā sukhavihāri ti tatiyaṃ jhāṇaṃ upasampajja vihāsiṃ* ‖
d'attention sereine, de séjour dans le bonheur: c'est à dire le troisième Dhyāna, l'ayant atteint j'y demeurai.

(10) *evarūpā pi kho me Aggivessana uppannā sukhā vedanā cittaṃ na pariyādāya tiṭṭhati* ‖
[idem (3)]

(11) *sukhassa ca pahānā dukkhassa ca pahānā*
Par le détachement du bonheur et par le détachement de la douleur

(12) *pubbe'va somanassa-domanassānaṃ atthagamā*
et par la disparition préalable de la joie comme du chagrin,

(13) *adukkhaṃ asukhaṃ upekhā-sati-pārisuddhiṃ catutthaṃ jhānaṃ upasampajja vihāsiṃ* ‖
sans douleur, sans bonheur, cette absolue pureté de l'attention et de la sérénité, qu'est le quatrième Dhyāna, l'ayant atteint, j'y demeurai.

(14) *evarūpā pi kho me Aggivessana uppannā sukhā vedanā cittaṃ na pariyādāya tiṭṭhati* ‖
[idem (3)]
Même quand en moi, Aggivessana, surgit pareille sensation de bonheur, elle ne prit pas complètement possession de mon esprit.

Cet exposé des quatre *dhyāna*, dans ce texte, est suivi ⟨M. I, p. 247/$_{36}$ – 248 – 249/$_{16}$⟩ de l'obtention des trois *vidyā/vijjā*, qui se conclue par la formule «β»[3] de l'obtention de l'état d'Arahant ⟨M.I, p. 249/$_{17-19}$⟩.

Ajoutons que l'AṄGUTTARA-N. ⟨A. II, 88/$_{20-22}$⟩ met dans la bouche du Buddha la déclaration suivante affirmant sa propre qualité de *dhyānin/jhānin*, de «méditant»:

catunnaṃ kho panasmi jhānānaṃ abhicetasikānānaṃ diṭṭhadhammasukhavihārānaṃ nikāmalābhi akicchalābhī akasiralābhī[4] suivi immédiatement de: *āsavānaṃ khaya anāsavaṃ cetovimuttiṃ paññāvimuttiṃ diṭṭh'eva dhamme abhiññā sacchikatvā upasampajja viharāmi* ‖ ‖ (notre formule «γ» de l'obtention de l'Eveil).

«A propos des quatre Dhyānas caractérisés (ou déterminés) par une conscience totalement clarifiée et établis [tout quatre définitivement] dans le bonheur dès cette vie présente j'en suis maître à volonté, facilement et sans effort...» (+formule «γ»).[5]

---

[3] La formule «β» = formule longue (Voir Chp. II ou V le tableau des sigles et des libellés concernant l'*Abhisaṃbodhi*). Cette formule sera ici, elle aussi, suivie par la même phrase stéréotype: *evarūpā pi kho me... upannā sukhā vedanā cittaṃ na pariyādāya tiṭṭhati* ‖ qui complète la description de chacun des Dhyānas.

[4] Tous les termes de ce premier membre de phrase se trouvent au gén. pl. et *lābhī* nom. sg. de *lābhin* (√*labh*) construit avec le gén. signifie «obtainer of...» = «maître de l'obtention de...».

[5] Voir Chp. II ou V le tableau des sigles et des libellés concernant l'*Abhisaṃbodhi*.

Maintenant, nous voudrions attirer l'attention sur le fait que de nombreux passages canoniques, et tout particulièrement la plupart des récits dits biographiques ou autobiographiques, avant d'en venir à l'exposé même de l'Eveil, font mention explicite d'une pratique préalable de quatre *dhyāna/jhāna* (parfois mais rarement d'un simple *dhyāna* générique). Jamais cependant pareille mention n'y est explicitment liée au contenu même de la description ou de l'annonce de l'Eveil, et de plus jamais ne s'applique à la mention même des *dhyāna* l'une des fréquentes déclarations sur l'absolue nouveauté du message:

Pubbe ananussutesu dhammesu... VIN. I, $11/_{10}$; M. II, $211/_{19}$; A. III, $19/_{13}$; S. II, $10/_{24}+105/_{3+31}$; S. IV, $233/_{25}$; S. V, $179/_{10}+258+422+424+425$.

Pūrve ananuśrutehi dharmehi... MVU. III, $332/_{13}$.

Pūrvam ananuśruteṣu dharmeṣu... C.P.S. $143/_{2}$; S.BH.VU. I, $135/_{8}$; cf. aussi LV. $417/_{15}$.

= «...à propos de choses antérieurement jamais entendues.»

Il serait aussi à noter, dès l'abord, qu'une lecture attentive des DHAMMAPADA, DHARMAPADAS, UDĀNAVARGA, SUTTANIPĀTA, THERA, THERĪ-GĀTHĀ, ITIVUTTAKA et UDĀNA ne révèle aucune mention de la classique «quaternité» des *dhyāna*. Cela nous semble d'autant plus significatif, qu'à propos des THERA / THERĪ-GĀTHĀ il s'agit là de disciples qui affirment fréquemment «avoir réalisé l'enseignement même du Buddha»: *«kataṃ Buddhassa sāsanaṃ»* et ce dans vingt sept cas au moins. ⟨THA. 24d– etc., THĪ. 26f– etc.⟩ Par contre les passages mentionnant la méditation en termes variés, mais tous dérivés de la racine $\sqrt{}$*dhyā*/$\sqrt{}$*jhā*, et ça sans distinctions ou subdivisions particulières, sont fréquentes dans ces mêmes textes, de même que dans les grandes collections canoniques de *sūtra*.

— Ceci dit, nous ne pensons pas qu'on doive essayer de tirer argument des remarques précédentes en faveur de la conjecture, souvent énoncée, d'une provenance extra et pré-bouddhique du système quaternaire classique des *dhyāna*.[6]

— N'aurions nous pas plutôt là l'indication du fait qu'au moment de la rédaction de «ces textes en *gātha*» — (considérés d'un consensus général comme remontant, en partie tout au moins, à une époque fort ancienne)[7] — l'accession à la *saṃbodhi* était considérée comme étant d'un tout autre ordre que les appropriations successives des *dhyāna*, y compris celle du quatrième?

Un passage du BRAHMAJĀLA-S. ⟨D. I, $38/_{2}$⟩ semble bien confirmer cette interprétation. Il s'y trouve formellement déclaré comme controuvé que l'accession au quatrième *dhyāna* puisse équivaloir au *paramadiṭṭhadhammanibbāna*: «la délivrance définitive en ce monde».

Par ailleurs un autre sūtra: le PATHAMASUDDHIYAṂ-S. ⟨S. V, $308/_{10-11}$⟩ semble bien près d'enseigner cette hérésie, quand après avoir énuméré les quatre *dhyāna* il ajoute:

---

[6] Cette question d'une origine éventuellement «extra-bouddhique» des quatre *dhyāna* classiques sera étudiée plus loin d'une manière exhaustive.

[7] Cf. „Contra": DE JONG ⟨1991⟩ p. $7/_{14-23}$. Voir notre ADDENDUM IV pour notre critique des arguments de DE JONG.

bhikku cattāro jhāne bhāvento cattaro jhāne bahulīkaronto nibbānaninno hoti nibbānapoṇo nibbānapabbhāro ...
«un moine qui cultive les quatre méditations, qui se consacre entièrement aux quatre méditations, s'écoule (tel un fleuve) dans le *nirvāṇa*, glisse jusqu'au *nirvāṇa*, tend (inévitablement) au *nirvāṇa*.»

Quoiqu'il en soit, on ne peut s'empêcher de s'interroger quant à l'origine et à l'invention de cette «quaternité de *dhyāna*». Aussi dès l'abord nous nous poserons les trois questions suivantes:

Iere Question A. A en croire nos textes, est-il certain ou probable que ces quatre *dhyāna* aient, originellement, fait partie de la tradition la plus ancienne concernant le chemin parcouru par le Fondateur lui-même jusqu'à son Illumination incluse?

IIme Question B. En cas d'une réponse négative à la question «**A**», il serait, croyons-nous, à présumer que cet enchainement d'états méditatifs en un système stéréotype aura été le résultat d'une analyse et d'une interprétation «*a posteriori*» de ce qu'aura pu être la, ou les dernières méditations (réelles ou fictives?), ayant dû précéder, selon la tradition, l'*Abhisaṃbodhi* même du Maître. Il s'agirait là d'une espèce de rationalisation subséquente à une expérience méditative originelle. Celle-ci aurait été ainsi transformé en un processus répétable et enseignable. — Dans ce cas, par qui et quand cette «quaternité de *dhyāna*» aura-t-elle été introduite dans la pratique de la discipline bouddhique?

IIIme Question C. Quelles seraient les arguments et les probabilités pour une origine extra- et pré-bouddhique de cette séquence de quatre *dhyāna*?

«**A**». — Nous commencerons par attirer l'attention et appuyer sur le fait que les quatre *dhyāna* traditionels ne figurent dans aucune des versions conservées du DHARMA-CAKRA-PRAVARTANAM. Et, fait tout aussi digne d'attention, ce n'est pas seulement dans cette première annonce et description de son *Abhisaṃbodhi*, faite par le Buddha lui-même aux cinq premiers disciples renégats, que manque toute allusion à une pratique préalable des *dhyāna*. Il en sera de même dans le récits des premières obtentions de l'état d'*Arahant* soit par ces mêmes «cinq» disciples, soit par d'autres disciples subséquents, tels que nous les présentent plusieurs de nos différents VINAYA et autres textes.

a) A propos du Buddha: VIN. I, p. $10/_2 - 11/_{31}$; S. V, p. 421 – 423; S.BH.VU. I, p. 135 – 136; VIN. MAHĪŚĀSAKA, BAREAU ⟨1963⟩ p. 175; VIN. DHARMAGUPTAKA, BAREAU ⟨1963⟩ p. 177.

b) A propos des «cinq»: VIN. I, p. 13 – 14; M. I, p. $173/_{2-20}$; S. III, p. 66 – 68; MVU. III, p. 337; LV. p. 421; C.P.S. cap. 14,12 p. 162 + cap. 15,19 p. 170; S.BH.VU. I, p. 143.

c) A propos d'autres disciples:
- YAŚA: VIN. p. 18; VIN. MAHĪSÁSAKA, BAREAU p. 214; VIN. DHARMAGUPTAKA, BAREAU p. 214; S.BH.VU. I, p. 143;
- Ses quatre Frères: S.BH.VU.I, p. 147;
  ou amis: VIN. I, p. 18 – 19; VIN. MAHĪŚĀSAKA, BAREAU p. 224; VIN. DHARMAGUPTAKA, BAREAU p. 224 – 225;
- SONA: VIN. I, p. 183;
- CHANNA: VIN. II, p. 192.

De plus dans de nombreux *sūtta* se trouvent des récits de conversions de disciples se terminant par leur accession à l'état d'*Arahant*, sans qu'il y soit fait la moindre allusion à des *dhyāna* préalables. — Nous y trouvons le plus fréquemment un récit stéréotype, où manque toute mention de *dhyāna* (au singulier comme au pluriel) et se terminant par la formule «β»[8] suivie de la simple constatation de l'obtention définitive de l'état d'*Arahant*: «... *aññataro kho/ca pan'āyasma* ... ici le nom du disciple ... *arahataṃ ahosi.*» Ou si le nom du *bikkhu* n'est pas donné: *aññataro ca pana bikkhu arahataṃ ahosi.*

Références

M. I, p. $392/_6$ + $496/_{23}$+$513/_3$; M. II, p. $61/_2$ + $104/_1$; M. III, p. $127/_{16}$; D. II, p. $153/_{10}$; Skr. parallèle P.NIRV.S. WALDSCHMIDT p. 382; S. I, p. $140/_{29}$ + $161/_{27}$ + $163/_{15}$ + $164/_{29}$; S. II, p. $22/_6$; S. III, p. $36/_{10}$ + $74/_{29}$ + $75/_{22}$ + $76/_{11}$ + $77/_1$ + 25 + $78/_{15}$ + $79/_5$ + 31 + $80/_{31}$ + $81/_{11}$; S. IV, p. $38/_{27}$ + $64/_{37}$ + $76/_{19}$; S. V, p. $144/_{10}$ + $166/_4$ + 16; A. I, p. $288/_{28}$; A. II, p. $249/_{15}$; A. III, p. $70/_{23}$ + $217/_{28}$ + $376/_{10}$ + $399/_{15}$; A. IV, p. $235/_{17}$ + $202/_2$; SN. p. $16/_{11}$ + $86/_{15}$ + $112/_5$; UD. p. $23/_{27}$.

Pour en revenir au Buddha lui-même, l'ARYAPARIYESANA-S. du MAJJHIMA N. ⟨M. I, n°26, p. 160 – $173/_{20}$⟩ mène la quête du Bodhisatva, sous forme autobiographique, jusqu'à l'*asaṅkiliṭṭhaṃ anuttaraṃ yogakkhemaṃ nibbānaṃ*[9] accompagnée de la formule «α»,[10] — formule identique d'ailleurs à celle figurant dans le DHARMA-CAKRA-PRAVARTANAM du VINAYA en PĀLI, et comme ce dernier ce sūtra garde la silence sur les *dhyāna.*

Pareillement le *sūtra sarvāstivādin* du *Taisho* ⟨T. 26, p. 777 a, l. 12 – 18⟩[11] fait accéder Śākyamuni à l'Illumination sans mention de *dhyāna* préalable.

Enfin il nous paraît intéressant de noter ici que le récit biographique si détaillé du SAṄGABHEDAVASTU ne mentionne pas non plus les quatre Dhyānas à propos de l'Eveil du Maître[12] et que dans ce récit de l'Eveil le terme même de *dhyāna* n'y apparaît que comme simples pluriels, sans aucune mention ou implication quelconque d'une quaternité de *dhyāna* spécifiquement distincts.[13]

Nous avons tout d'abord en $116/_6$ l'expression:

śabdakaṇṭakāni dhyānāni = «les Dhyānas qui ont pour énemi le bruit»

et ensuite en $116/_{10-11}$ la phrase:

bodhisattvaś śabdakaṇṭakatvād (Abl.) *dhyānānāṃ* (Gén. pl.)
cittaikāgratāṃ (Acc. sg.) *nāsādayati* (Caus. *na* – *ā* – $\sqrt{\textit{sad}}$) ‖ ‖

---

8 La formule «β» = la formule longue de déclaration de l'obtention de l'état d'*Arahant.* — Voir Chp. II ou V le tableau des sigles et des libellés concernant l'*Abhisaṃbodhi.*

9 M. I, p. $167/_{26}$.

10 La formule «α» = la formule courte de déclaration de l'obtention de l'état d'Aharant. — Voir Chp. II ou V le tableau des sigles et des libellés concernant l'Abhisaṃbodhi.

11 BAREAU ⟨1963⟩ p. $72/_{24\,sq.}$.

12 En S.BH.VU II p. 242 – 245 par contre les quatre Dhyānas classiques sont décrits, dans la réponse du Buddha au roi Ajātasutra, à propos des fruits de la vie monacale, ⟨parallèle pāli D. I., p. 73 – 75 du SAMMANAPHALA-S.⟩, et ce à titre d'enseignement doctrinal.

13 S.BH.VU. I, p. $116/_{6+10\text{-}11}$.

Cette phrase nous semble admettre deux constructions différentes, selon que le génitif pluriel *dhyānānāṃ* est rapporté: soit à *śabdakaṇṭakatvād* (comme le préconiserait SCHMITHAUSEN ⟨c. p.⟩), soit à *cittaikāgratāṃ* (Acc. sg. f.). On traduirait alors diversement:

a) «le Bodhisattva, de par le bruit énemi des Dhyāna, n'a pu établir la mono-concentration de la conscience.»

b) «le Bodhisattva à cause du dérangement provenant du bruit énemi (ou: du bruit de l'énemi) n'a pas pu établir cette mono-concentration de la conscience appartenant aux Dhyānas.»

Nos préférences iraient à la deuxième des deux constructions. En effet il ne nous semble pas que le jumelage des deux termes: *dhyāna* et *śabdakaṇṭaka*, justifié en $116/_{6}$ par l'accord grammatical des termes, s'impose également ici (en $116/_{10-11}$) vu le contraste de leurs cas, cette fois dissemblables: ablatif singulier pour *Śabdakaṇṭakatvād* et génitif pluriel pour *dhyānānāṃ*.

Si l'on accepte la construction *dhyānānāṃ cittaikāgratam* (c'est à dire un génitif pluriel d'appartenance suivi d'un composé à l'accusatif) on aurait une expression signifiant littéralement: «la concentration sur un seul point des méditations» ou en Anglais: «mind's one-pointedness of (his) meditations».[14] Dans tout le contexte on ne trouve aucune indication de plusieurs Dhyānas différentiés ou d'une spécification particulière de l'un ou l'autre d'entre eux. Avec ce génitif pluriel *dhyānānāṃ* il s'agit très probablement et tout simplement de tentatives répétées de méditation dérangées par l'intervention bruyante de Māra.

De plus dans plusieurs Sūtras canoniques, les termes: *cittaikāgrati/cittekaggatā* et *citassa-ekaggatā*[15] paraissent avoir anciennement été considérés comme caractérisant, par excellence, le processus de méditation bouddhique en général[16] et avoir été appliqués indifféremment à des formes de méditation particulières ou à des stades de méditation différentiés.[17]

Alors que, plus tard, dans les traités d'*Abhidharma* Pāli, comme le VISUDDHIMAGA ou l'ABHIDHAMMATTHA-SAṄGAHA, *ekaggatā* devient le seul terme restant encore utilisé pour caractériser le quatrième *dhyāna*.

Différemment, dans les *Sutta* anciens ce même quatrième *dhyāna* est défini spécifiquement par le composé *upekhāsatipārisuddhiṃ*[18], précédé des mots *adukkhaṃ asukhaṃ* et sans le moindre mention du terme d'*ekaggatā*.

L'expression correspondante Sanskrite se trouve, entre autres, dans le SAṄ-

---

[14] Cf. *cittānām aikāgryam* et *samādhi aikāgrya* dans ABH. K. ⟨LVP. V⟩ VIII, p. 128 – 129.

[15] Cet emploi d'*ekagattā/ekāgrata* pourrait, peut être, avoir une origine "extra-bouddhique" et témoigner d'une influence Jaïna.(?) Cf. les passages de l'UTHARAJHAYANA cités par BRONKHORST ⟨1986⟩ p. 36 – 37.

[16] Et ce même encore dans l'ABH. K. ⟨LVP. V⟩ VIII, p. $128/_{12}$ + $129/_{1}$ + $130/_{13}$.

[17] M. I, $294/_{31}$ + $295/_{2}$ + $301/_{13}$; M. III, 25/15; NETT. 15,16.

[18] Et ce à propos de l'expérience du Buddha lui-même: VIN. III, $4/_{16}$; M. I, $22/_{7}$ + $117/_{16}$ + $247/_{32}$; M. III, $36/_{12}$. Autres références du même composé: M. I, $90/_{9}$ + $304/_{5}$; M. II, $16/_{25}$; M. III, $4/_{12}$ + $26/_{30}$; D. I, $75/_{30}$; A. IV, $177/_{7}$; le libellé le plus archaïque en SN. 1107: *upekhāsatisaṃsuddhaṃ* du composé.

GHABHEDAVASTU et le LALITA VISTARA: *aduḥkhāsukham upekṣāsmṛtiparisuddhaṃ*[19] = «sans douleur ni plaisir, la pureté complète d'une attention de sérénité.»

Si maintenant on s'adresse au MAHĀPADĀNA-SŪTTA du DĪGHA N. ⟨D. II, 1 sq.⟩ et à son parallèle sanskrit le MAHĀVADĀNA-SŪTRA (Ed. WALDSCHMIDT), tout deux consacrés aux Buddhas légendaires qui auraient pécédé notre Buddha historique et dont les légendes n'ont pu qu'être calquées sur un récit antérieur de la vie de ce dernier, on constate que ces deux sūtra font atteindre au buddha *Vipassīn/Vipaśyin*[20] le but suprême: l'*anupādāya āsavehi cittaṃ vimucci* ⟨D. II, 35/$_{23}$⟩ pour la version Theravādin, et pour la version sanskrite Sarvastivādin: *anuttaraṃ samyaksaṃbodhim abhisambuddho 'asmīty adhyajñasit*[21], précedé de la formule «β», sans que l'on puisse trouver la moindre trace dans les deux récits d'une mention de *dhyāna*. Il paraîtrait donc probable qu'à l'époque de la rédaction de ces textes il aurait existé une version de la légende du Buddha Śākyamuni dans laquelle la quaternité des *dhyāna* ne jouait pas encore le rôle qui lui sera attribuée plus tard et qu'à cette date l'inclusion d'un système de Dhyānas différenciés dans le chemin du Nirvāṇa n'allait pas de soi.

Dans ce qui précède nous n'avons pas fait mention ou tenu compte du fait que dans l'introduction du CATUṢPARIṢA-SŪTRA ⟨p. 432⟩[22] on ne trouve également aucune mention des ou de *dhyāna*. En effet il n'est pas certain que ce Sūtra débutait originellement comme semble le faire le texte qui nous est parvenu. Néanmoins la quasi identité de l'ensemble du C.P.S. avec les parties corrspondantes du SAṄGHABHEDAVASTU fait présumer, que même s'il s'avérait un jour avoir existé un prologue plus étendu, actuellement perdu, les quatre Dhyānas n'y auraient pas plus figuré que dans le SAṄGHABHEDAVASTU lui-même.

D'autre part il existe quantité de passages canoniques, où figure le terme *dhyāna/jhāna* au singulier et en tant que substantif générique, sans spécifications particulières, subdivisions, où le moindre indice qui nous contraindrait à les interpréter comme impliquant *per se* le système quaternaire des quatre *dhyāna* classiques.

1) Premièrement: Commençons par l'examen des diverses versions, qui nous sont parvenus, du DAŚABALA-S. et des fréquentes listes canoniques de *Tathāgatabala* qui lui sont apparentées. — La mention du *bala*, comprenant le concept et explicitement le terme de *dhyāna/jhāna*, se présente sous les formes parallèles suivantes, qui se correspondent assez bien, quoique n'étant souvent pas placées sous le même numéro d'ordre[23] (troisième ou septième généralement):

---

[19] SBHVU II, p. 244/$_{26}$ + 245/$_{13}$ +20; LV. 129/$_{10}$. Pour d'autres références voir LAMOTTE ⟨1949⟩ p. 1024; idem p. 1031/$_{30}$. LAMOTTE traduit: «exempt de douleur et de bonheur, purifié dans le renoncement et la réflexion». C'est très certainement la même expression que BAREAU ⟨1963⟩ p. 68 – 69 traduit des versions chinoises de deux *Sūtras* et du VINAYA DHARMAGUPTAKA: «... pureté parfaite d'indifférence et d'attention».

[20] Le seul des Buddhas précurseurs dont nos Sūtras détaillent la vie.

[21] MAHĀVADĀNA-S. (Ed. WALDSCHMIDT) p. 147.

[22] Cf. WALDSCHMIDT ⟨1960⟩; également «Die Erleuchtung Buddhas» dans «INDOGERMANICA: Festschrift Krause» p. 223 = Repr. «Von CEYLON bis TURFAN» p. 405.

[23] Cf. LAMOTTE ⟨1970⟩ p. 1509 – 1510 qui donne des références supplémentaires.

Tathāgato jhāna-vimokha-samādhi-samāpattīnaṃ saṃkilesaṃ vodānaṃ vuṭṭhānaṃ yathābhūtaṃ pajānāti.[24]

Tathāgato dhyāna-vimokṣa-samādhi-samāpattīnaṃ saṃkleśa-vyavadāna-vyavasthāna-viśuddhiṃ yathābhūtaṃ prajānāti.[25]

Sarva-dhyāna-vimokṣa-samādhi-samāpatti-saṃkleśa-vyavadāna-vyavasthā pana-jñāna-balopeta ity ucyate.[26]

Sarva-dhyāna-vimokṣa-samādhi-samāpatti-saṃkleśa-vyavadāna-vyutthāna-jñāna-bala.[27]

Dhyāna-vimokṣa-samādhi-samāpatti-saṃkleśa-vyavadāna-vyutthāna-jñāna-bala.[28]

Dhyāna-vimokṣa-samādhi-samāpatti-jñāna-bala.[29]

Kleśa-vyavadānaṃ vetti saptamaṃ balaṃ dhyānasamāpattiṃ vetti.[30]

Pour tout les libellés *pāli*, nous trouvons dans la deuxième partie de l'énoncé trois accusatifs singuliers:

saṃkilesaṃ, vodānaṃ et *vuṭṭhānaṃ*

qui conjointement correspondent à un composé unique de la version sanskrite, composé formé, lui, de quatre termes avec sa désinence terminale à l'accusatif.

saṃkleṣa-vyavadāna-vyavasthāna-visuddhiṃ

Et dans le Pāli, et dans le Sanskrit il semble bien que nous ayons là le complément d'objet directe de *pajānāti/prajānāti*. Cependant, si nous considérons les traductions habituelles, la correspondance

vuṭṭhānaṃ = > *vyavasthāna-viśuddhiṃ*

paraît faire difficulté, tout au moins pour le DASABALA-S. [Ed. WALDSCHMIDT ⟨1932⟩ p. 211 – 212] et pour la KOŚAVYĀKHYĀ [Ed. WOGIHARA ⟨1932 – 1936⟩ p. 641], ainsi que pour le LALITA VISTARA [p. 433]. — Alors que dans les listes des *bala* de la MAHĀVYUTPATTI et du DHARMASAṂGRAHA la correspondence un à un des mots sanskrits avec ceux de la version Pāli est parfaite:

vuṭṭhānaṃ < = > *vyutthāna*

---

24 A. V, $34/_{22}$, M. I, $70/_{16}$ (7me *bala* sur 10); S. V, $305/_{8}$: à propos d'ANURUDDHA; A. III, $417/_{32}$ (3me bala sur 6).

25 DAŚABALA-S. (Ed. WALDSCHMIDT) p. 211 – 212 = [Repr. 1979] p. 407 – 408; KOŚAVYĀKYĀ (Ed. WOGIHARA) 1932 – 36 p. 641. Cité aussi textuellement dans ABH. K. ⟨LVP.⟩ VII p. 68 (3me *bala* sur 10).

26 LALITA VISTARA $433/_{14-16}$ (7me *bala* sur 10).

27 MAHĀVYUTPATTI § VII, n°126 (7me *bala* sur 10).

28 DHARMASAṂGRAHA, Section 76 (7me *bala* sur 10, mais dans la version chinoise 8me).

29 WALDSCHMIDT ⟨1958⟩ p. 385, «Ein zweites Daśabalasūtra». — Cf. ABH. K. BHĀSYAM ⟨Ed. PRADHAN⟩ 1975, p. $411/_{8}$ (3me *bala* sur 10).

30 MVU. I, $160/_{2}$ (7me *bala* sur 10).

(avec une réserve cependant: le composé dans ces versions se termine par l'adjonction du terme *jñāna-bala*).

Cette difficulté n'est qu'apparente et elle s'évanouit lors d'une analyse grammaticale serrée. En effet en Pāli *vuṭṭhāna* est la forme, modifié par le Saṇdhi, de *uṭṭhāna*, qui, lui, dérive d'une racine verbale à trouver en Sanskrit: *ud*–‖*sthā* → *utthā*. En Védique nous trouvons: *utthāna* avec le sens, d'après le S.E.D. de MONIER WILLIAMS, de «*self arising, self arousing*», c'est à dire celui de «s'éveiller» et *vyutthāna* [*vi*– *ud*–$\sqrt{sth\bar{a}}$] = «Awakening: a particular stage in Yoga» ⟨M.W. S.E.D. p. 1040, col. 1⟩ équivalent donc au mot «éveil».

A l'appui de cette interprétation de *vuṭṭhāna* pour ce texte, nous voudrions attirer l'attention sur l'utilisation de l'instrumental °*ena* de *uṭṭhāna*/*utthāna* dans les *gāthā* parallèles des DHP. 25, PTN. DHP. 29, G. DHP. 111,UV. IV, 5, ainsi que sur l'emploi dans les *gāthā* suivants des formes:

utthānavato ⟨DHP. 24⟩, *uṭṭhānavato* ⟨PTN. DHP. 28⟩, *uṭhaṇamado* ⟨G. DHP. 112⟩ et *utthānavatah* ⟨UV. IV, 6⟩.

Ici, une signification apparentée à celle d'«émergence d'un état contemplatif»[31] paraît tout à fait exclue et le mot est évidemment à prendre dans son sens propre d'éveil = «*self arousing*», comme le comprennent d'ailleurs toutes les traductions du DHAMMAPADA dont nous ayons connaissance.

D'ailleurs dans la triple énumération: *saṃkilesaṃ vodānaṃ vuṭṭhānaṃ* la traduction du dernier terme par «émergence» (hors des *dhyāna*, etc. ...) se coordonne fort mal à la suite logique des deux termes précédents. Tout au contraire, en traduisant: «Il connait selon la vérité les (ou la) souillures, la purification et l'éveil» (*the self-arousing*) on obtient une progression dans ces trois termes qui semble s'accorder assez bien avec le concept d'*āśravakṣaya* classique.

Passons maintenant à la version sanskrite. Dans ce libellé du *bala* on peut prendre le deuxième composé:

a) soit comme un *dvandva* formé de deux composés partiels *tatpuruṣa*: «*saṃkleṣa-vyavadāna*» et «*vyavasthāna-viśuddhim*» (le terme de *vyavasthāna*[32] y conservant son sens propre de «stabilité, constance, persévérance» et correspondant au Pāli *vavatthāna*) et traduire:

«la purification des souillures et la pureté-abolue de l'inébranlable-stabilité»[33]

---

[31] L'emploi de *vuṭṭhāna* avec une signification d'**émergence** d'un état méditatif se trouve indubitablement dans certains textes; mais nous croyons devoir y voir le signe d'une rédaction plus récente. En effet en M. I, $302/_{6\,sq.}$ ce sens de «émergence hors de..» est associé au *saññavedayitanirodha* et donc évidemment d'un emploi relativement tardif. En S. IV, 294 sq. il en va exactement de même. — Ce même sens d'émergence hors d'un état méditatif se retrouve en S. III, 272–274 et en A. III, 427–428, mais appliqué cette fois ci au terme *samādhi*. Cf. aussi A. IV, $34/_6$ et S. III, 265 + 269. Mais nulle part dans tous les quatre Nikāya ne figure, à notre connaissance, un emploi de *vuṭṭhāna* s'appliquant aux *jhāna* classiques. On ne peut qu'en conclure que sa traduction par I. B. HORNER en M. I, $70/_{16}$ par «émergence» est erronnée et sans doute influencée par les commentaires scholastiques.

[32] Cf. M.W. S.E.D. p. 1033 col. 3 et BHSD. p. 516 col. 2.

[33] Ou de «l'inébranlable résolution».

b) soit comme un *tatpuruṣa* composé de trois éléments: 1) un premier *tatpuruṣa* partiel *saṃkleṣa-vyavadāna* formant 2) avec le terme suivant *vyavasthāna* un *dvandva* avec lequel 3) *viśuddhim* formerait le *tatpuruṣa* complet, à traduire: «la pureté-absolue: [et] de l'inébranlable-stabilité, [et] de la disparition des souillures».[34]

La première partie de l'énoncé de ce même *bala* consiste, aussi bien en Sanskrit qu'en Pāli, en un composé que nous proposons d'analyser en un premier composé copulatif formé d'une succession de trois termes: *jhāna/dhyāna* + *vimokha/vimokṣa* + *samādhi*, donc d'une forme *dvandva*, qui à son tour se trouve former un composé *tatpuruṣa* avec le dernier terme *samapattīnaṃ/samāpattīnāṃ* du composé se terminant ainsi par la désinence d'un génitif pluriel.

Pour ce *bala* nous proposerions les traductions suivantes des deux libellés: **Pour le Pāli**: «Le Tathāgata connait, conformément à la réalité, la souillure, la purification et l'éveil de soi, de par ses accomplissements de la méditation, de la délivrance et du recueillement.»

Pour le Sanskrit: «Le Tathāgata connait, conformément à la réalité la purification des souillures et la pureté absolue d'une inébranlable stabilité de par ses accomplissements de la méditation, de la délivrance et du recueillement (*samādhi*).»

LAMOTTE, ⟨1970⟩ III p. 1508, traduit le Sanskrit: «En outre le Tathāgata connait conformément à la réalité la souillure, la purification, les espèces et la pureté des extases, des libérations, concentrations et recueillements.»

HORNER, ⟨1954⟩ I p. 94, traduit le Pāli de ⟨M. I, $70/_{16}$⟩: «A Tathāgata comprehends as they really are the defilements of, the purification of, the emergence from the attainments in meditation, the deliverances and concentration.»

WOODWARD, ⟨1936⟩ V p. 24 – 25, traduit le Pāli de ⟨A. V, $34/_{22}$⟩: «The Wayfarer knows as they really are the fault, the purification and the emergence of attainments in musing, liberation and concentration.»

Si on ne se laisse pas influencer par les catégories des classifications abhidharmiques ultérieures, alors, dans l'ensemble des libéllés, pāli ou sanskrits, donnés ci-dessus nous ne voyons aucune contrainte, là où la désinence ne l'éxige pas, de lire dans les composés des pluriels.[35]

Il nous semble que pareille lecture se confirme lorsque l'on compare les six premiers libellés au septième: celui de MAHĀVASTU:

kleśa-vyavadānaṃ vetti saptamaṃ balaṃ dhyāna-samāpattiṃ vetti.
„Il connait la purification de la souillure, il connait l'accomplissement de la méditation, c'est là le septième *bala*".

---

[34] Cependant SCHMITHAUSEN dans une communication personnelle nous écrit: «Skr. *vyavasthāna* (< **votthāna*) und Pāli *vutthāna* sind offensichtlich Repräsentanten desselben Elementes einer unterschiedlich gedeuteten Vorlage...» Dans ce cas ne devrait-on pas traduire: a) „la purification des souillures et la pureté absolue de l'éveil (de soi)" ou b) „la pureté absolue de l'éveil (de soi) et de l'élimination des souillures".

[35] D'une manière générale, on a trop souvent eu la tendance de lire des pluriels dans les composés de ce genre, sans doute influencé par l'idée préconçue que dans toute mention, dans un texte bouddhique, du mot *dhyāna/jhāna*, si non autrement spécifié, il ne pouvait que s'agir de la quaternité classique des Dhyānas.

— Nous pensons avoir ici, parmi tous ceux qui nous ont été transmis, probablement le libellé le plus archaïque de ce *bala.* En effet: **a)** celui-ci fait partie d'une énumération en vers des dix *Tathāgatabala* du MAHĀVASTU ⟨MVU. I, 160/$_2$⟩ dont l'ancienneté semble garantie par la prosodie même du texte, **b)** l'on y trouve l'emploi de la forme verbale *vetti* fréquente en Védique et relativement rare dans les textes bouddhiques et **c)** la simplicité même du libellé, réduit à l'essentiel, paraît en tout point remarquable.

Remarque. Nous croyons devoir rappeler ici, qu'à l'époque du Bouddhisme naissant le terme même de *dhyāna/jhāna* était déjà d'un usage fréquent dans les terminologies et pratiques meditatives de plusieurs sectes ou groupements religieux du l'Inde ancienne.[36]

2) Deuxièmement: Pour faciliter une vue d'ensemble de la fréquence de l'emploi, déjà ancien, des termes dérivés des racines équivalentes: $\sqrt{jh\bar{a}}$ et $\sqrt{dhy\bar{a}}$, termes se suffisant à eux-mêmes dans leurs contextes sans impliquer forcément une référence aux quatre Dhyānas classiques, nous avons établi les tableaux suivants, et ce sans prétendre a l'exhaustivité.

---

36 Cf. BRONKHORST ⟨1986⟩ p. 34–38 n. 17. — Par acquit de conscience nous citerons encore un tout récent article de MEISIG⟨1990⟩. Il s'y appuie exclusivement, pour la part bouddhiste, sur les textes canoniques concernant la quaternité des quatre Dhyānas classiques, négligeant tout autre mention du terme *dhyāna/jhāna* dans les parties les plus anciennes du Canon, y compris celles à trouver dans les textes gnomiques. De plus l'ouvrage capital sur le sujet: BRONKHORST ⟨1986⟩, est totalement passé sous silence. Quant à sa présentation de l'introduction du mot *dhyāna* dans le vocabulaire et les pratiques bouddhistes comme ayant dû être un emprunt tiré du Brahmanisme et de sa doctrine de l'Atman, elle nous paraît n'être qu'une construction des plus fantaisistes et manquer de tout fondement textuel.

M. I	Pages	**MAJJHIMA N.**		DHYĀNA/JHĀNA	VIDYĀ/VIJJĀ ou ABHIJÑĀ	Formule	Remarques
12	$70/_{16}$	MAHĀSĪHANĀDA-S.	B	*jhāna°*	3 *vijjā*	«γ» ⟨p. $71/_{10-11}$⟩	dans le «7me» *Tathāgatabala* (cf. $A_{III,417}$ + A_{V34})
D. II	**II**	**DIGHA N.**					
19	237–239	MAHĀGOVINDA S.	E	*Karuṇaṃjhānaṃ*	—	—	. . . *jhāyati* ($237/_{14}$) . . . *jhāyeyyan 'ti* ($237/_{17}$) . . . *jhāyitum* «MAHĀ-GOVINDO est un sage mythique pré- et non bouddhique ($237/_{31}$).»
D. III	**III**						
27	94	AGGAÑÑA S.	E	*jhānaṃ*	—	—	aussi *jhānakā* et *jhānanti* à propos des nobles d'antan: donc pré- et non bouddhiques.
S. I	**I**	**SAṂYUTTA N.**					
II,1,2	$46/_{21}$	KASSAPA S.	E	*jhāyī*	—	—	. . . *vimutta-citto*
II,1,5	$48/_{5}$	DĀMALI S.	E	*jhāyino (nipakassa)*	*khīṇāsavassa*	—	. . . *pappuyya jātimaraṇassa antam*
II,1,7	$48/_{31}$	PAÑCĀLACAṆḌA S.	B	*jhānam*	—	—	. . . *abuddhi buddho*
II,2,1	$52/_{6}$	CANDIMASA S.	E	*jhānāni*	—	—	. . . *upasampajja* ‖ . . . ‖ *Te hi pāramgamissanti* ‖
II,2,2	$52/_{15}$	VENḌU S.	E	*jhāyino*	—	—	*anusikkhanti jhāy*
II,2,3	$52/_{25}$	DĪGHALAṬṬHI S.	E	*jhāyī*	—	—	. . . *vimuttacitto*
II,2,4	$53/_{6}$	NANDANA S.	E	*jhānarato*	*khīṇāsava*	—	*samāhito jhānarato satimā* ‖
IV,3,3	$122/_{19}$	GODHIKA S.	D	*jhāyī jhānarato*	—	—	*jhāyī jhānarato sadā* ‖
IV,3,5	$126/_{16+31}$	DHĪTAR S.	B	*jhāyaṃ*	—	—	*ekāhaṃ jhāyaṃ sukham anubodhaṃ* ‖
VII,2,8	$181/_{17-18}$	KAṬṬHAHĀRA S.	B	*jhāyām*	—	—	*pappuyya sambodhim anuttaraṃ* . . . ⟨$181/_{2}$⟩ aussi: *sucārurupaṃ vata . . . jhayasi.*
S. IV	**IV**						
XXXVI,11	$117/_{19}$	LOHICCA S.	E	*jhāna*	—	—	*dhamme cajhāne ca ratā ahesuṃ* ‖
S. V	**V**						
LII,21	$305/_{10}$	JHĀNAM (?) S.	D	*jhāna*	—	—	comme dans le «7me» *Tathāgatabala*, mais ici attribué à ANURUDDHA

A. I	Pages	**Aṅguttara N.**		Dhyāna/Jhāna	Vidyā/Vijjā ou Abhijñā	Formule	Remarques
14	$24/_{11}$ $25/_{23}$ $26/_{21}$	Aṭṭānaga Vagga	D	*jhāna*	—	—	Kaṅkha Revata, Nanda et Uttara-Nandamāta y sont particulièrement expérimentés.
A. II	**II**						
77	$80/_{19}$	Acinteyyāni-S.	E	*jhāna*	—	—	*jhāyisso . . . jhāna vissayo acinteyyo*
A. III	**III**						
45	$354/_{22}$	Dāliddiya-S.	E	*jhānāni*		«α_1»	. . . *upasampajja*
46	$355/_{7}$– $356/_{11}$	Mahā-Cunda S.	E	*jhāyino, jhāyī, jhāyīnam, jhāyanti*	—	—	
64	$417/_{32}$	Chabala-S.	B	*jhāna*	*āsavānaṃ-* *-khayā*	—	comme le «3me» de six *Tathāgatabalā*
A. V	**V**						
21	$34/_{23}$	Dasabala-S. 1° adréssé aux Moines	B	*jhāna*	*āsavānaṃ-* *-khayā*	«γ» ⟨p. $36/_{7-9}$⟩	comme le «7me» de dix *Tathāgatabalā*
22	$38/_{8}$	Dasabala-S. 2° adréssé à Ānanda	B	*jhāna*	*āsavānaṃ-* *-khayā*	«γ» ⟨p. $38/_{21-23}$⟩	—”—
84	$156/_{3}$	Mahāmoggalana-S.	$B/_{DI}$	*jhāyinā* *jhāyī*	— —	— —	= qualificatif du *Tathāgata* lui même = déclaration non justifiée du disciple
86	$162/_{9}$	Mahākassapa-S.	$B/_{DI}$	*jhāyinā* *jhāyī*	— —	— —	—”— —”—

MVU. I	Pages	MAHĀVASTU		DHYĀNA	VIDYĀ/VIJJĀ ou ABHIJÑĀ	Formule	Remarques
I	105	BHŪMIVARGA	BOD	*dhyāna*	—	—	JOHNSON traduit «Master's of profound meditation»
	160	—"—	BOD	*dhyāna*	—	—	comme le «7ᵐᵉ» des dix *Tathāgatabalā*
MVU. II							
II	324	IIᵐᵉ AVALOKITA S.	B	*dhyāna*	—	—	comme *dhyāna pramāṇa*
	340	—"—	B	*dhyāna*	—	—	en *dhyāna* inégalable
	$416/_{17}$ + $417/_{2+16}$	. . .	B	*dhyāyata*	—		*ātāpino dhyāyato*
MVU. III							
III	$321/_{6}$	. . .	B	*dhyāna*	3 *vidyā*	form. «γ»	*Ahaṃ khalu punaḥ sarvabuddhadharmahi sa manvāgate arahānyahaṃ dharmacakraṃ pravartatuṃ|| ||* Le Buddha se considère l'égal des Bodhisattvas du passé et s'identie à eux. ⟨$322/_{7}$⟩

SBHVU	I	SAṄGHABHEDA VU.					
I	$116/_{6}$	. . .	B	*dhyānāni*	. . .	. . .	*śabdakaṇṭakāni dhyānāni*
	$116/_{10-11}$	. . .	"	*dhyānānām*	. . .	. . .	. . . *bodhisatvaś*
	$116/_{18}$ à $117/_{32}$	. . .	"	. . .	6 *abhijña*		*śabdakaṇṭakatvād dhyānānāṃ cittaikāgratāṃ nāsādayati*
	$119/_{3-4}$	. . .	"	. . .	. . .	form. «β»	

Formes grammaticales	Libellés et contextes		Sources
dhyāna/jhāna	*yasya dhyānaṃ tathā prajñā sa vai nirvāṇasāntike*		Uv. XXXII 25 (c–d)
	yamhi jhānaṃ ca paññā ca sa ve nibbānasantike		Dhp. 372 (c–d)
	yamhi jhānaṃ ca praṃñā ca sa ve nibbāṇasantike		Ptn. Dhp. 62 (c–d)
	yasa jaṇa ca praña ya so hu nirvaṇasa sadi		G. Dhp. 58 (c–d)
	ye dhyānaprasṛta dhīrā		Uv. XXI 9a
	ye jhānapasūtā dhīrā		Dhp. 181a
	ye jhānaprasutā dhīrā		Ptn. Dhp. 244a
dhyānarata/jhānarata	*prajñāyudho dhyānabalopapetaḥ* jahāty aśeṣān apunarbhavāya	*samāhito dhyānarataḥ smṛtātmā* *samāhito dhyānarataḥ sumedhāḥ*	Uv. XII 19 (a–b) Uv. XXXI 34d
	paññābalaṃ sīlavatūpapannaṃ paññābali sīlavatūpapanno yo sīlavā paññavā bhāvitatto	*samāhitaṃ jhānarataṃ satīmaṃ* *samāhito jhānarato satīmā* *samāhito jhānarato satimā*	Sn. 212b Tha. 12b S. I $53/_{6-7}$
	tasmāt sadā dhyānaratāḥ samāhitā		Uv. I 42a
	tasmā sadā jhānarataḥ samāhitā		It. 46 2a
	yeṣaṃ divā ca rātrau ca	*nityaṃ dhyānarataṃ manaḥ*	Uv. XV 20d
	yeṣāṃ dhyānarataṃ cittaṃ *yeṣāṃ dhyānarataṃ cittaṃ*	kāmas teṣāṃ na vidyate vartmas teṣāṃ na vidyate	Uv. XXXI 47c Uv. XXXI 48c (pas de parallèles Pāli)
dhyāyata/jhāyata	*ātāpino dhyāyato brāhmaṇasya*		Uv. XXXIII,76 à 83b ‖ SBhVu. I,$127/_{26}$+$128/_{16}$ ‖ CPS. 7,6 à12 ‖ Mvu. $416/_{17}$–$418/_{2+10}$ ‖
	ātāpino jhāyato brāhmanassa		Ud. I,1,2,3b (pp. 1–3) ‖ Vin. I p. $2/_{3,14,19b}$

Formes grammaticales	Libellés et contextes	Sources
dhyāyin/jhāyin	*dhyāyinaṃ vitarajasaṃ* | kṛtakṛtyam anāsravam	Uv. XXXIII 32a ‖ cf. 52c
	āsīno virajā dhyāyī . . .	Uv. XXXIII /52/c
	tirṇaḥ pāragato dhyāyī . . .	Uv. XXXIII 41c
	jhāyiṃ virajam āsīnam | katakiccam anāsavam	Dhp. 386a
	tiṇṇo paraṃgato jhāyī . . .	Tha. 680e
	jhāyiṃ virajam āsīnaṃ | katakiccam anāsavaṃ	Ptn. Dhp. 49a
	ja'i parakada budhu | kidakica aṇasṛvu	G. Dhp. 48a
	. . . dhyāyino mārabandhanam	Uv. VI 20d ‖ XII 11d
	taṃ dhyāyino viprajahanti sarvā . . .	Uv. XXIX 6c
	. . . jhāyino mārabandhanā	Dhp. 276d
	jhāyino ta pajananti sabbā . . .	Ud. V, 7c
	. . . jhāyino mārabaṃdhanā	Ptn. Dhp. 360d
	apramattaḥ sadā dhyāyī . . .	Uv. IV 11c + 12c
	dhyāyī nipakaḥ pratismṛto . . .	Uv. XXXI 51c
	. . . dhyāyī tapati brāhmanaḥ	Uv. XXXIII 74d
	appamatto hi jhāyanto . . .	Dhp. 27c ‖ Tha. 884c
	jhāyaṃ nipako patissato . . .	Tha. 85c
	yo ca satimā nipako jhāyī . . .	It. 34,2a (p. $28/_{1}$)
	. . . jhāyī tapati brāhmaṇo	Dhp. 387d ‖ S. II p. $284/_{29}$
	apramato hi jāyadu . . .	G. Dhp. 134c ‖ 129 + 130c
	. . . jhāyiṃ tapati brāhmano	Ptn. Dhp. 39d
dhyāyanta/jhāyanta	*dhyāyantaṃ vṛkṣamulasthaṃ . . .*	Uv. XXXIII 53c
	jīrṇakrauñcaiva dhyāyante . . .	Uv. XVII 3c
	ekaṃ vanasmiṃ jhāyantaṃ . . .	Dhp. 395c
	jhāyetha rukkhamūlasmim . . .	Sn. 709c
	jayada rukhamulasya . . .	G. Dhp. 38c

Bien que les citations, constatations et remarques qui précèdent puissent paraître former un groupe quelque peu hétéroclite et sans unité évidente, nous pensons cependant qu'elles fournissent dans leur ensemble toute une série d'indications convergentes. A notre avis, celles-ci permettraient de conclure à l'existence plausible, durant la formation de la légende, d'un stade primitif où les quatre Dhyānas classiques — tels que nous les connaissons — ne figuraient pas encore comme partie intégrante du récit de l'Abhisaṃbodhi du Maître, ni de ceux des premières obtentions de l'état d'Arhant par des disciples. A ce stade du développement de la légende la quaternité des Dhyānas n'aurait probablement pas encore été un des eléments essentiels obligatoires, de la pratique et de l'enseignement. Et en SN. 67 (a – c) il nous semble y avoir les spécifications, possiblement fort anciennes, de l'analyse de ce *dhyāna* unique originel et non encore différentié en quatre stades définis et fixés. Celles-ci cependant paraissent, conceptuellement, indiquer déjà la possibilité, ou l'imminence même, d'une telle différentiation.[37]

vipiṭṭhikatvāna sukhaṃ dukhañ ca	«après avoir tourné le dos au bonheur comme à la souffrance
pubbe va ca somanadomanassaṃ	et préalablement déjà à la satisfaction comme à l'insatisfaction,
laddhān' upekhaṃ samathaṃ visuddhaṃ	atteignant à la sérénité, le calme et la pureté ...»

suivi en 69 a de la mention: *paṭisallāṇaṃ jhānam ariñcamāno*: «le *dhyāna* solitaire jamais délaissé. . .»

Tout ce paragraphe constitue notre réponse à la première question «A» que nous nous sommes posée à la page 74.

Il serait à noter qu'il y a dû y avoir un stade, où l'emploi du terme même de *dhyāna/jhāna* était si peu fixé et obligatoire, qu'on pouvait le remplacer par celui de *samādhi*.

Preuve en est l'UPAKKILESA-S. ⟨M. III, 162/$_{14-25}$⟩, où, à propos de l'expérience du Buddha lui-même, les quatre *dhyāna* sont remplacés par sept *samādhi*, définis quant à leurs contenus exactement dans les mêmes termes que nos quatre Dhyānas classiques.[38] et encore dans le VATTHŪPAMA-S. ⟨M. I, 38/$_{20-30}$⟩ ce sont les quatre *appamāna* qui prennent la place des Dhyānas.

«**B**» — D'autre part, dans tous les canons, parties ou fragments de canons subsistants, la fréquence de la présentation des quatres Dhyānas classiques comme des stades distincts et progressifs, mais aussi tout à la fois comme un ensemble quasi indivisible, une séquence de stations nécessaires à la réalisation du

---

37 VETTER ⟨1987⟩ p. 1 (sa communication à la VIITH WORLD SANSKRIT CONFERENCE, LEIDEN) voudrait, lui, y voir une allusion explicite au «quatrième Dhyāna». Cela présupposerait déjà l'existence du concept de la quaternité des Dhyānas et son usage généralisé, sinon dès l' annonce de l'Eveil, mais au moins au stade le plus ancien de la Légende. Cela paraît problématique.

38 Cf. aussi S. V, 198/$_{23sq.}$ où il est clairement dit que le *samādhindriya* est constitué par la maîtrise successive des quatre *jhāna*, culminant dans la quatrième.

chemin[39]— tout cela paraît militer en faveur d'**une origine relativement fort ancienne de cette énumération quadripartite, mais d'une origine essentiellement bouddhiste.**[40]

Quant à nous, cette division de la pratique méditative en quatre méditations distinctes et stéréotypes remonte très probablement jusqu'à l'une des couches les plus primitives de la tradition, quoique — et ne manquons pas de répéter et souligner le fait — sans avoir jamais appartenu au tout premier récit de l'Eveil même, ni aux narrations de l'obtention de l'état d'Arhant des tout premiers disciples. Mais aussi, nous ne voyons aucune raison péremptoire pour exclure la possibilité d'une dérivation de la conception même de cette quaternité des Dhyānas classiques de certains propos du Maître, ou même d'y voir son propre enseignement du processus de méditation.

D'autre part leur inclusion dans le curriculum de la discipline bouddhiste, bien que déjà fort ancienne, est indubitablement postérieure aux exposés du Buddha qui auront été à la base de la composition des rédactions actuelles du DHARMA-CAKRA-PRAVARTANAM et probablement aussi postérieure aux rédactions des passages concernant l'obtention de l'état d'Arhant par les premiers disciples, puisque les unes, comme les autres paraissent ignorer totalement cette séquence.

Quoiqu'il en soit, celle-ci repose sur une analyse ou systématisation, forcément *a posteriori*, de l'expérience même de sa méditation orginelle. Elle aura été très vraisemblablement développé à des fins pédagogiques, et ce soit par des disciples, soit peut être, comme nous l'avons déjà dit, par le Maître lui-même. — En effet, vouloir faire remonter jusqu'à lui: et l'invention de la séquence de ces quatre Dhyānas, et leur inclusion dans les pratiques enseignées et recommandées aux moines — cette dernière devant alors dater de la toute première organisation de la communauté — ne paraît pas forcément et *a priori* être du domaine de l'absurde.

Si maintenant l'on examine l'arrangement des quatre Dhyāna en leur ordre invariable traditionel, on y trouve une séquence progressive, allant des conceptualisations et rationalisations verbales (*vitarka* et *vicāra*) à la sensation, en fin de compte de l'ordre tactile (*duḥkha-sukha*) en passant par l'intérêt = satisfaction – dissatisfaction (*prīti* = *saumanasya* – *daumanasya*) pour se terminer dans un état d'équanimité, sérénité (*upekṣa*/*upekkha*).

La succession des trois premiers états méditatifs, commençant par l'intellect, dans sa fonction «langage», suivi du perceptible non-concret et ensuite du sensible concret, paraît en contradiction et s'effectuer en direction inverse de la hierarchie des trois *dhātu* (*kāma*°, *rūpa*°, *arūpa*°), hiérarchie dans laquelle les Dhyānas sont traditionnellement rangés et considérés comme appartenant au *rūpa-dhātu* exclusivement.

---

39 Cette fréquence de présentation se diversifiant: a) soit à titre exemplaire d'enseignement, b) soit à titre d'expérience vécue des disciples nommément désignés, c) soit enfin comme attribuée retrospectivement par de pieux diacevastes, à l'expérience originelle du Fondateur.

40 Cf. BRONKHORST ⟨1986⟩ p. 88–89, qui arrive à la même conclusion par une autre voie. La même opinion est professée par FRAUWALLNER ⟨1953⟩ p. 162, SCHMITHAUSEN ⟨1978⟩ p. 101, GRIFFITHS ⟨1983⟩ p. 57.

Strictement parlant l'appartenance au *rūpa-dhātu* ne conviendrait qu'au deuxième Dhyāna, de par sa caractérisation de «satisfaction – dissatisfaction». Le troisième, d'autre part, avec sa définition par *sukha* et nonobstant les ingéniosités des commentaires et traités d'Abhidharma, semblerait "sémantiquement" et logiquement devoir relever du domaine des sensations corporelles, donc du *kāma-dhātu*. Quant au premier avec son *vitarka – vicāra* il semble presque inconcevable qu'il ait pu à l'origine avoir été considéré comme participant au *rūpa*: c'est à dire être déterminé et s'inclure dans l'organisation des *mahābhūta* qui d'après les Abhidharmas sont l'essence de la structure même du *rūpa-dhātu*. Les concepts mêmes de base de ce premier Dhyāna paraissent beaucoup trop abstraits pour avoir été conçus originellement dans ce cadre des *mahābhūta*. Que dire alors du quatrième? — Sa caractéristique primaire et originelle semble bien avoir été: *upekkhā-sati-pārisuddhi*[41] / *upekṣā-smṛti-pariśuddha*[42] = «la pureté de l'attention de la sérénité».[43]

En conséquence il paraît difficile de ne pas considérer le rangement en bloc de tous les quatre Dhyānas dans le *rūpa-dhātu* comme relativement tardif et en tous les cas devant postdater l'invention ou l'adoption par le Bouddhisme ancien de cette catégorisation en trois *dhātus*.

En effet les quatre Dhyānas paraissent bien avoir été conçus comme éléments d'une analyse rationelle d'une expérience vécue, interprétés, à leur tour, comme stades progressifs d'un processus de méditation répétable et enseignable.

Quant au système des trois *dhātu*, il paraît tout d'abord n'avoir pas été mis en relation avec les stages de la méditation: nos Dhyānas. Au début la terminologie est fluctuante et nous en avons deux variantes: *kāma*° + *rūpa*° + *arūpa-dhātu* ⟨M. III, 63/$_{6-7}$; A. I, 223/$_{18sq.}$; D. III, 275/13 – 17; cf. aussi D. III, 215/$_{19}$⟩, mais aussi: *rūpa*° + *arūpa*° + *nirodha-dhātu* ⟨IT. 45/$_{21}$; D. III, 215/$_{21-22}$⟩. La première, qui se généralisera plus tard comme catégorisation des domaines que devra traverser le chemin spirituel bouddhiste, se trouve mis à cet usage et en connexion avec les quatre Dhyānas pour la première fois, à notre connaissance, dans le SAṄGĪTI-S. et là associée aux *nava anupubba vihāra* et *nirodha* ⟨D. III, 265/$_{19}$-266/$_{17}$⟩ qui conformément aux conclusion de notre chapitre précédent, ne peuvent être que des catégorisations très postérieures à celles de nos quatre Dhyānas.

Il nous paraît probable que ce système des trois Dhātus aura dû dépendre d'un nouvel arrangement de concepts déjà existant, d'une espèce de «remise en ordre», dont la nécessité se sera fait sentir au moment de l'adjonction des stations de l'Immatériel au chemin primitif des seuls quatre Dhyānas.

De tout ce qui précède et contrairement à l'opinion de nombreux auteurs, mais en complet accord avec J. BRONKHORST[44], nous conclurons que le système des quatre Dhyānas est une invention, un assemblage de concepts, spécifique-

---

41 M. I, 247/$_{32-33}$.

42 LV. 344/$_{3}$.

43 Nous traduirions volontiers: *«La transparence de l'attention, qui est sérénité»* ou en allemand: *«Die Durchsichtigkeit der Aufmerksamkeit der* (oder *welche ist*) *Gelassenheit.»*

44 BRONKHORST ⟨1986⟩ p. 116 – 117: tout le paragraphe 9.3.2.

ment bouddhiste et ayant déjà figuré dans la strate la plus ancienne de la Légende.

«**C**» — L'attribution par certains auteurs occidentaux des ces quatre stades de méditations à une école yogique pré-bouddhique ne repose, en fin de compte, que sur des parallèles relevées, croyons nous, pour la première fois par E. SENART.[45] Mais, ces parallèles ainsi présentés sont irrécevables, par-ce-que, comme l'a démontré L. DE LA VALLEE POUSSIN[46], le rapport doit être inversé. En effet les textes de PATAÑJALI invoqués sont tous indubitablement très postérieurs à la tradition canonique bouddhiste et il ne peut être question qu'ils aient influencé les pratiques bouddhistes originelles.

Dans les textes Védiques et Upanishadiques anciens[47] , les seuls qui dans leur état actuel antidateraient indiscutablemant nos textes bouddhiques les plus anciens, l'on ne trouve, à notre connaissance, pas la moindre trace d'une division quadripartite du processus de méditation.

Il en est, croyons nous, de même dans le corpus Paninien.

Resterait encore la possibilité d'une influence Jaïna ou Ājīvika? Mais tout récemment J. BRONKHORST[48] en a disposé d'une manière, croyons-nous, définitive et pareille influence ne peut mériter d'être considérée sérieusement.

On a aussi voulu trouver des indices d'une pratique "non- et pré-bouddhiste" des quatre Dhyānas classiques dans un passage, souvent cité du BRAHMAJĀLA-S. ⟨D. I, $36/_{17}-38/_{11}$⟩, où une mauvaise pratique de ces Dhyānas est critiquée.

Mais, comme l'a judicieusement remarqué N. DUTT dans un passage de la première édition ⟨1941⟩ de son «EARLY MONASTIC BUDDHISM» et malheureusement omis de la deuxième édition ⟨1971, p. 61⟩:

"It is evident from the above exposition that its compiler has spoken more of the opinions of the imperfect Buddhist monks than (of) those of the non-Buddhist thinkers existing at the time of the appearance of Buddhism. It enumerates the misconceptions and misinterpretations current among the Buddhist monks after Buddhism had been in existence for some time."

En tous les cas, cette remarque semble s'appliquer parfaitement à cette mention des quatre Dhyāna par le BRAHMAJĀLA-S.

En résumé, il semble impossible de trouver la moindre preuve ou même un indice sérieux d'une origine extra-bouddhique des quatre Dhyānas bouddhistes.

BRONKHORST ⟨1986⟩ p. $117/_{7sq.}$ conclut aussi:

"None of the early scriptures of India, whether Buddhist or non-Buddhist, contain any indication that the Buddhist form of meditation existed prior to the beginnings of Buddhisme. Some passages in the Buddhist canon, on the other hand, describe the

---

45 SENART ⟨1900⟩ p. 349 – 351.

46 L.V.P. ⟨1937 a⟩ p. 226 – 230. Cf. aussi BRONKHORST ⟨1986⟩ p. 66 – 67.

47 Cf. aussi la remarque de BRONKHORST ⟨1986⟩ p. $72/_7$.

48 BRONKHORST ⟨1986⟩ p. 36 – 38. Pour les Jaïnas il paraîtrait que le seule point commun avec les pratiques méditatives Bouddhiques ait été le nombre de quatre appliqué aux méditations pratiquées par eux. Pour les Ājīvikas, seulement intéressés par le corps, *idem* p. 6 + 11 et surtout BASHAM ⟨1951⟩ p. 56 + 140.

Buddha as an innovator, also where the technique of meditation is concerned. There seems little reason to doubt that Buddhist meditation was introduced by the founder of Buddhisme, i.e., by the historical Buddha."

Cependant quelqu'un pourrait être tenté d'invoquer à l'encontre de cette assertion les nombreux passages du MAHĀVASTU mentionnant l'acquisition des quatre *dhyāna* conjointement à l'obtention de cinq *abhijñā*, et ce sans en aucune façon y différencier ou les uns, ou les autres; mais par contre accompagnés parfois de la mention: *vāhitakena/bāhirakeṇa mārgeṇa*[49] = «au moyen d'un chemin étranger», c'est à dire non-bouddhiste. — Nous lui ferions observer qu'il s'agit là: soit 1) de *Ṛṣi*[50] d'antan, mentionnés par des *Jātakas* incorporés au *Mahāvastu*, donc appartenant à un passé mythique, soit 2) d'un *Bodhisattva* qui aurait précédé notre Buddha historique, donc également légendaire[51], soit 3) de futurs disciples de Śākyamuni[52], mais chez qui ces accomplissements auraient toujours précédé leur conversion. Alors la mention: *vāhitakena/bāhirakeṇa* ne figure jamais dans le contexte, et enfin 4) d'un contemporain «non-bouddhiste» du Buddha, le Sage *Asita*, le Siméon bouddhiste.[53]

De prime abord, il est un point à noter: c'est que dans tout le *Mahāvastu*, ces cinq *Abhijñā* ne figurent qu'en bloc et ne sont jamais différenciés ou particularisés.

Par ailleurs nulle part, à notre connaissance, dans toutes les traditions canoniques Hīnayānistes, ne trouve-t-on pareille catégorie numérique de *pañcābhijñā*[54] mentionnée. En conséquence, on ne peut que conclure qu'ici le sixième *abhijñā* = le troisième *vidyā* — (au fond l'*abhijñā* ou le *vidyā* principal et le plus spécifiquement bouddhique) — l'*āsravakṣaya* manque évidemment et que, dans tous les passages cités ci-dessus, il est considéré comme "non encore obtenu".

Il paraît donc quasi certain que l'expression: «*pañcābhijño caturdhyānalābhi*» ne peut être qu'une qualification anachronique et relativement tardive, appliquée rétrospectivement à des méditations et à des obtentions de pouvoirs magiques "pré- et non-bouddhiques" relevant, aux mieux, du "Main Stream of Indian Meditation" et, en tous les cas, sans portée aucune pour notre sujet, et ce même dans les cas où cette expression aura été employée à propos de futurs disciples de notre Buddha historique.

---

49 MVU. I, $284/_3$; II, $30/_{11}$ + $48/_{19}$; III, 152 + $450/_9$.

50 MVU. I, 272 + 350 + 353; II, 48 + 96 + 210; MVU. III, 143 + 145 + 152 + 153 + 172 + 361 + 363 + 364 + 450.

51 MVU. I, $284/_3$.

52 MVU. III, 378 + 383 + 431 + 434 – 36.

53 MVU. II, 30/11.

54 Par contre on la trouve dans, et la PAÑCAVIṂŚATI p. 4, et la ŚATASĀHASRIKĀ p. 4 – 5: «*pañcābhijñair*». Cf.: LAMOTTE ⟨1949⟩ I p. 328 – 333 + ⟨1976⟩ IV p. 1817 – 1818, où il est expliqué que le *bodhisattva* ne peut avoir que cinq *abhijñā*: les cinq premières; car si il possédait la sixième, il ne serait plus un *bodhisattva* mais un *Tathāgata*.

Réflexions Additionnelles sur les Dhyānas

Le système méditatif des quatre Dhyānas, tel qu'il se présente à nous sous sa forme stéréotype traditionelle, paraît caractérisé dans son ensemble par une "tranquillisation" progressive des processus mentaux: intellectuels et émotivo-sensitif du méditant.

Ce processus commence dans le *premier Dhyâna* par l'apaisement, la rémission, de la pensée discursive: a) en tant que conceptualisations et discours intérieurs: *vitarka/vitakka*, b) ceux-ci se muant ensuite en jugements et décisions: c'est bien là le sens du mot *vicāra*[55]; pour se continuer dans le *deuxième*, caractérisé par la condition de *pīti/priti* : intérêt, donnant lieu à *somanassa – domanassa/saurmanasya – daurmanasya*: plaisir ou déplaisir, satisfaction ou dissatisfaction, non corporelles[56]; et pour passer dans le *troisième*, au plaisir (ou déplaisir) de la conscience de la sensation même d'exister *sukha – dukkha/duḥkha*[57]; d'où l'on arrive finalement dans le *quatrième*: tout équanimité, sans plaisir ou déplaisir, littéralement à «la perfection (ou la pureté) d'une sérénité attentive»: *upekhāsatiparisuddhi/upekṣāsmṛtiparisuddha.*

Selon la quasi totalité des textes canoniques bouddhistes, déjà dans les pratiques de la discipline la plus ancienne, l'accession au quatrième Dhyāna semble avoir été considéré généralement comme condition préalable à l'obtention du but final, que se proposait tout *bhikṣu/bhikkhu.* Et ce, bien qu'en-soi ce Dhyāna ne pouvait et ne devait, selon nos textes, jamais être identifié au but même.

Cependant, et encore pour toutes les générations qui suivront, ce dernier Dhyāna paraîtra tellement indispensable et même irremplaçable, que les rédacteurs des récits concernants les derniers instants du «Fondateur»[58] en arriveront à l'invraisemblable inconséquence d'y inclure un deuxième parcours complet de la séquence initiale quaternaire des Dhyānas. Ce second parcours, définitif cette fois, se termine bien entendu au quatrième Dhyāna, celui-ci demeurant, comme il se devait, l'antécédent immédiat de l'"endormissement" dans le Nirvāṇa sans retour.

Jamais, même par la suite, aucune alternative à ce "timing" n'aura pu paraître concevable pour un bouddhiste. Nous avons ici la mesure même de l'immobilisme d'une tradition bien ancrée et ce aux dépends de toute logique. Il est hautement significatif que cette répétition du processus initial ait été placé à ce point précis, c'est à dire après une redescente de la séquence entière des neufs stations médita-

---

55 Le couple *vitarka – vicāra* en bloc correspondrait bien à l'expression anglaise de «*concatenated thinking*».

56 C'est à dire les goûts, préférences, également les jugements qualitatifs, esthétiques ou autres.

57 En effet le *sukha* du IIIme Dhyāna, par le fait même qu'il en est la caractéristique, y implique la possibilité du *duḥkha.* Si il n'en était pas ainsi, la Délivrance s'accomplirait déjà dans ce troisième Dhyāna: car le but aurait été atteint, puisque *duḥkha* y aurait été déjà définitivement éliminé.

58 Les rédactions des MAHĀPARINIRVĀṆA-S. appartiennent très certainement à une couche déjà fort ancienne de la tradition; mais cependant elles sont manifestement plus récentes que les rédactions de certains des morceaux des Vinayas et celles des sûtras à contenu biographique ou autobiographiques.

tives. En effet le fait même d'avoir admis les stations de l'Ārūpya à titre d'échelons supérieurs et successeurs immédiats aux quatre Dhyānas primaires aurait dû, en bonne logique, rendre cette répétition superfétatoire et faire attribuer la qualité de point ultime du processus méditatif à la dernière station de l'Ārūpya, en l'occurence au *Saṃjñāvedayitanirodhasamāpatti.* C'est d'ailleurs ce qu'il deviendra, plus tard, dans la pratique du chemin par les disciples et finira par être identifié au Nirvāṇa en ce monde.[59]

[59] Cf. LA VALLEE POUSSIN ⟨1937 b⟩ p. 213 sq., SCHMITHAUSEN ⟨1981⟩ p. 241 et 219 note 67, BRONKHORST ⟨1986⟩ p. 95 et 97.

Chapitre IV

Au Seuil de l'Eveil

«L'Āśravakṣaya et les Āryasatyāni»

Après avoir rapporté son «établissement» dans l'état méditatif du quatrième Dhyāna, la plupart des textes de la «relation longue» de la Saṃbodhi font acquérir par notre candidat à l'illumination les trois «savoirs»[1], dont l'obtention va précéder, de peu ou immédiatement, selon le savoir envisagé, l'illumination proprement dite.

Ce sont les trois *vidyā/vijjā:* a) le *pūrvanivāsanusmṛtijñāna*: la connaissance du souvenir des vies antérieures, b) le *cyutyupapādajñāna*: la connaissance des morts et renaissances des êtres, c) l'*āsravakṣayajñāna*: la connaissance concernant l'épuisement des intoxicants ou impuretés.

Les deux premiers savoirs donnent nettement l'impression d'être des additions au contenu premier de la relation. En effet, ni l'un, ni l'autre ne paraissent être spécifiquement bouddhistes. En tout cas, le premier: la mémoire des existences antérieures, n'appartient pas exclusivement au Bouddhisme et se trouve explicitement attesté chez les Jaïnas.[2] Il semble, des plus probables, que ces deux, premier et second, Vidyās n'auront pas figuré dans les versions originelles du récit.

C'est bien là d'ailleurs l'opinion de Bareau, Schmithausen et Bronkhorst.[3] En tant qu'indice corroborant et quant à nous décisif, Schmithausen attire l'attention sur le manque de concordance entre les temps des verbes régissant les trois Vidyās.

En effet, les verbes qui régissent les deux premiers sont au présent, alors que ceux du reste du passage se trouvent tous à l'aoriste, y compris *nota bene* celui concernant le troisième Vidyā. Pareille inhomogénéité grammaticale paraît bien l'indice d'appartenance à des strates d'âges différents.

Il serait à noter également que la Chabbisodhana-S.[4] ⟨M. III, $36/_{15}$⟩ du Canon Pāli ne connaît qu'un seul *vijjā*: l'*āsavānaṃ khayañāṇa*, sans plus.

---

[1] Les réferences selon Lamotte (1976) IV, p. 1824, note 2.: Vin. III, $4/_{17}-5/_{38}$; M. I, $22/_{9}-23/_{28}$ + 117 + $247/_{36}-249/_{22}$; A. IV, $177/_{9}-179/_{13}$; MĀ/c, T. 26, p. $680/_{a1-b7}$; EkĀ/c, T. 125, p. $666/_{b24-c20}$; Vin.DHG/c., T. 1428, p. $781/_{b5-c10}$; Vin. Mahīśākaka, T. 1421, p. $102/_{c19-20}$ (cf. les trad. de Bareau (1963), p. 75 – 79). Il faudrait encore ajouter: LV. $344/_{9}-345/_{17}$ et $348/_{19-22}$; SBhVu. I, $117/_{27}-118/_{30}$; MVU II, $132/_{5}-133/_{4}$ (rep. in 283 – 284); (pour le Mahāvastu seulement les deux premiers «savoirs»).

[2] Bronkhorst ⟨1986⟩, p. 119, note 17.

[3] Cf. Bareau ⟨1963⟩ pp. 81 – 90, qui y fait une étude comparative très détaillée des textes traduits; Schmithausen ⟨1981⟩ pp. 221 – 222 et sa note 75; Bronkhorst pp. $114/_{19}-115$.

[4] D'après Ergardt ⟨1977⟩ p. 21, à partir de M. III, $33/_{13}$ et de l'expression *so kho ahaṃ, āvuso* ce Sūtra devient autobiographique. Ne faudrait-il pas plutôt considérer qu'ici le rédacteur aura calqué un texte autobiographique, l'insérant ainsi dans un cadre différent? Cf. encore pour la mention de *l'āsavānaṃ khayā* seul M. I, $38/_{32}$; A. I, $236/_{4}$; A. III, $93/_{6-14}$ + $100/_{17}$.

Pareillement le *sutra* du MĀ/c. (T. 26, p. 589/$_{14-23}$), cité par BRONKHORST et BAREAU (op. cit.), ne mentionne que l'*āsravakṣaya* seul. D'ailleurs, ajoute SCHMITHAUSEN (op. cit.), dans l'ensemble du MADHYAMĀGAMA chinois c'est cette dernière version qui semble prédominer.

Comme BRONKHORST le suggère fort judicieusement, l'adjonction des deux premiers Vidyās a dû se faire afin de mettre en évidence un point particulier, qui, bien que tenu pour essentiel, devait, à ce moment là, paraître n'avoir pas encore été mis suffisamment en lumière. En l'espèce, il se serait agi de la transmigration: du *saṃsāra*, en tant que «horizon existentiel» de l'expérience du Buddha, et de sa portée pour l'histoire pré-natale de Śākyamuni dans la légende.

Enfin, seul l'*āsravakṣaya*, parmi ces trois Vidyās, témoigne d'un rapport étroit et manifeste avec la Saṃbodhi, avec l'Eveil. En conséquence elle sera la seule des connaissances, le seul des trois savoirs, dont nous nous occuperons.

Cependant le terme même de *traividya/tevijja*, ce jumelage des trois savoirs exprimé par un seul mot, doit déjà être relativement fort ancien. Preuve en est ses nombreuses mentions dans la littérature des Gāthās.

RÉFÉRENCES: SN. 656 a): *tīhi vijjāhi*
S. I, 167/$_3$ + A. I, 165/$_{31}$: *etāhi tīhi vijjāhi tevijjo hoti brāhmano*
parallèle: G. DHP. 6: *edahi trihi vijahi treviju bhodi brammaṇu* cf. idem 4: *na trevija*
THA. 129 a): *tevijjo* . . . et son parallèle UV. XIII, 13 a): *traividyah/traividyo* . . .
— ou encore nous avons: *tisso vijjā anuppattā kataṃ buddhassa sāsanan*
en THA. 24 ‖ 55 ‖ 66 ‖ 107 ‖ 108 ‖ 117 ‖ 270 ‖ 274 ‖ 286 ‖ 302 ‖ 314 ‖ 319 ‖ 410 ‖ 465 ‖ 479* ‖ 639 ‖ ‖
et en THI. 30 ‖ 121* ‖ 126* ‖ 150 ‖ 181* ‖ 311 ‖ ‖

Ci dessous nous donnons les textes pertinents disposés en un tableau synoptique.

M. I, 23/$_{11–13}$ = idem 249/$_{4\text{ sq.}}$	**SBhVu. I**, 118/$_{30–32}$	**MVu. II**, 133/$_{(5–7)+(11–13)}$	**LV**. 345/$_{18–22}$
so evaṃ samāhite citte parisuddhe pariyodāte anaṅgaṇe vigatūpakkilese mudubhūte kammaniye ṭhite āneñjappatte āsavānaṃ khayañāṇāya cittaṃ abhininnāmesiṃ ‖ ‖	*sa yuktaḥ sātatye naipakye saṃbodhipakṣeṣu dharmeṣu bhāvanāyogam anuyukto viharann āśravakṣayajñānasākṣātkriyāyām abhijñāyāṃ cittam abhinirṇamayati* ‖ ‖	*sa khalvahaṃ ... tatha samāhitena cittena pariśuddhena paryavadātena anaṅgaṇena vigatopakleśena mṛdunā karmaṇyena sthitenāniṅjyaprāptena rātryāḥ paścime yāme ... ekacittakṣaṇasamāyuktayā prajñayā anuttarāṃ samyaksaṃ bodhim-abhisaṃbuddho* ‖ ‖	*atha bodhisattvastathāsamāhitena cittena pariśuddhena paryavadātena prabhāsvarena anaḍganena vigatopakleśena mṛdunā karmaṇyesthitenāniṇjyaprāptena rātryām pascime yame ... duḥkhasamudayāstaṅgatayā āśraya*kṣayajñānadarśanavidyāsākṣāt-kriyāyai cittamabhinirharati sma* ‖ *abhinirnāmayati sma* ‖ ‖
«Alors, en (Loc.) esprit ainsi concentré, parfaitement purifié et clarifié, immaculé: toutes taches disparues, souple et alerte, stable et imperturbable, je dirigeai ma pensée vers la prise de conscience de l'épuisement des impuretés.»	Ainsi concentré en (Loc.) la continuité de l'attention et sur les auxiliaires de l'illumination, demeurant entièrement adonné à la méditation, il dirigea sa pensée vers (Loc.) la prise de consience de l'épuisement des impuretés et de la connaissance suprème.	«Alors moi, grâce à (Instr.) ⟨mon⟩ esprit ainsi concentré, parfaitement purifié et clarifié, immaculé: toutes taches disparues, souple et alerte, stable et imperturbable, en la dernière veille de la nuit, de par le moyen (Instr.) d'une prise de conscience réalisée par une connaissance instantanée, en cette (Acc.) parfaite et suprème illumination ⟨je suis devenu⟩ le totallement illuminé.»	«Alors le Bodhisattva, grâce à son esprit ainsi concentré, parfaitement purifié et clarifié, serein, immaculé: toutes taches disparues, souple, alerte, stable et imperturbable, en la dernière veille de la nuit ... afin de mettre fin à la cause de la souffrance, sur (Dat.) la prise de conscience de la connaissance, de la vision et de la certitude de l'épuisement des impuretés (ou: des bases [du Mal]) il fixa et dirigea sa pensée.»

M. I, 23/13–24	**SBhVu. I**, 118/32–119/3	**MVu. II**, 285/2–7	**LV.** 348/19–349/1
		sayyathīdaṃ	
so idaṃ dukkhanti *yathābhūtaṃ abbhaññāsiṃ* *ayaṃ dukkhasamudayo ti* *yathābhūtaṃ abbhaññāsiṃ* *ayaṃ dukkhanirodho ti* *yathābhūtaṃ abbhaññāsiṃ* *ayaṃ dukkhanirodhagāminī* *paṭipadā ti* *yathābhūtaṃ abbhaññāsiṃ*	*sa idaṃ duḥkham āryasatyam iti* *yathābhūtaṃ prajānāti* *ayaṃ duḥkhasamudayaḥ* *ayaṃ duḥkhanirodhaḥ* *ayaṃ duḥkhanirodhagāminī* *pratipad āryasatyam iti* *yathābhūtaṃ prajānāti*	*idaṃ duḥkhaṃ* *ayaṃ duḥkhasamudayo* *ayaṃ duḥkhanirodho* *ayaṃ duḥkhanirodhagāminī* *pratipat* ‖	*idaṃ duḥkhamiti* *yathābhūtam-ajñāsiṣaṃ* ‖ ‖ *) *āśrayakṣaya* probablement à corriger en *āśravakṣaya*. -
ime āsavā ti *yathābhūtaṃ abbhaññāsiṃ*		*ime āśravā*	(n'y existe pas)
ayaṃ āsavasamudayo ti *yathābhūtaṃ abbhaññāsiṃ*	(n'y existent pas)	*imo āśravasamudayo*	*ayamāśravasamudayo*
ayaṃ āsavanirodho ti *yathābhūtaṃ abbhaññāsiṃ*		*ayaṃ āśravanirodho*	*(a)'yamāśravanirodha*
ayaṃ āsavanirodhagāminī paṭipadā ti *yathābhūtaṃ abbhaññāsiṃ* ‖		*ayaṃ āśravanirodhagāminī pratipat* ‖	*iyamāśravanirodhagāminī pratipaditi* *yathābhūtam ajñāsiṣaṃ* ‖
tassa me evaṃ jānato evaṃ passato *kāmāsavā pi cittaṃ vimuccittha* *bhavāsavā pi cittaṃ vimuccittha* *avijjāsavā pi cittaṃ vimuccittha*	*tasyaivaṃ jānata evaṃ paśyataḥ* *kāmāśravāc cittaṃ vimucyate* *bhavāśravād cittaṃ vimucyate* ⟨*avidyāśravāc cittaṃ vimucyate*⟩		*ayaṃ kāmāśravo* *(a)'yaṃ bhavāśravo* *(a)'yaṃ avidyāśravo* *(a)'yaṃ dṛṣṭyāśravaḥ* ‖
		iha āśravā aśeṣā niravaśesā nirudhyanti *vyupaśāmyanti prahāṇam astaṃ* *gacchanti* ‖	*ihāśravā niravaśeṣato nirudhyante* ‖ *ihāśravo niravaśeṣam anābhāsam astaṃ* *gacchanti* ‖‖
vimuttasmiṃ vimuttam iti *ñāṇaṃ ahosi*	*vimuktasya vimuktam eva* *jñānadarśanaṃ bhavati*		
suivi de la formule «β»	suivi de la formule «β»	suivi du *pratītyasamutpāda*	suivi du *pratītyasamutpāda*

M. I, 23/13–24	SBhVu. I, 118/32–119/3	MVu. II, 285/3–7	LV. 348/19–349/1
Certes, ceci est la douleur, selon les faits, j'en eus la certitude.	Certes, ceci est la douleur, sublime vérité,	Certes, ceci est la douleur.	Ceci est la douleur, selon les faits, je le sus.
Ceci est l'origine de la douleur, selon les faits, j'en eus la certitude.	(manque)	Ceci est l'origine de la douleur	
Ceci est la cessation de la douleur, selon les faits, j'en eus la certitude.	(manque)	Ceci est la cessation de la douleur	
Ceci est le chemin menant à la cessation de la douleur, selon les faits, j'en eus la certitude	. . . ô sublime vérité	Ceci est le chemin menant à la cessation de la douleur.	(manque)
Celles-ci sont les impuretés, selon les faits, j'en eus la certitude. Ceci est l'origine des impuretés selon les faits, j'en eus la certitude. Ceci est la cessation des impuretés selon les faits, j'en eus la certitude Ceci est le chemin menant à la cessation des impuretés, selon les faits, j'en eus la certitude.	(manque)	Celles-ci sont les impuretés. Ceci est l'origine des impuretés Ceci est la cessation des impuretés Ceci est le chemin menant à la cessation des impuretés.	Selon les faits, je le sus.
Lorsque ⟨s'eut établie⟩ en moi pareille connaissance, pareille vision, ma pensée fut délivrée de l'impureté du désir, ma pensée fut délivré de l'impureté de la soif de l'éxistence, ma pensée fut délivrée de l'impureté de l'ignorance.			Ceci est l'impureté du désir, ceci est l'impureté de la soif d'éxistence, ceci est l'impureté de l'ignorance, ceci est l'impureté de ⟨toutes⟩ les théories.
		Ici les impuretés, ⟨sans restes⟩, sans le moindre résidu disparaissent, elles cessent de par une expulsion totale, elles s'en sont allées.	ici sans la moindre trace, sans laisser le moindre reflet,
(Alors) dans la délivrance ⟨loc.⟩ advint la connaissance (d'être) délivré.	(Alors) de (par) la délivrance ⟨gén.⟩ exista la connaissance-vision (d'être) délivré.		
suivi de la formule «β»	suivi de la formule «β»	suivi du *pratītyasamutpāda*	suivi du *pratītyasamutpada*

Tout d'abord nous noterons que le composé *āsravakṣaya/āsavakkhaya* est richement attesté dans la litterature des Gāthās:

Vin. I, $8/_{28b}$ + M. I, $171/_{14b}$	*ye pattā āsavakkhayaṃ*
Tha. 116 d (etc.: au moins sept fois) + Thī 71 d	*patto me āsava kkhayo* (cf. Tha. 791 d: *sampatto āsavakkhayaṃ*)
Mvu. III, $326/_{19b}$ + LV. $406/_{6b}$	*ye prāptā āśravakṣayaṃ*
Uv. XXI, 5 b	*ye prāptā hy āsravakṣayam*
SBhVu. I, $132/_{18b}$ = CPS. $10/_{8b}$ (p. 130)	*ye prāptā āśravakṣayam*
Uv. IV, 11 d	*prāpnute hy āsravakṣayam*
Dhp. 253 d	*ārā so āsavakkhayā*
Ptn. Dhp. 269 d	*ārā te āsavakkhaya*
G. Dhp. 339 d	*ara te asavakṣaya*
Dhp. 272 d + Tha. 543 d	*appatto āsavakkhayaṃ*
Ptn. Dhp. 273 d	*aprappāsavakkhayaṃ*
G. Dhp. 134 b + 133 b // 66 d	*aprati āsavakṣayi / °ye // aprate āsavakṣaye*
Uv. IV 13 b + XXXII 32 b	*aprāpte hy āsravakṣaye*
Uv. XXXIII 3 d	*hy aprāpyaivāsravakṣayam*
Mvu. III, $422/_{11}$	*aprāpte āśravakṣaye*
Uv. XXIV 8 b	*apaśyann āsravakṣayam*
Uv. XXIV 8 d	*paśyato hy āsravakṣayam*

Nous ajouterons quelques citations encore, provenant de la littérature des Gāthās, où deux autres termes composés, apparantés et à significations parallèles, figurent, c'est à dire: *kṣīṇāsrava/khīṇāsava* et *anāsrava/anāsava.*

Ud. I 6 c (p. $4/_{28}$)	*khīṇāsavaṃ vantadosaṃ*
Uv. XXXIII 23 c	*kṣīṇāsravā vāntadoṣo*
Uv. XXXI 39 e–f	*kṣīṇāsravā vāntadoṣās te loke parinirvṛtāḥ*
Ptn. Dhp. 266 e–f	*khīṇāsavā jutīmanto te loke parinivvṛtā*
Dhp. 89 e–f	*khīṇāsavā jutīmanto te loke parinibbuta*
Tha. 1022 a	*khīṇāsavo visaññutto*
Uv. XXXIII 32 c	*kṣīṇāsravaṃ visaṃyuktaṃ*
S. I, $48/_{5}$	*khīṇāsavassa nipakassa jhāyino*
Tha. 546 c–d	*sabbāsava parikkhīṇo n'atthi dāni punabbhavo 'ti*
Sn. 370 a	*āsavākhīṇo pahīnamāno*
A. II, $39/_{6}$	*te mayhaṃ āsavā khīṇā*
Dhp. 386 b + Sn. 1105 b + Thī. 334 (etc.)	*katakiccaṃ anāsavaṃ*
Uv. XXXIII 32 b	*kṛtakṛtyam anāsravam*
Dhp. 94 c + Tha. 205 c + 206 c	*pahīṇamānassa anāsavassa*
Ptn. Dhp. 89 c	*prahīṇamānassa anāsavassa*
Uv. XIX 3 c	*prahīṇadosāya nirāsravāya*
Sn. 1133 c	*anāsavo sabbadukkhappahīno*
Dhp. 126 d + Sn. 765 d + Tha. 672 d	*parinibbanti anāsavā* (cf. Tha. 576 d: *parinibbissanty anāsava*)

Les citations ci-dessus, qui ne visent nullement à être exhaustives, nous paraissent suffisantes pour confirmer l'appartenance de ces trois «composés» à la terminologie la plus ancienne du Bouddhisme, avec leur signification de «s'être débarrassé des impuretés», et ce en tant que stade préalable et nécessaire tant à l'illumination du Maître, qu' à l'obtention de l'état d'Arahant par les disciples.

Aucun des libellés, donnés ci-dessus et concernant le «seuil immédiat» de l'Eveil, ne peut évidemment être considéré comme un protocole de l'événement.[5]

Les quatres modalités, selon lesquelles sont envisagés les impuretés[6] *āsrava/āsava*, suivent habituellement l'énumération des quatre vérités: *āryasatyāni*. Elles sont généralement considérées comme ayant été calquées sur ces dernières. Elles manquent cependant dans la version Mūlasarvāstivādin. Et, si nous n'avions que le seul texte du LALITA VISTARA, on pourrait croire que ces modalités ont été inventées «pour» et appliquées aux *āsrava* en premier lieu.

Vouloir considérer le quadruple traitement des Āsravas comme une adjonction plutôt tardive, comme le voudrait BAREAU[7], semble une solution peu satisfaisante et nous partageons la réserve dont témoignent à ce sujet: ALSDORF, SCHMITHAUSEN et BRONKHORST. En effet, il paraît difficile de ne pas considérer le «motif» de l'élimination des *āsrava/āsava* comme un concept clef de tout le passage. Dans les versions Theravādin et Mūlasarvāstivādin, il encadre les *āryasatyāni*, les précédant et les suivant; alors que dans celle du MAHĀVASTU il se contente de les suivre et que dans le LALITA VISTARA la prise de conscience de la souffrance, ainsi que trois des modalités successives de l'*āsravakṣaya* forment ensemble une seule et unique quaternité.

Alors que l'*āsravakṣaya* semble bien avoir été nécessaire à la réalisation de l'Eveil du Maître et devoir l'être demeuré pour l'obtention de l'état d'Arahant par les disciples, il paraîtrait qu'on ne le doive jamais identifier à l'Eveil lui-même et à son hypothétique contenu.[8]

Si maintenant nous portons notre attention sur la distinction traditionelle des Āsravas en un groupe de trois entités différentes (plus tard étendu à un groupe de quatre avec *dṛṣṭyāśrava/diṭṭhāsava*):

---

[5] Cf. BRONKHORST ⟨1986⟩ p. 98 et SCHMITHAUSEN ⟨1981⟩ p. 205 – 206.

[6] Ou «souillures». Pour l'origine et les connotations premières du terme *āsrava/āsava* voir ALSDORF ⟨1965⟩ p. 4 – 5. Etymologiquement le terme signifie les «influx» (maléfiques, évidemment) de l'ambiance dans la *citta*. Influx qui polueraient celle-ci et en constitueraient les imperfections. Aussi BRONKHORST ⟨1986⟩ traduit le terme par: «intoxicants». À la rigueur on pourrait trouver là une analogie avec le concept occidental général de «péché». Le concept comprendrait tout à la fois celui de «péché originel» (puisque dans le Bouddhisme cette «pollution» paraît bien être envisagée comme devant être «d'origine» et initialement inévitable) et également celui des péchés personnels.

[7] BAREAU ⟨1963⟩ p. 87. En sens contraire les remarques pertinentes de ALSDORF ⟨1965⟩ p. $5/_{2-13}$ critiquant FRAUWALLNER ⟨1953⟩ p. 216.

[8] Cf. BRONKHORST ⟨1986⟩ p. $101/_{29\,sq.}$: «... in all probability, neither the Four Noble Truths **nor any of the other ... specifications** of liberating insight which we find in the Buddhist scriptures played this role in earliest Buddhism ...» (c'est nous qui soulignons).

kāmāsrava / kāmāsava
bhavāsrava / bhavāsava
avidyāsrava / avijjāsava

déjà cette classification tripartite semble difficilement avoir pu appartenir à la couche la plus ancienne de la Légende. Premièrement il paraît quasi impossible de trouver une unité de signification, tout à la fois satisfaisante quant au sens et étymologiquement acceptable, pour le terme d'*āsrava/āsava*, rendant compte de son utilisation aussi bien dans le troisième de ces composés que dans les deux premiers.

En effet, nos textes, dans l'ensemble des diverses traditions bouddhiques, nous le répètent à satieté: l'*avidyā* du troisième *āsrava*, cette ignorance ou inconnaissance, s'entend exclusivement de la non-connaissance des Āryasatyāni.[9]

D'autre part cet *avidyāsrava/avijjāsava* ne paraît pas satisfaire rigoureusement à la sémantique de sa propre étymologie. Comment l'*avidyā* en tant que «non-connaissance» pourrait-il bien être un «poluant», un influx, donc un quelque chose, soi-disant d'origine extérieure et dont il faille se débarrasser?

Ne paraît-il pas plutôt devoir s'appliquer à un «pré-état», caractérisé négativement, c'est à dire à la «non encore prise de conscience de la douleur en soi»?

Dans ce cas, le terme d'*avidyāsrava* s'avérerait correspondre à un concept relativement abstrait et plutôt artificiel, dont l'invention impliquerait la connaissance préalable du ou des concepts des Āryasatyāni et ne pourrait donc pas être primaire.[10]

Quant aux deux autres Āsravas: *kāmāsrava* et *bhavāsrava*, la distinction entre leurs significations respectives ne paraît pas bien significative: c'est à dire entre le désir d'exister (ou de devenir) et le désir des choses désirables de l'existence.

Toute cette division et classification tripartite des Āsravas paraît artificielle et ne pas avoir appartenue aux premières strates de la légende.[11]

Que dire alors de l'espèce de dédoublement de l'*avijjāsava* en un *diṭṭhāsava* dans une classification devenue maintenant quaternaire et dénotant une strate encore plus récente?

Il serait à remarquer que ces groupements de trois ou quatre Āsavas ne figurent pas parmi les catégories de trois ou de quatre entités de l'AṄGUTTARA N. Par contre on trouve les trois Āsavas parmi les triades du SAṄGĪTI-S ⟨D. III, 216/$_9$⟩.

Notons encore que dans le MAHĀVASTU et dans le LALITA VISTARA nous avons les deux énoncés, très similaires suivants

---

[9] Cf. CR.P.D., p. 468: *a-vijjā* = ignorance, but unlike *aññāṇa*, only said of the fundamental error or illusion causing the misrepresentation of life values («ignorance of the four truths») conditioning the *saṃkhāras* and keeping *saṃsāra* agoing.

[10] Il est à remarquer que la littérature des Gāthās ignore totalment le terme de *avidyāsrava/avijjāsava*.

[11] Dans les Gāthas on trouve:
Kāmāsrava-visamyuktaṃ Uv. XXXIII, 35 c avec comme parallèles:
Kāmabhava-parikkhīṇaṃ DH. 415 c ≡ SN. 639 c
Kama-bhoka-parikṣiṇa G.DH. 20 c
taṇhābhava-parikkhīṇaṃ DH. 416 c ≡ SN. 640 c
nandībhava-parikkhīṇaṃ DH. 413 c ≡ SN. 637 c

MVU II, 285/$_{6-7}$ *iha āśravā aśeṣā niravaśesā nirudhyanti vyupaśāmyanti prahāṇam astaṃ gacchanti* || ||
«Ici les Āsravas, sans restes, sans le moindre résidu, disparaissent, étouffés, s'en vont dans une éjection totale.»

LV, 348/$_{19}$ – 349/$_{1}$ *ihāśravā niravaśeṣato nirudhyante* || *ihāśravo niravaśeṣa manābhābhāsam astaṃ gacchanti* || ||
«Ici les Āsravas, sans le moindre résidu, disparaissent, ici sans la moindre trace, sans laisser le moindre reflet ils s'en vont.»

Ces énoncés se suffisent parfaitement à eux-mêmes et n'impliquent pas en soi d'énumération préalable d'Āsravas particularisés. Pareille énumération ne figure d'ailleurs pas dans le MVU.

Dans le LALITA VISTARA par contre elle précéde l'énoncé ci-dessus et ce, sous sa forme quaternaire. Il nous semble difficile de ne pas voir là une interpolation, évidemment plus tardive que la partie du texte parallèle au texte du MAHĀVASTU.

Il nous semble pouvoir conclure, qu'originellement et dans les strates les plus anciennes de la légende le terme d'*āsrava/āsava* était utilisé, sans être particularisé et catégorisé, mais comme un terme générique couvrant toutes les impuretés ou influx.

A propos des Āsravas, il est encore un autre point sur lequel nous voudrions attirer l'attention: c'est que le MAHĀVASTU comme le LALITA VISTARA, après l'énoncé mentionné ci-dessus, le font suivre immédiatement du Pratītyasamutpāda, dont les connexions avec le concept même des *āsravas* paraît indéniable. En effet le Pratītyasamutpāda n'est, en fin de compte, qu'un schéma explicatif et soi-disant libérateur de l'insertion de l'individu dans la chaine du Saṃsāra, dont les Āsravas seraient la ou les causes. Et seulement après la suppression totale de ceux-ci les textes nous parleront-ils de «libération».

Comme Mgr. LAMOTTE[12] l'a tout particulièrement fait remarquer, l'AṄGUTTARA ⟨A. I, 176/$_{37}$ – 177⟩ dans son exposition des quatre Āryasatyāni, à propos de la première et de la quatrième vérité, reproduit les libellés du sermon de Bénarès (ceux du DHARMA-CAKRA-PRAVARTANA-S.); alors que pour la seconde vérité c'est celui d'un *pratītyasamutpāda* (classique de douze Nidānas) en ordre directe et pour le troisième celui d'un même *pratītyasamutpāda*, mais en ordre inverse, qui sont utilisés.

Le lien, ici clairement explicité, entre les *Āryasatyāni* et le *Pratītyasamutpāda*, montre manifestement que la douleur *duḥkha* est, bouddhiquement parlant, essentiellement le fait d'être «embringué» dans la ronde sans fin du *saṃsāra* et que pour un bouddhiste de tous les temps, à plus forte raison pour le Buddha lui-même, la *saṃbodhi*, elle, n'aura jamais pu qu'être l'expérience spirituelle, dont le résultat, totalment nouveau[13], déconcertant, ébahissant même, est de pouvoir *s'en sentir libéré* et, de ce fait même, de *s'en savoir* à jamais libéré.

---

12 LAMOTTE ⟨1977⟩ p. 281 et ⟨1980⟩ p. 119. Et, comme LAMOTTE le note, déjà OLDENBERG ⟨trd. FOUCHER 1934⟩ p. 252 avait attiré l'attention sur ce texte important.
13 *pūrvam ananuśruteṣu dharmeṣu.* Cf. ci-dessus p. 73)

Il est clair que ce *pratītyasamutpāda* avec ses douze *nidānas* stéréotypes — tel qu'on le trouve le plus souvent: et dans le NIDĀNA-SAṂYUTTA, et un peu partout dans la tradition bouddhique, — ne peut remonter, «tel quel», à la couche la plus ancienne de la légende.

En examinant en détail l'ensemble du NIDĀNA-SAṂYUTTA du SAṂYUTTA NIKĀYA on y trouve de nombreux flottements en ce qui concerne: soit le nombre, soit la spécification, soit l'ordre consécutif — parfois inversé — des *nidānas.*

Sur les quatre-vingt-un Sūtras, que comprend ce Saṃyutta, il y en a cinquante qui se réfèrent à un *Pratītyasamutpāda* stéréotype de douze *nidānas.*

Les autres trente-et-un se répartissent selon le tableau qui suit.

Nous donnerons encore un tableau similaire au précédant pour les Sūtras du NIDĀNASAṂYUKTA publiés par CH. TRIPĀṬHĪ. N'y figureront aussi, que les groupements des Nidānas incomplets ou paraissant aberrant par rapport au Pratītyasamutpāda stéréotype de douze Nidānas.

Divers: Moins de 4 NIDĀNAS	4 NIDĀNAS	5 NIDĀNAS	7 NIDĀNAS
SUTTA 25 (S. II, 38 sq.) **—"— 26 (S. II, 41–42)** *phassa* comme seule cause respectivement de a) *sukhadukkham* b) *dukkha* **SUTTA 31 (S. II, 47–50)** *āhāra* comme origine de tout mal *«āhārasambhavassa nibbidāya . . .»* mène à *«sammappaññāya disvā* **SUTTA 38 (S. II, 63–66)** *viññāṇa* comme seule cause de *jāti* + *jarāmaraṇa* **SUTTA 62 (S. II, 95–97)** *phassa* + *vedanā* comme causes conjointes de *dukkha*	**SUTTA 40 (S. II, 67–68)** *viññāṇa* comme cause de *nati* et par suite de *jāti* + *jarāmaraṇa* **SUTTA 63 (S. II, 98–100)** *phassa* *manosāñcetanā* *viññāṇa* *nāmarūpa* **cf. S. V, 184/$_{14-23}$** *phassa* *vedanā* *nāmarūpa* *citta* (au lieu de *viññāṇa*) **SUTTA 66 (S. II, 107–112)** les six sens nommément désignés (mais sans mention du terme de *saḷāyatana*) *taṇhā* *upadhi* *jarāmaraṇa*	**SUTTA 32 (S. II, 51 sq.)** *jāti* *bhava* *upādāna* *taṇha* *vedanā* par la suppression de ces cinq *nidāna*, les *āsravā* n'affluent plus: *«āsavā nānusavanti»* **SUTTA 52 (S. II, 84–85)** **—"— 53 (S. II, 86)** **—"— 54 (S. II, 87)** **—"— 55 (S. II, 87–88)** **—"— 56 (S. II, 88–89)** **—"— 57 (S. II, 89–90)** **—"— 60 (S. II, 92–93)** *taṇhā* *upādāna* *bhava* *jāti* *jarāmaraṇa* énumérés dans les sens directe et inverse	**SUTTA 19 (S. II, 24–25)** *avijjā* *taṇhā* *nāmarūpa* *phassa* *saḷāyatana* *jāti* *jarāmaraṇa* **SUTTA 64 (S. II, 101–104)** *taṇhā* *viññāṇa* *nāmarūpa* *saṇkhāra* *bhava* *jātijarāmaraṇa* Dans le texte *«jātijarāmaraṇa»* est écrit comme un seul composé. Si on le comprend comme un seul *nidāna* on aurait ici un groupement de six *nidānas* au lieu de sept.

SAṂYUTTA NIKĀYA — b.

8 NIDĀNAS	9 NIDĀNAS	10 NIDĀNAS	11 NIDĀNAS
SUTTA 12 (S. II, 13–14) *saḷāyatana* *phassa* *vedanā* *taṇhā* *upādāna* *bhava* *jāti* *jarāmaraṇa*	**SUTTA 43 (S. II, 72–73)** **—"— 44 (S. II, 73–74)** **—"— 45 (S. II, 74–75)** *saḷāyatana* *viññāṇa* *phassa* *vedanā* *taṇhā* *upādāna* *bhava* *jāti* *jarāmaraṇa* **SUTTA 58 (S. II, 90–91)** *nāmarūpa* *saḷāyatana* *phassa* *vedanā* *taṇhā* *upādāna* *bhava* *jāti* *jarāmaraṇa*	**SUTTA 39 (S. II, 66)** **—"— 67 (S. II, 112–115)** *viññāṇa* *nāmarūpa* *saḷāyatana* *phassa* *vedanā* *taṇhā* *upādāna* *bhava* *jāti* *jarāmaraṇa* **cf. D. II, 55–64/2** **«MAHANIDANA-S.» §: 1–22** Également, ne comporte que les seuls mêmes dix *nidānas*.	**SUTTA 13 (S. II, 14–15)** **—"— 14 (S. II, 15–16)** **—"— 29 (S. II, 45–46)** **—"— 30 (S. II, 46)** **—"— 65 (S. II, 104–107)** **—"— 82 (S. II, 130–131)** **en abrégé nos 83–93** *jarāmaraṇa* *jāti* *bhava* *upādāna* *taṇhā* *vedanā* *phassa* *saḷāyatana* *nāmarūpa* *viññāṇa* *saṅkhāra* En sens directe comme en sens inverse manque *avijjā*.

NIDĀNASAṂYUKTA

Divers: Moins de 4 NIDĀNAS	5 NIDĀNAS	7 NIDĀNAS	8 NIDĀNAS	9 NIDĀNAS	10 NIDĀNAS
SŪTRA 7 (p. 118–119) —"— 8 (p. 121) *sparśa-vedāna* comme suite conjointe de, respectivement: a) *duḥkha-sukha* b) *duḥkha*	SŪTRA 1 (p. 84) —"— 3 (p. 92) —"— 4 (p. 92) *tṛṣṇā* *upādāna* *bhava* *jāti* *jarāmaraṇa*	SŪTRA 12 (p. 140–143) *avidya* *tṛṣṇā* ⟨*sa*⟩-*vijñāna*-⟨*kaḥkayo*⟩ ⟨*bahirdhā ca*⟩ *nāmarūpam** *sparśa* *(ṣaḍāyatana)* nommément désignés *paraṃmaraṇāt kāyopago bhavati* ‖	SŪTRA 10 (p. 128–133) *upadhi* ⟨*nidānam*⟩ *tṛṣṇā* *vedanā* *sparśa* *ṣaḍāyatana* *nāmarūpa* *vijñāna* *saṃskāra*	SŪTRA 6 (p. 108) *jarāmaraṇa* *jāti* *bhava* *upādāna* *tṛṣṇā* *vedanā* *sparśa* *ṣaḍāyatana* *nāmarūpa*	SŪTRA 2 (p. 88) *vijñāna* *nāmarūpa* *ṣaḍāyatana* *sparśa* *vedanā* *tṛṣṇā* *upādāna* *bhava* *jāti* *jarāmarana*
SŪTRA 24 (p. 200–201) *āhāra* comme origine de tout mal = parallèle du *Sutta* 31 du *Nidāna-Saṃyutta* figurant au tableau précédent		* Le Pāli du Sutta 19 du *Nidāna-Saṃyutta* figurant dans le tableau précédent offre un libellé très analoque: *iti ayaṃ ceva kāyo bahiddhā ca nāmarūpaṃ*			

En examinant les deux tableaux ci-dessus, on est frappé par le nombre relativement élevé de Sūtras où l'*avijjā* manque dans les chaines causales. Cela paraît bien être un indice, que dans l'histoire du développement du Pratītyasamutpāda, celui-ci aura très probablement passé par un stade, qui ne comportait pas encore ce Nidāna de l'*avidyā/avijjā* comme cause principale et origine de tous les maux d'ici bas. Sa présence, avec une pareille connotation, dans la chaine causale stéréotype à douze Nidānas dénoterait un remaniement plus récent à tendances rationalisantes et intellectualisantes.

En effet l'utilisation du terme *avidyā/avijjā*, dans son sens précis bouddhiste défini dans le CR.P.D.[14] comme concernant exclusivement l'ignorance des Āryasatyāni, est relativement rare dans la littérature des Gāthās. Nous ne pouvons guère citer que:

SN. 729 – 730, où *avijjā* est manifestement considéré comme la raison même du *jāti-maraṇasaṃsara.*

SN. 1026: «chez celui qui reconnaît (*jānāhi*) l'*avijjā* comme l'origine suprême: *muddhā* ⟨skr. *mūrdhan*⟩.»

SN. 277: ... *avijjāya purakkhato* ‖ *saṃkilesaṃ na jānāti maggaṃ nirayagāminaṃ* ‖ ‖ «d'*avijjā* rempli, l'ensemble des impuretés – il l'ignore — est le chemin conduisant à l'Enfer.»

DH. 243 *Tato malā malataram avijjā paramaṃ malam* ‖

PTN.DH. 159 *Tato malataraṃ brūmi avijjā maraṇaṃ malaṃ* ‖[15]«Il est une souillure suprême, je l'affirme, l'*avijjā*, la souillure qui fait mourir».

Par contre en UV XX, 2c, le seul pāda de tout l'UDANAVARGA où figure le terme d'*avidyā*, celui-ci est seulement classé avec *krodha* et *rāga* parmi les mauvaises qualités dont on doit se débarrasser. De même dans le G.DH. 26 a – b et en S. I, $13/_{18}$ + $15/_{22}$ + $165/_{22}$ + $235/_{20}$ l'*avijjā* accompagné de *rako/rago* et *doso* forme un triplet dont il faudrait se défaire. Enfin en SN. 195 il ne s'agit que de l'ignorance du sot.

Nous référant maintenant à l'exposé de HAJIME NAKAMURA[16] sur le *pratītyasamutpāda* à son état naissant, tel qu'il pense le découvrir dans le KALAHAVIVĀDA-S. de l' AṬṬHAKAVAGGA du SUTTA-NIPĀTA ⟨SN. 862 – 887⟩, nous attirerons l'attention sur le fait que le concept même du l'*avijjā* ne figure ni expressément, ni implicitement parmi les termes qu'il y isole en tant que parallèles (possibles?) à certains des Nidānas du Pratītyasamutpāda[17], et dont nous nous

---

[14] CR.P.D. 468, col. 1.

[15] SCHMITHAUSEN ⟨dans une lettre personnelle⟩ tendrait à voir dans *maraṇaṃ* plutôt une faute de lecture de l'editeur.

[16] NAKAMURA ⟨1980⟩ dans le «Festschrift for Walpola Ranula», p. 165 – 172.

[17] Il pourrait aussi être intéressant de noter que la formule théorique de la relation des Nidānas entre eux n'apparaît isolée (*in abstracto* pour ainsi dire) qu'on M. II, $32/_{6-7}$: *imasmiṃ sati idaṃ hoti* ‖ *imass' uppādā idaṃ upapajjati* ‖ *imasmiṃ asati idaṃ na hoti* ‖ *imassa nirodhā imaṃ nirujjhati* ‖‖ Le parallèle du MVU II, $285/_{7-8}$: *yadidaṃ imasya sato idaṃ bhavati imasya asato idaṃ na bhavati* ‖ *imasyotpādādidam utpadyate* ‖ *imasya nirodhādidaṃ nirudhyati iti pi* ‖ est, lui, suivi immédiatement du *pratītyasamutpāda* stéréotype à douze Nidānas. — D'après NAKAMURA (op. cit.) ces deux formules correspon-

permettrons d'enrichir la liste d'encore un terme initial et d'un terme final supplémentaires.

1	*paridevasokā*	: «lamentation et chagrin»	qui soi-disant correspondrait à	*jarāmaraṇa*
2	*piyā*	: «l'amour (ou l'attachement)»	—"—	*upādāna*
3	*chandānidanāni*	: «les désirs»	—"—	*taṇhā*
4	*sātaṃ asātan*	: «le plaisant et déplaisant»	—"—	*vedanā*
5	*phassanidānaṃ*	: «le contact»	—"—	*phassa*
6	*nāmañ ca rūpañca*	: «le nom et forme»	—"—	*nāmarūpa*
7	*saññasaññī visaññasaññī*	: «les perceptions conscientes et inconscientes»	—"—	*viññāṇa*

On pourrait à la rigueur chercher des analogies entre cette liste de termes extraits du SUTTA-NIPĀTA et certaines énumérations mineures de Nidāna de notre tableau extrait du NIDĀNA-SAṂYUTTA. De prime abord les similitudes ne nous semblent pas évidentes.

On doit aussi tenir compte du fait, que dans certaines traditions le *pratītyasamutpāda* aura fini par prendre, ou quasi prendre, la place principale dans la description de la Saṃbodhi. Ce fait même, vu la popularité dont ont joui les textes, où ce rôle lui est réservé, implique l'éxistence, à l'époque de leurs rédactions, d'une plausibilité sémantique de cette utilisation du concept.

Dans le MVU II, $285/_{7-18}$ le Pratītyasamutpāda suit immédiatement les Duḥkhāryasatyāni, alors que dans le LALITA VISTARA ⟨p. $344/_{1}-348/_{15}$⟩ il les précède, et dans la BUDDHACARITA d'AŚVAGHOSA ⟨XIV, v. 49 – 85⟩[18] il les remplace.

Pour les diverses variations, que présentent nos textes, à propos du moment précis de la découverte du *pratītyasamutpāda* par le Fondateur, nous renvoyons à l'étude de Mgr. LAMOTTE,[19] car elles n'intéressent pas directement notre sujet. Cependant nous attirerons, tout particulièrement, l'attention sur un texte de l'UDĀNA ⟨UD. I – II, p. 1 – 2, ≡ VIN. I, p. 1 – 2⟩ d'après lequel ce serait après l'Eveil: *paṭhamābhisambuddha* et après sept jours de méditation au bord de la Nerañjarā, au pied de l'arbre de la Bodhi, que notre «déjà-Buddha» consacra toute une nuit de réflexions au Pratītyasamutpāda. Durant la première veillée il le parcourera en ordre directe, durant la deuxième en ordre inverse, et durant la troisième dans tous les deux ordres successivement.

Quoiqu'il en soit il est indéniable qu'une relation originelle a dû exister entre le Pratītyasamutpāda et les «quatre nobles vérités».

Conformément au texte de l'UDĀNA, cité ci-dessus, il paraîtrait assez logique — mais que vaut la logique en pareilles matières? — et tout au moins pensable, que

---

draient au: *kismiṃ asante na bhavanti h'ete* du SN. 869. Cf. encore TRIPĀṬHĪ ⟨1962⟩ p. 175: SŪTRA 20.14: *yad utāsmin satīdaṃ bhavaty asyotpādād idam utpadyate pūrvavad yāvat samudayo nirodhaś ca bhavati* ||

18 Traduction JOHNSTON ⟨1936⟩ p. 208 – 213 de la version thibétaine, la seule qui nous reste pour cette partie.

19 LAMOTTE ⟨1977⟩ p. 282 – 285.

la découverte, l'élaboration d'une espèce du chaine causale, d'un Pratītyasamutpāda primitif, ne comportant qu'un nombre restreint d'éléments essentiels, ait fort bien pu être le fruit de réflexions subséquentes du Buddha lui-même au sujet de son expérience de la Saṃbodhi. Selon le texte cité ci-dessus[20], ces réflexions se situeraient dans un temps qui aura suivi de très près l'illumination même et durant laquelle le Buddha aurait prolongé son séjour au bord de la Nerañjarā.

Qu'on en attribue l'invention au Fondateur lui-même, ou pas, un Pratītyasamutpāda primitif, une chaine causale embryonnaire et explicative de la souffrance, a dû appartenir à la strate la plus ancienne de la légende; mais — et il est d'importance de se le bien noter — à ce stade, et comme on en peut conclure, entre autres, de la rédaction de trois, au moins, des Vinayas[21] conservés, pareille invention n'aura jamais pu appartenir à ce que nous avons dénommé le «Seuil» de l'Eveil, et encore moins au contenu de celui-ci. Elle ne peut qu'être née de *«ratiocinations a posteriori»*, déjà fort anciennes et ayant suivi de plus ou moins près l'événement lui-même.

A ce propos justement, nous croyons devoir attirer l'attention sur un article de FRANZ BERNHARD ⟨1969⟩ qui, vu la date de sa parution, n'a pas eu l'écho qu'il aurait dû avoir.[22] Frappé par un passage de FRAUWALLNER ⟨1953⟩ p. 209–212, qui voyait dans le Pratītyasamutpāda de douze *nidānas* l'amalgame de deux chaines causales originellement différentes: l'une se développant à partir du concept de *tṛṣṇā* (8–12) et l'autre à partir de celui d'*avidyā* (1–7), BERNHARD a repris la question d'un point de vue nouveau et philologiquement fondé.

Utilisant le commentaire qu'est l'UDĀNAVARGAVIVARAṆA de PRAJÑĀVARMAN (conservé seulement en tibetain) à propos de UDĀNAVARGA, XXIX, 24, ainsi que la citation y incluse d'un commentaire de KĀTYĀYANAPUTRA, il démontre:

1. que le commentaire de l'UDĀNAVARGAVIVARAṆA distingue et «parallélise» explicitement les deux chaines causales précitées;
2. qu'on peut conclure du texte même de l'UDĀNAVARGAVIVARAṆA que l'interprétation de KĀTYĀYANAPUTRA, basée sur la deuxième partie seulement de la chaine causale à douze Nidānas, est la plus ancienne, de par le fait même que celle-ci y figure à titre de citation;
3. que le commentaire de KĀTYĀYANAPUTRA présente cette chaîne causale limiteé sous une forme particulièrement primitive ou archaïque;
4. que justement cette forme primitive du conditionnement de la «re-naissance» en manifeste clairement les connexions et la dépendance à l'égard de la doctrine des quatre Nobles Vérités.

Ceci dit, nous noterons que cette même chaîne courte, limitée aux cinq Nidānas (nos. 8–12) et débutant avec *tṛṣṇā/taṇhā*, se trouve textuellement et isolément: sans aucune référence aux autres Nidānas (nos. 1–7) en:

---

20 UD. I–II, p. 1–2, ≡ VIN. I, 1–2.

21 Vin. I, 1–2 (THERAVĀDIN); VINAYA MAHĪŚĀSAKA T. 1421, 102 c/$_{10}$–103a/$_{7}$; SBHVU. I, 127–128/$_{22}$ = CPS. §7, p. 100–109. Lire sur le sujet les remarques judicieuses de BAREAU ⟨1963⟩ p. 95–97.

22 Cf. VETTER ⟨1988⟩ p. 45–53. À notre connaissance, celui-ci est le seul auteur: idem p. 46, n. 1, à accepter et ensuite à utiliser l'analyse de BERNHARD pour son brillant traitement de la question dans son chapitre X.

a) dans sept *suttas* (nos. 52 – 57 + no. 60) du SAṀYUTTA NIKĀYA [S. II, 84 – 90 + 92 – 93]
b) dans trois *sūtras* (nos. 1 + 3 + 4) du NIDĀNA SAṂYUKTA [ed. TRIPĀṬHI, p. 84 + 92].

Avec le temps, la prédication et l'enseignement, à force de gloser les *duḥkhāryasatyāni* avec les Nidānas du *pratītyasamutpāda* et vice-versa, les auront rendu pratiquement interchangeables et ces deux notations finiront, pour tous les bouddhistes, par avoir plus ou moins le même contenu sémantique.

Le souvenir et l'importance de l'ordre temporel de leur succession dans le récit des expériences du Fondateur, telles que celles-ci auront figuré dans les strates les plus anciennes de la légende se seront allés s'amenuisant et s'effaçant de plus en plus.

Dès lors, combinaisons, enchainements et interprétations varieront selon les sectes et selon l'objectif «intentionnel» de la composition de chaque Sūtra, destiné soit à la prédication, soit à l'enseignement des disciples.

Pour finir, on en arrivera jusqu'à pouvoir faire d'un *pratītyasamutpāda*, parachevé aux douze Nidānas classiques, le contenu même de l'Illumination du Maître, et ce malgré son artificialité manifeste.

Maintenant, pour en revenir en particulier aux Āryasatyāni, on constate chez les érudits contemporains une tendance à considérer que ces quatre *duḥkhāryasatyāni* font difficulté dans le contexte même de l'Eveil et qu'ils pourraient y représenter un élément non originel et même relativement tardif.[23]

L'argumentation la plus fouillée et la dernière en date serait celle de BRONKHORST. Néanmoins nous devons avouer qu'elle nous aura laissé sceptiques. En effet, même si l'on insiste sur le côté rationnel et stéréotype du traitement de la douleur dans les libellés et explications des Āryasatyāni, tels qu'ils figurent dans les contextes de l'Eveil, leur signification intrinsèque nous semble y être d'un tout autre ordre que la connaissance préalable, et pour ainsi dire banale, d'une expérience concrète de la souffrance humaine, impliquée dans toute décision d'un disciple de s'engager dans le chemin destiné à le libérer de cette même souffrance, ou dans le fait même pour Śākyamuni de s'être mis à la recherche d'un tel chemin.

D'autre part, et ce d'une manière générale dans l'ensemble de la tradition bouddhiste, l'association des Āryasatyāni à l'événement de la Saṃbodhi du Maître est tellement bien attestée, qu'il semblerait quasi paradoxal (au sens étymologique du mot) de vouloir essayer de la minimiser ou de la mettre en doute. Cependant pareille constatation ne réduit en rien nos difficultés à comprendre et expliciter la relation originelle de ces concepts avec la Saṃbodhi.

Evidemment, historiquement, on ne peut méconnaître la nécessité d'une annonce au moins, ou peut-être de plusieurs annonces, de l'Eveil par le Maître luimême. Cette annonce elle-même et ensuite, par le truchement de sa prédication, ses propres analyses de son expérience, comme ses propres énonciations de celles-ci, auront laissé leur empreinte sur l'ensemble de la transmission subséquente du message chez les disciples.

---

[23] Cf. BAREAU ⟨1963⟩ p. $83/_{13} - 88/_{25}$; $180/_{32} - 181/_{18}$; SCHMITHAUSEN ⟨1981⟩ p. 203 – 207; 209 – 211 et particulièrement $210/_{3-4}$; BRONKHORST ⟨1986⟩ p. 98 – 102.

Et même si l'on attribuait ces analyses et ratiocinations à de pieux diascévastis, ceux-ci auront forcément dû utiliser les *logia* du Maître, alors en cours, afin d'exercer sur eux leurs facultés rationalisantes. Au fond, cela revient au même: car la seule réalité dont nous puissions nous occuper sont les libellés mêmes, tels que nous les ont conservé nos textes.

Et, au stade encore purement oral de la transmission du message par les premiers disciples, les énoncés, afin d'en faciliter la mémorisation, se seront fatalement cristallisés en des libellés stéréotypes, qui, tels que nous les connaissons, auront servi tout à la fois:

a) à exposer un enseignement premier et doctrinal de la conception bouddhiste de la souffrance et du chemin permettant de s'en libérer: les *āryasatyāni*;
b) à exprimer une prise de conscience par le «délivré» d'une réalité et d'une compréhension, toute nouvelle, de la douleur. Cette expérience étant, nécessairement et «par essence», liée à l'obtention de l'état d'*Arahant.* Ici alors, ces libellés stéréotypes feront quasi figure de formules liturgiques.

Avant d'aller plus avant, il nous faut noter que dans certaines des premières classifications et systématisations de concepts fondamentaux, telles qu'elles figurent dans nos Nikāyas, les quatre *āryasatyāni* manquent. Déjà Mrs. C. Rhys-Davids[24] avait fait remarquer leur étrange omission dans la section «des Quatre» de l'Aṅguttara, et ce également parmi les catégories de «quatre» du Saṅgīti-S.[25] ⟨D. III, 221 – 223⟩. Elle constate aussi leur curieuse absence (op. cit., p. 138) parmi les classes quadripartites des *bodhipakkhiya* ⟨D. II, 120/$_{3-4}$⟩.

Pareillement dans les textes sanskrits concernant les *bodhipakṣika* [Lamotte ⟨1970⟩ III, p. 1121 – 1124] les quatre *āryasatyāni* brillent par leur absence.

Devrait-on en conclure, pour la quaternité des *āryasatyāni*, à une «invention» postérieure à la rédaction de ces textes? — Nous ne le croyons pas, et ce d'autant plus que l'expression *āryasatyāni catvāri* est déjà attestée par des Gāthās parallèles de traditions diverses:

Dhp. 190 *yo ca buddhaṃ ca dhammaṃ ca saṅghaṃ ca saraṇaṃ gato* ‖
cattāri ariyasaccāni sammappañāya passati ‖ ‖

Ptn.Dhp. 218 *yo tu buddhañ ca dhammañ ca saṃghaṃ ca śaraṇaṃ gato* ‖
catvāri ca ayira-saccāni yathā-bhūtāni paśśati ‖ ‖

Uv. XXVII, 33 *yas tu buddhaṃ ca dharmaṃ ca saṃghaṃ ca śaraṇaṃ gataḥ* ‖
catvāri cāryasatyāni prajñayā paśyate yadā ‖ ‖

Cf. encore: Uv. XII, 1 a – b: *āryasatyāni catvāri prajñayā paśyate yadā* ‖

---

24 C. Rhys-Davids ⟨1938⟩ p. 131 sq. Cf. aussi son article plus ancien ⟨1935⟩ dans «R. A. S.» dont l'importance avait été déjà relevée par Winternitz dans «Viśva-Bhārati-Quaterly», New Series II, p. 67.

25 Pareillement Mrs. Rhys-Davids (op. cit.) fait observer l'absence des «Huit Embranchements du Chemin» dans la section «des Huit» de l'Aṅguttara et du Saṅgīti-S. Pour ce dernier ces «huit» y apparaissent non pas comme formant le *mārga*, mais en tant que «huit» «fitnesses of rightness» *aṭṭha sammatā* ⟨D. III, 255/$_1$⟩.

THA 1258: *sudesitā cakkhumatā buddhenādiccabandhunā* ||
cattāri ariysaccāni anukampāya pāṇinaṃ || || (c – d = THA 492 a – b)

Le témoignage de ces Gāthās nous semble suffisant pour attester l'ancienneté de la notion d'une quaternité d'Āryasatyāni. Mais il y aurait lieu de noter que dans les versets, qui suivent immédiatement ceux du DHAMMAPADA PĀLI et de l'UDĀNAVARGA que nous venons de citer, les termes, y qualifiant trois des Āryasatyāni, diffèrent de ceux des énumérations stéréotypes classiques:

DHP 191 = THA 1259: *dukkhaṃ dukkhasamuppādaṃ dukkhassa ca atikkamaṃ* ||
ariyaṃ c'aṭṭhaṅgikaṃ maggaṃ dukkūpasamagāminaṃ || ||

Uv. XXVII, 34: *duḥkhaṃ duḥkhasamutpādaṃ duḥkhasya samatikramam* ||
āryaṃ cāṣṭāṅgikaṃ mārgaṃ duḥkhopaśamagāminam || ||
c'est à dire:
samutpāda/samuppāda (naissance, apparition) au lieu de *samudaya* (origine)
samatikrama/atikamma (transgression, dépassement) au lieu de *nirodha* (destruction)
upaśama°/upasama-gāmina (le chemin de l'apaisement) au lieu de *nirodhagāmina.*

Ces termes semblent dénoter un libellé différent[26], mais au moins aussi ancien que le libellé classique stéréotype, des *duḥkhāryasatāni.*

La trace d'un autre libellé encore se trouverait également en SN. 726 ≡ IT. 106/$_{11-16}$.

ye ca dukkhaṃ pajānanti atho dukkhassa sambhavaṃ ||
yattha ca sabbaso dukkhaṃ asesaṃ uparujjhati || ||
tañ ca maggaṃ pajānanti dukkhūpasamagāminaṃ ||

cetovimuttisampannā atho paññāvimuttiyā ||
bhabbā te antakiriyāya, na te jātijarūpagā || ||

Un point à noter tout particulièrement est que dans les Gāthās, cités ci-dessus, le terme même d'*ariyasacca* ou d'*āryasatya* ne figure pas dans les libellés, comme se référant à chacune des quatre vérités.[27]

Cela tendrait, semble-t-il, à confirmer l'hypothèse de NORMAN que le libellé originel des quatre considérations sur la douleur ne comportait pas le terme qualifiant *āryasatya/ariyasacca.* Cette hypothèse de NORMAN paraît d'autant plus plausible, qu'elle lui aura permis de résoudre, d'une manière fort élégante et convaincante, certaines difficultés et contradictions grammaticales du libellé stéréotype traditionnel.[28]

Quant à nous, nous penserions volontiers que le terme d'*āryasatya/ariyasacca* aura apparu, tout d'abord, en tant que désignation globale de l'ensemble des

---

26 Cf. FEER ⟨1870⟩ 418 – 419.

27 Cependant, aussi bien dans l'UDĀNAVARGA que dans le DHAMMAPADA, chacun des versets, précédant immédiatement ceux que nous citons ici, mentionne les: *catvāri cāryasatyāni prajñayā paśyate yadā* |||| *cattāri ariyasaccāni sammappaññāya passati* |||| en bloc.

28 NORMAN ⟨1982⟩ p. 385 sq.

considérations sur la douleur et ce, quelqu'aient été la terminolgie et le nombre de ces considérations à l'origine. Ce ne serait qu'à un stade ultérieur, quoique relativement déjà assez ancien, que les *catvāri āryasatyāni* se seront différentiés, se seront fixés dans leurs formes stéréotypes et se seront imposés à toute la tradition. Si l'on accepte cette conjecture, cela pourrait peut-être expliquer le pourquoi de l'omission des quatre *āryasātyāni* dans les classifications des Nikāyas, déjà relevée ci-dessus (p. 112).

Nous attirerons maintenant tout particulièrement l'attention sur le libellé du LALITA VISTARA, p. $348/_{19}$ où nous avons comme seule considération à propos de *duḥkha*:

... *idaṃ duḥkham iti* ‖ *yathābhūtam ajñāsiṣaṃ* ‖‖

suivi immédiatement par les seules deuxième, troisième et quatrième constatations sur les *āśrava*:

ayam āśravasamudayo 'yam āśravanirodha iyam āśravanirodhagāminī pratipad iti ‖ *yathābhūtam ajñāsiṣaṃ* ‖‖

Bien que dans l'ensemble de sa rédaction le LALITA VISTARA, tel qu'il nous est parvenu, a très certainement subi maints remaniements et adjonctions, il est d'autre part certain qu'il nous a parfois, ci et là, conservé aussi des passages fort anciens de la tradition primitive.

Justement, la sobriété, quasi laconique, du passage cité ci-dessus, n'est pas une caractéristique habituelle de cet ouvrage dans son ensemble.

En effet ce court passage combine en une seule quaternité et dans une double prise de conscience, qualifiées toutes les deux respectivement et tout à la fois de *yathābhūta*: a) d'une part la constatation de la prise de conscience de la douleur en soi (sans distinctions ou divisions particulières) et b) trois des prises de conscience ayant trait aux Āsravas: celles de l'origine des impuretés (comme cause implicite de cette douleur), de leur destruction (possible) et enfin d'un chemin à parcourir pour obtenir ce résultat.

Ici la corrélation, entre l'*āryasatya* de *duḥkha* et *l'āsravakṣaya* à réaliser, paraît particulièrement étroite et se concrétiser dans cette seule quaternité.

Aurions-nous là le reliquat d'une formulation ancienne originale et en elle-même suffisante? — C'est bien possible.

Quoiqu'il en soit, à nos yeux, la clef de la question du rôle des *āryasatyāni* dans l'expérience de l'Eveil est à trouver dans ce que FEER nomme: «l'évolution duodécimale des vérités». Nous ajouterons qu'en accord avec toute la tradition, cette «évolution» aura dû s'être accomplie entièrement durant, et seulement durant, la veillée même de la Saṃbodhi et l'avoir évidemment précédé.

Cela aura donc été, de par sa nature même, un «processus» à réaliser.

Dans les DHARMA-CAKRA-PRAVARTANA-SŪTRAS, il est on ne peut plus explicitement affirmé, que l'ensemble du processus doit avoir été complété, en ses douzes modalités, avant que le sujet (le Buddha lui-même) puisse atteindre à la Saṃbodhi.

Le résultat, comme l'analyse si clairement BRONKHORST[29], aura été

[29] BRONKHORST (1986) p. $100/_{34}$ – 101.

a) d'avoir compris à fond *parijñāta/pariññāta* la souffrance,
b) d'avoir abandonné absolument *prahīna/pahīna*[30] la cause de la souffrance,
c) d'avoir «vu avec ses propres yeux» *sākṣātkṛta/sacchikata*[31] la fin de la souffrance,
d) d'avoir réalisé *bhāvita* (Skr. et P.) le chemin, l'avoir accompli jusqu'au bout et s'être assuré que chacune de ses conditions aura été poussée jusqu'à son ultime réalité. ⟨S.BH.VU I, $135/_{19}-136/_{13}$ + S. V. $422/_{3}-423/_{11}$⟩

Manifestement l'agencement détaillé stéréotype du processus, tel qu'il figure dans toutes les versions, ne peut avoir appartenu, tel quel, à la strate la plus ancienne de la légende. Comme FEER l'a déjà fait remarquer,[32] pareille agencement semble inutilement compliqué et, en partie au moins, superfétatoire.

Et comme SCHMITHAUSEN le note[33]: «... *it is not likely (that) this rather sophisticated and schematic account is the original one.*»

FEER ⟨1870, p. 424⟩ en a fort clairement fait ressortir la structure, dans une espèce de quadrillage numéroté, que nous reproduisons ici:

	1	2	3	4
I	*duḥkha*	*samudaya*	*nirodha*	*pratipadā*
II	*parijñeya*	*prahātavya*	*sākṣātkartavya*	*bhāvayitavya*
III	*parijñāta*	*prahīna*	*sākṣātkṛta*	*bhāvita*

Si l'on en énumère les termes en suivant les colonnes verticales, on se conforme à l'ordre du «DH.C.PR.» pāli, si on les énumère suivant les lignes horizontales on se conforme à celui du [S.BH.VU], du MAHĀVASTU et du LALITA VISTARA.

Alors qu'évidemment pareille systématisation ne puisse être d'origine, il en va tout autrement, à nos yeux, en ce qui concerne le processus lui-même que celle-ci voulait décrire.

Tout d'abord, voici les libellés eux-mêmes en parallèles synoptiques, un arrangement inspiré de celui de WALDSCHMIDT ⟨1957⟩ dans son édition du CPS. (p. 144 – 151):

---

30 De *pra*-$\sqrt{}$*hā*: être allé jusqu'à l'extrême [préf. *pra*°] de l'abandon ...

31 De *sa-akṣa*-$\sqrt{}$*kṛ* *(karoti)*, où *akṣa* dérive de *akṣi* ayant le sens, dans les composés surtout, de: «perception sensible en général». Ici le composé semble devoir signifier simplement: «la perception-prise de conscience» de la douleur, qui n'est pas «en-soi» un phénomène de vision de l'oeil. Cette idée paraît utilisée ici comme «représentant par excellence» de la sensibilité en géneral.

32 FEER ⟨1870⟩ p. 431.

33 SCHMITHAUSEN ⟨1981⟩ p. $203/_{1-21}$ + notes: 14a + b. Cf. dans le même sens BAREAU ⟨1963⟩ p. 180.

Vin. I, 11	SBhVu. I, 135/19sq	MVu. III, 333 + 332	LV. 418
taṃ kho pan'idaṃ dukkhaṃ ariya-saccaṃ *pariññātan ti me bhikkhave* *pubbe ananussutesu dhammesu* *cakkhuṃ udapādi, ñāṇaṃ udapādi* *paññā udapādi vijjā udapādi* *āloko udapādi* ‖	*tat khalu duḥkham āryasatyam* *abhijñayā parijñātaṃ mayeti bhikṣa-vaḥ* *pūrvam ananuśruteṣu dharmeṣu* *yoniśo manasi kurvataś* *cakṣur udapādi* *jñānaṃ vidyā buddhir udapādi* ‖	*taṃ khalu punar imaṃ duḥkham āryasatyam* *[parijñatam] iti me bhikṣavaḥ* *pūrve ananuśrutehi dharmehi* *yoniśo manasikārā* *jñānam udapāsi cakṣur udapāsi* *vidyā udapāsi buddhi udapāsi* *bhūrir udapāsi, prajñā udapāsi* *ālokaṃ prādur abhūṣi* ‖ ⟨III, 333/3–7⟩	*tat khalvidam duḥkham* *parijñātam iti me bhikṣavaḥ* *pūrvam aśruteṣu dharmeṣu* *yoniśo manasikārād bahulikārāj* *jñānam utpannam cakṣur utpannam* *vidyotpannā bhūrir utpannā* *medhotpannā prajnotpannā* *ālokaḥ prādurbhūtaḥ* ‖*
taṃ kho pan'idaṃ dukkhasamu-dayaṃ ariyasaccaṃ *pahīnan ti me bhikkhave* *pubbe ananussutesu dhammesu* (et ainsi de suite jusqu'à:) *āloko udapādi* ‖	*tat khalu duḥkhasamudayam āryasa-tyam* *abhijñayā prahīṇaṃ mayeti bhikṣa-vaḥ* *pūrvam ananuśruteṣu dharmeṣu* (et ainsi de suite jusqu'à:) *jñānaṃ vidyā buddhir udapādi* ‖	*ayaṃ duḥkhasamudayo* ⟨III, 332/15⟩ *[prahīṇa* (?) manque ainsi que le reste dans le Mahāvastu]	*sa khalvayaṃ duḥkhasamudayaḥ* *prahīṇa iti me bhikṣavaḥ* *pūrvam aśruteṣu dharmeṣu* (et ainsi de suite jusqu'à:) *ālokaḥ prādurbhūtaḥ* ‖
taṃ kho pan'idaṃ dukkhanirodhaṃ *aryasaccaṃ sacchikatan ti me bhik-khave* *pubbe ananussutesu dhammesu* (et ainsi de suite jusqu'à:) *āloko udapādi* ‖	*tat khalu duḥkhanirodham āryasa-tyam* *abhijñayā sākṣātkṛtaṃ mayeti bhik-ṣavaḥ* *pūrvam ananuśruteṣu dharmeṣu* (et ainsi de suite jusque'à:) *jñānaṃ vidyā buddhir udapādi* ‖	*atha khalu punar ayaṃ duḥkhaniro-dho* *āryasatyo sākṣīkṛto bhikṣavaḥ* *pūrve ananuśrutehi dharmehi* (et ainsi de suite jusqu'à:) *yāvad āloko prādur abhūsi* ‖ ⟨III, 333/7–9⟩	*sa khalvayaṃ duḥkhanirodaḥ* *sākṣatkṛta iti me bhikṣavaḥ* *pūrvam aśruteṣu dharmeṣu* (et ainsi de suite jusqu'à:) *ālokaḥ prādurbhūtaḥ* ‖
taṃ kho pan'idaṃ dukkhanirodhagā-minī *paṭipadā ariyasaccaṃ* *bhāvitan ti me bhikkhave* *pubbe ananussutesu dhammesu* (et ainsi de suite jusqu'à:) *āloko udapādi* ‖	*tat khalu duḥkhanirodhagāminī* *pratipad āryasatyam abhijñayā* *bhāvitaṃ mayeti bhikṣavaḥ* *pūrvam ananuśruteṣu dharmeṣu* (et ainsi de suite jusqu'à:) *jñānaṃ vidyā buddhir udapādi* ‖	*sā khalu punar iyaṃ duḥkhaniro-dhagāminī* *pratipad āryasatyā* *bhāvitā me bhikṣavaḥ* *pūrve ananuśrutehi dharmehi* (et ainsi de suite jusqu'à:) *ālokaṃ prādur abhūṣi* ‖ ⟨III, 333/9–11⟩	*sā khalviyaṃ duḥkhanirodhagāminī* *pratipad* *bhāviteti me bhikṣavaḥ* *pūrvam aśruteṣu dharmeṣu* *ālokaḥ prādurbhūtaḥ* ‖

* A noter que la terme d'*āryasatya* ne figure pas dans la version du Lalita Vistara.

Traduction:

Ceci est la douleur, ô vérité sublime, parfaitement comprise. Ainsi à son sujet surgit en moi, ô Moines, à l'endroit de choses jamais entendues précédemment, la vision, la compréhension intuitive[34], le savoir et la certitude.

Ceci est l'origine de la douleur, sublime vérité; celle-ci une fois éliminée, alors surgit en moi, ô Moines, à l'endroit de choses jamais entendues précédemment, la vision, la compréhension intuitive, le savoir et la certitude.

Ceci est la cessation de la douleur, sublime vérité; une fois clairement réalisée, alors surgit en moi, ô Moines, à l'endroit de choses jamais entendues précédemment, la vision, la compréhension intuitive, le savoir et la certitude.

Ceci est le chemin menant à la cessation de la douleur, sublime vérité; après l'avoir ⟨totalement⟩ vécu, surgit en moi, ô Moines, à l'endroit de choses jamais entendue précédemment, la vision, la compréhension intuitive, le savoir et la certitude.

Note

Le S.BH.VU.a *abhijñayā parijñātam* = compris parfaitement à la suite de (ou de par) la «connaissance suprême»

Le S.BH.VU. (+ le CPS.) le MAHĀVASTU et le LALITA VISTARA intercalent tous les trois un:

yoniśo manasi kurvataś ou *manasikārā* = établi dans la concentration la plus profonde, ⟨Le LALITA VISTARA ajoute le qualificatif de *bahulikārāj* = avec un grand zèle⟩ avant d'en venir à l'enumération de ce qui se fait jour dans la personne même.

Les énumerations sont les suivantes:

pour le VINAYA PALI: vision (*cakkhum*), compréhension-intuitive (*ñānam*), savoir (*paññā*), discernement (*vijjā*) et certitude (*āloka*).

pour le SAṄGHA-BHEDA-VASTU: vision (*cakṣur*), compréhension-intuitive (*jñānam*), discernement (*vidyā*) et sagesse (*buddhir*).

pour le MAHĀVASTU: compréhension-intuitive (*jñānam*), vision (*cakṣus*), discernement (*vidyā*), sagesse (*buddhi*), intelligence (*bhūri*), savoir (*prajñā*) et la certitude qui en existe (*ālokaṃ prādur abhūṣi*)

pour le LALITA VISTARA: compréhension-intuitive (*jñānam*), vision (*cakṣur*), discernement (*vidyā*), intelligence (*bhūrir*), sagesse (*medhā*), savoir (*prajñā*) et la certitude manifestement existante (*ālokaḥ prādur bhūtaḥ*).

---

[34] En anglais «insight», en allemand «Einsicht».

On aura beau torturer la grammaire de ces quatre versions dans tous les sens possibles, à notre avis, il restera toujours contraire: et à leur signification, et à leur syntaxe, de vouloir y trouver des indices, qui prouveraient que leurs rédacteurs y auraient considéré les Āryasatyāni comme formant le contenu propre et essentiel de l'Eveil.

Le:

... *imesu catusu ariyasaccesu evaṃ tiparivaṭṭaṃ dvādasākāraṃ* [Vin. I, $11/_{24-25}$]
... *mama ... eṣu caturṣv āryasatyeṣv evam triparivartaṁ dvādaśākāraṃ* [S.BH.VU. I, $136/_{7-8}$]
... *imāni catvāry āryasatyāni evaṃ triparivartaṃ dvādaśākāraṃ* [MVu. III, $333/_{11-12}$]
... *me eṣu caturṣv āryasatyeṣu ... evaṃ triparivartaṃ dvādaśākāraṃ* [LV. $418/_{13-14}$]

se présente comme le déroulement d'un processus, qu'il fallait avoir parachevé pour que la Saṃbodhi puisse s'opérer et être constatée par son bénéficiaire.

Bronkhorst page 100 de son ouvrage, tant cité par nous au cours de cette étude, écrit que les deuxième et troisième modes des considérations sur les Āryasatyāni, seraient probablement une addition au texte original, addition qui en aurait changé la portée: *«... it can be seen that they change the picture of the Buddha at his moment of enlightenment considerably ... The ill-fitting 'Liberating Insight' has in this way become something quite different from just an insight.»*[35]

Mais pourquoi diable l'Eveil devrait-il être considéré n'avoir été, originellement, que: *«just an insight»*, simplement un connaître, rien qu'une «gnose»?[36]

Quant à nous, nous pensons que ces, deuxième et troisième, modes des considérations sur les Āryasatāni, et tels qu'ils figurent dans les passages stéréotypes de nos textes, auront voulu y exprimer et décrire, avec plus ou moins de bonheur, et plutôt moins que plus, une partie du processus, qui fut l'un des constituants essentiels du stade du «Seuil de l'Eveil».

Et, il nous semble parfaitement exclu, que les quatre Āryasatyāni, comme leurs douze modalités, aient jamais pu avoir été conçus comme devant constituer ou représenter le processus même de l'Illumination ou son soi-disant contenu.[37]

La «ill-fittidness» du «Liberating Insight», dont parle Bronkhorst, n'aura été que le produit d'interprétations érudites, déjà anciennes, qui auront voulu à tout prix identifier la *Saṃbodhi* à la découverte et à la connaissance exhaustive des quatre Vérités.

L'Eveil n'a jamais été «just an insight», une intelligence, une connaissance, une simple gnose, dont on pouvait expliciter, plus ou moins rationellement, le contenu. Mais très probablement, selon l'heureuse expression de De Jong[38], il fut «une expérience directe et individuelle d'une réalité ineffable.»

---

35 Bronkhorst ⟨1986⟩ p. $100/_{33-35}$; $101/_{3-4}$.
36 «Que ce ne soit qu'une gnose!» n'est évidemment pas l'opinion de Bronkhorst lui-même.
37 Cf. l'opinion convergente de Vetter ⟨1988⟩ p. $6/_{13-19}$.
38 De Jong ⟨1949⟩ Intr. p. $XII/_{10}$ et voir notre chapitre suivant.

D'ailleurs BRONKHORST lui-même ⟨op. cit., p. 95–96⟩ nous dit: *«The Buddhist texts leave scope for the possibility that originally the liberating insight was not described in any explicit form – they even support this to some extent ...»*.

Au stade actuel de l'enquête, qui constitue le sujet de ce chapitre, nous croyons pouvoir dire que les trois groupes conceptuels dont nous nous sommes occupés: l'*āsravakṣaya*, les *duḥkhāryasatyāni* et certains, tout au moins, des *nidāna* du *pratītyasamutpāda* auront tous appartenu, et ce originellement déjà, à la strate la plus ancienne que l'on puisse distinguer dans la légende.

Cependant, on ne peut manquer de constater également, que ces notions sont conceptuellement si fortement imbriquées entre elles, qu'elles paraissent se conditionner et s'impliquer les unes les autres, selon ce que FEER a très pertinemment nommé:[39] «l'habitude qu'ont les Bouddhistes de faire rentrer les idées les unes dans les autres».

Comment essayer de mettre un peu d'ordre et de clarté dans cet enchevêtrement?

En général, on a surtout cherché jusqu'ici à découvrir des priorités d'histoire doctrinale, privilégiant l'une ou l'autre des notions ci-dessus comme ayant dû être l'élément essentiel et déterminant de l'Eveil.

Si nous nous abstenons ici d'énumérer toutes les différentes combinaisons mises en avant par nos plus célèbres bouddhologues, ce n'est certes pas par manque de révérence pour leurs accomplissements dans ce domaine. Mais ce serait pratiquement quasi refaire toute l'histoire de la bouddhologie et cela, croyons-nous, ne contribuerait en rien à l'issue de cette étude.

Maintenant, avant d'en venir à la solution que nous pensons proposer pour l'ensemble de la question des composantes du Seuil immédiat de l'Eveil, nous voudrions nous référer encore une fois à BRONKHORST ⟨1986⟩. Celui-ci, p. 99, semble y considérer que la connaissance des Āryasatyāni serait mieux à sa place au début du «chemin» et paraît même envisager, un moment, que la destruction des *āsrava/āsava* pourrait (et sans références aux Āryasatyāni) être à elle seule décisive pour l'expérience de la *saṃbodhi*. Cependant, il ajoute aussitôt, ne pas trop savoir ce que celle-ci pourrait avoir bien pu être. Nous citons textuellement:[40]

> *«After reaching the fourth Dhyāna the next step consists in the 'destruction of the intoxicants' (āsava/āsrava). I have little doubt that this phrase 'destruction of the intoxicants' sounded almost as mysterious to the early listeners to the Budhha's words as it sounds to us, the reason being that it apparently refers to an inner-psychic process, the conditions for which are not fulfilled until [after]*[41] *the fourth Dhyāna has been reached. This means that the aspirant had to find his way to the most crucial and decisive steps of the process which he was undergoing while in a state of changed consciousness! One does not need to refer to psychiatric literature in order to know that many altered states of consciousness rather have the tendency to make a person lose his way. All this makes it plausible that the aspirant who had reached the fourth Dhyāna could do with, or rather could not do without an insight into his psychic state and its possibilities. This, I propose is* 'PRAJÑĀ'... *that* PRAJÑĀ *referred to some unspecified and unspecifiable kind of insight.»*

---

39 FEER ⟨1870⟩ p. 417.

40 BRONKHORST ⟨1986⟩ p. $102/_{31}-103/_{6}$ + p. $102/_{23-24}$.

41 Ce *after* ajouté par nous.

D'après cet exposé même, il ressort que l'*āsravakṣaya* ne peut-être identifié avec cette *prajñā* que BRONKHORST nous propose comme contenu, en soi, de l'Eveil.

Les remarques ci-dessus de BRONKHORST sont fort judicieuses. Malheureusement les textes, qu'il cite à l'appui de son choix du terme de *prajñā*, nous semblent ne pas pouvoir satisfaire le critère d'ancienneté désirable, vu qu'ils mettent, tous, cette *prajñā* en relation avec la pratique de stations méditatives de l'Ārūpya.

Cependant, à part le choix de ce terme, l'ensemble de l'exposé de BRONKHORST demeure parfaitement valable et convaincant. Nous proposerions donc seulement de remplacer *prajñā* par un concept apparenté de la terminologie bouddhiste ancienne: *ājña/añña*, qui par son sens essentiellement intransitif nous paraît mieux convenir pour désigner l'état psychique auquel BRONKHORST fait allusion. Ce terme se trouve fort bien attesté dans de nombreux sūtras, très certainement anciens, et également dans la littérature des Gāthas.[42] Ce même terme, d'ailleurs, est employé couramment comme désignation de l'obtention de l'état d'Arahant: *aññaṃ vyākaroti*.

Pour en revenir maintenant à nos trois notions d'*āsravakṣaya*, de *duḥkhāryasatyāni* et de *pratītyasamutpāda* et leurs relations respectives, nous voudrions tout d'abord disposer du rôle à assigner au *pratītyasamutpāda* dans le contexte de la Saṃbodhi.

Même dans ses formes embryonnaires et minimales, et malgrès leurs liens conceptuels avec les notions d'*āsrava* ou d'*āsravakṣaya*, comme avec celles des *āryasatyāni*, il nous semble absolument exclu qu'un *pratītyasamutpāda* ait jamais pu faire partie des constituants du «Seuil de l'Eveil», ou de l'Eveil lui-même.

A notre avis, il ne peut avoir été conçu et tirer son origine que de réflexions explicatives et rationalisantes «post Saṃbodhi», mais qui, très certainement, auront déjà appartenu à la strate la plus ancienne de la légende.[43]

Il nous reste donc, maintenant encore, à tâcher d'élucider la corrélation existante entre les *āryasatyāni* et l'*āsravakṣaya*, cette corrélation qui aura permis et déterminé leur fréquente juxtaposition dans nos textes; bien que pareille juxtaposition ne se soit pas imposée toujours et partout.

Pour aider à clarifier cette corrélation, nous aurons recours à l'analyse de cer-

---

42 Cf. par ex.:

sammadaññā-vimuttānam ...	DHP. 57 c ‖ cf. DHP. 96 c + S. I, 162/$_{28}$ + THA. 441/$_{c}$ avec °*vimutassa* ...
samadaña-vimutaṇa ...	G. DHP. 297 c ‖ cf. PTN. DHP. 124 c: *sammad-aṃña-vimuttānāṃ* ...
samyagājñā-vimuktānāṃ ...	UV. VI, 19 c ‖ cf. UV. XX, 17 c + XX, 20 c + XXXI, 45 c avec °*vimuktasya* ...
akkhāto ve mayā maggo	*aññāya sallasanthanam* ‖ ‖ DHP. 275 c–d
ākkhāto vo mayā māggo	*aṃñāye śalla-sraṃsano* ‖ PTN. DHP. 360 a–b
ākhyāto vo mayā mārgas	*tv ajñāyai śalyakṛntanaḥ* ‖ UV. XII, 9 a–b

43 Cf. UD. ⟨I, II⟩ p. 1 – 2.

tains éléments de l'un des libellés, dont l'examen général constitue le sujet du prochain chapitre.[44]

Il s'agit là d'un couple de composés, très fréquemment utilisés, et alors, toujours en relation avec une mention: soit de l'Eveil, soit de l'obtention de l'état d'Arahant par un disciple,
c.à.d.: *cetovimukti/cetovimutti* + *prajñāvimukti/paññāvimutti.*

En effet, nous pensons que, jusqu'ici, l'on n'a pas suffisamment mis en lumière, tout à la fois: et la portée du fait même de cet accouplement, et l'antithèse des significations des deux composés.

Ce sont là des éléments partiels de la formule, à laquelle nous avons attribué le sigle «γ». En voici les libellés:

āsavānam khayā anāsavam cetovimutiṃ paññāvimuttiṃ ... ⟨M. I, $71/_{13}$ et varia⟩[45]
āśravāṇāṃ kṣayād anāśravāṃ cetovimuktiṃ prajñāvimuktiṃ ... ⟨MVu. III, $321/_{10}$ + II, $139/_{6}$⟩
āsravāṇām kṣayād anāsravaṃ cetovimuktiṃ prajñāvimuktiṃ ... ⟨Dasabala-S. $223/_{11}$⟩
cetovimuktiḥ prajñāvimuktiśca ... ⟨LV. $418/_{18}$⟩

Comme terme de comparaison provenant de la littérature des Gāthās nous donnerons le verset 727 du Suttanipāta ≡ IT. $106/_{17-20}$:

cetovimuttisampannā *atho paññāvimuttiyā*[46]
bhabbā te antakiriyāya *na te jātijarūpagā*

Tout d'abord nous nous occuperons du sens propre et original de chacun de ces deux composés dans la terminologie bouddhiste ancienne.

Nous commencerons par le deuxième: *prajñāvimukti/paññāvimutti.* Celui ci ne semble pas faire difficulté et il n'y a aucune ambiguité dans le sens général de *prajñā/paññā* qui demeure claire et constant dans toute la tradition:

Le «B.H.S.D.» le traduit par «knowledge» et *prajñāvimukti* par «emancipation of intelligence»;

le «P.T.S.D.» par «intelligence, comprising the higher faculties of cognition, intellect as conversant with general truths, reason, knowledge, insight, wisdom ...» et *paññāvimutti* par «emancipation through insight and knowledge».

Quant à nous, nous proposerons de traduire *prajñā* par «entendement.»[47] Pour le composé même *prajñāvimukti,* nous y lisons un *tatpuruṣa* et le comprenons comme devant exprimer la libération, l'émancipation, l'affranchissement ou la purification même de l'entendement. Nous le traduirons dorénavant régulièrement par: «émancipation» ou «purification de l'entendement».

---

[44] Et ce, au risque de devoir nous répéter quelque peu plus loin.
[45] Cf. par ex. IT. $100/_{9}$.
[46] Cf. Sn. 725 = IT. $106/_{7-10}$.
[47] On aurait pu aussi envisager de traduire par «discernement» ou «intelligence»: le deuxième nous paraît trop associatif à «intellect» et le premier par trop restreint dans sa signification.

Nous n'avons pu découvrir aucun texte canonique (Gātha, Vinaya et Nikāya ou Āgama) où ce composé *prajñāvimukti/paññāvimukti* figurerait seul et indépendamment de son pendant *cetovimukti/cetovimutti*. Par contre la forme adjectivale *paññāvimutta* paraît, seule et se suffisant à elle-même, dans quelques rares passages. (Sn., 847 b; S I, $191/_{124}$; S. III. $66/_{6}$ + 22; D. II, $70/_{20}$; A. IV, $452/_{19}$. On pourrait ajouter encore, cité d'après Edgerton ⟨1953⟩ p. 359; «*prajñāvimukta*» dans MVY. 1027).

En particulier, en Saṃyutta III, 66, le Buddha souligne la différence du Tathāgata d'avec un moine qui se serait seulement purifié dans son entendement: *paññāvimuttena bhikkhunā*.

Il y aurait encore à noter un certain nombre de cas où *paññāvimutta* figure dans une énumération,[48] y contrastant avec *saddhāvimutta* et non avec *cetovimutta*, dont il n'est alors pas fait mention.

Quant au composé *cetovimukti/cetovimutti*, seul et sans son symétrique: *prajñāvimukti/paññāvimutti*, il figure ainsi isolément deux fois dans le Canon Pāli, à propos de l'Illumination du Maître.[49]

Il apparaît également, solitaire et sans aucune mention de *prajñā/paññā* en IT. $19/_{25}$ + $20/_{15}$ + $21/_{1}$ dans l'expression: *mettā yeva ... cetovimutti* et dans l'apposition *mettāya cetovimuttiyā*.

De même dans le paragraphe 2.2. XVII du Saṅgīti-S.[50], il figure également seul. Il en est de même en A. I, 38 – 39; A. III, 290 – 291; A. IV, $300/_{1-12}$; A. V, 300 – 301. De plus il est également à noter que notre composé se trouve aussi dans l'Itivuttaka en relation avec *mettā* (seule mentionnée), mais dans le Saṅgīti-S., tout à la fois en relation avec les quatres *appamaññā* et avec l'*animittā*, et dans les textes de l'Aṅguttara seulement avec les quatres *appamaññā*.

Dans le Dasuttara-S.: 1.2. X ⟨D. III, p. $273/_{13-14}$⟩ nous avons, dans la categorie des «Un»:

akuppā cetovimutti ‖ *ayaṃ eko dhammo sacchikātabbo* ‖‖

et curieusement dans la catégorie des «Deux» ⟨idem p. $274/_{16-17}$⟩:

vijjā ca vimutti ca ‖ *ime dve dhammā sacchikātabbā* ‖‖

Nous noterons encore en M. III, $110/_{33}$ – $111/_{1-2}$ un emploi singulier de notre composé: il y est demandé du moine *bhikkhuno pāṭikaṅkhaṃ* une *cetovimuttiṃ*, soit temporaire et agréable *sāmāyikaṃ vā kantaṃ*, soit permanente et inébranlable *asāmāyikaṃ vā akuppaṃ*.

En enfin, dans un contexte tout différent, dans un passage du Madyamāgama 49, 21, cité par l'Abhidharmakośa ⟨L.V.P.⟩ vi, p. 259 notre composé apparaît dans une phrase révélatrice:

---

48 D. III, $105/_{28-29}$ + $254/_{1}$; M. I, $439/_{30-31}$ + $478/_{1}$ + 29; A. I, $73/_{31}$ – $74/_{2}$; A. V, $23/_{5-6}$.

49 Vin. I, $11/_{30-31}$ ≡ S. V, $423/_{10}$.

50 D. III, 247 – 249. Il serait à noter, que bien que ce paragraphe débute par l'annonce de «six»: *cha nissaraṇīyā dhātuyo*, le texte qui suit n'en énumère que cinq: «cinq éléments d'aide à la délivrance.»

akopyā cetovimuktiḥ kāyena sākṣatkṛtā

Cette dernière citation va retenir maintenant toute notre attention. En effet nous considérons que l'utilisation ici de l'instrumental *kāyena* = «par le moyen du corps» en relation avec le composé *cetovimukti* est des plus significative.

Tout d'abord, quelques parallèles, tant pālis que sanskrits, d'emplois analogues de ce même instrumental en connexion avec l'obtention d'un but spirituel et donc sémantiquement et conceptuellement comparables:

IT. III, 4 p. 46/$_{3-4}$ et p. 62/$_{12-13}$	*kāyena amataṃ dhātuṃ phassayitvā nirūpadhiṃ*
A. III, 356/$_{14-15}$	*amataṃ dhātuṃ kāyena phusitvā*
A. V, 11/$_{24}$ et S. II, 123/$_{15-16}$	*santā vimokhā atikamma rupe āruppā te kāyena phusitvā*
DHP. 259 d	*dhammaṃ kāyena passati*
UV. IV, 21 d	*dharmaṃ kāyena vai spṛśet*
PTN.DHP 32 d	*dhammaṃ kāyena phassaye*

Dans ces textes, comme partout d'ailleurs où l'instrumental *kāyena* est employé, l'on ne peut comprendre et traduire que par «au moyen du corps».

La tendance de, presque toujours, tenter de «spiritualiser» le mot — un tic des traducteurs de la «PTS» — en «with his person», «with their whole being», «in volitional contact»[51] n'est pas recevable. F. L. WOODWARD est l'exception et traduit «with body»,[52] et GEIGER par «körperlich»[53], RADHAKRISHNAN par «by his body».[54]

Quand le texte comporte une opposition, un contraste entre les deux instrumentaux *kāyena* et *paññāya* cette question de traduction-interprétative devient particulièrement importante:

S. V, 230/$_{18-19}$[55] *kāyena ca phusitvā viharati paññāya ca ativijjha passati* ||||
«L'ayant touché au moyen du corps, il y demeure; au moyen de l'entendement l'ayant percé, il comprend.»

M. I, 480/$_{9-10}$ *kāyena c'eva paramaṃ saccaṃ sacchikaroti paññāya ca naṃ ativijjha passati.*
«Au moyen du corps ainsi cette suprème vérité il la réalise lui-même (litt. la voit de ses propres yeux); au moyen de l'entendement, l'ayant percée, il la comprend».

Dans le sūtra du SAṂYUTTA ⟨S. II, 177/$_{11}$ − 118/$_{24}$⟩ où il s'agit d'une sorte d'antithèse, personnifiée par Musilā et Narāda et tout particulièrement analysée par L. DE LA VALLEE POUSSIN ⟨1937⟩ dans un article fameux, nous avons:

... *na kāyena phusitvā vihareyya* || || :
«par-ce-que ne l'ayant pu toucher au moyen du corps»

---

[51] Cf. HORNER ⟨Trd. M. I, p. 155/$_{9}$ + note 4⟩; HARE ⟨Trd. A. III, p. 253/$_{7}$⟩; Mrs. RHYS DAVIDS ⟨Trd. S. II, p. 87/$_{29}$⟩.

[52] WOODWARD ⟨Trd. A. V, p. 9/$_{13}$⟩.

[53] GEIGER ⟨1925⟩ p. 171.

[54] RADHAKRISHNAN ⟨1950⟩ p. 141.

[55] Cf. aussi S. V, 226/$_{12-13}$ même libellé.

evam eva kho ... bhavanirodho nibbānanti yathābhūtam
«ainsi quoique ... cette cessation du devenir, qu'est le *nirvāṇa*, selon la vérité»
sammapaññayā sudiṭṭham na camhi araham khīṇāsavoti.
«je l'ai justement par l'entendement bien conçu, je ne suis pas un Arahant dont les impuretés sont épuisées.»

Nous citerons encore l'AṄGUTTARA I, $61/_{13}$ et son parallèle sanskrit cité dans l'ABHIDHARMAKOŚA VI, 76c ⟨LVP⟩ p. 297:

rāgavirāgā cetovimutti avijjāvirāgā paññāvimutti
rāgavirāgāt cetovimukti avidyāvirāgāt prajñavimukti

«la cessation du désir est *cetovimutti*, la cessation de l'ignorance purification de l'entendement».

La simple confrontation de tous les textes donnés ci-dessus, nous paraît suffisante pour démontrer que dans le composé *cetovimukti/cetovimutti* le terme de *ceto* a une signification qui se trouve en opposition manifeste avec celle du terme *prajñā/pañña* de *prajñāvimukti/paññāvimutti.*

Le fait même que le régime indirecte de *cetovimutti* puisse être l'instrumental *kāyena* implique qu'il doit s'agir là d'un processus psycho-biologique et pas d'une compréhension gnoséologique.

Très certainement l'utilisation du couple de composés, dont nous nous occupons ici, ne peut avoir dans nos textes une signification emphatiquement répétitive. Elle dénote au contraire, dans tous ces emplois, une opposition fondamentale, qui correspondrait, d'après nous, à deux éléments basiques, aux deux aspects premiers, qui auront dès l'origine appartenu au passage du «Seuil de l'Eveil» et l'auront caractérisé comme stage précédant «immédiatement»[56] l'Eveil.

En effet, il y a bien une seule et unique *Saṃbodhi*, mais, comme le souligne l'ABHIDHARMAKOŚA VI, 76c, il y a deux délivrances: «*saiva vimukti dve*»; *saiva saṃskṛtā vimuktidve vimuktī sūtra uvate ceto vimuktiḥ prajñā vimukti'ca.*[57]

Maintenant: comment doit-on comprendre le terme même de *ceto* et comment le traduire?

LA VALLEE POUSSIN traduit *ceto-vaśitva* ⟨ABH.K. II, p. 120⟩ par la «maîtrise de la pensée» et en ABH.K. VI, p. 259 *ceto vimukti* par «délivrance de la pensée».

Les RHYS-DAVIDS dans leur traduction du Dīgha, (Vol. III, p. 251) traduisent *cetovimutti* par «emancipation of mind», et le couple *cetovimutti-paññāvimutti* par «emancipation of mind and of insight» (p. 78) et par «emancipation of intellect and intuition» (pp. 98 et 152). Dans sa traduction du SAṂYUTTA, pour S. II, $239/_6$, Mrs. C. RHYS-DAVIDS (trd. II, p. 162) traduit *cetovimutti* par «freedom of will» et pour S. I, $120/_{23}$ (trd. I, p. 150) par «emancipation of mind», et dans tout le tome II le couple par «emancipation of will, emancipation of insight».

---

56 «Immédiat» au sens etymologique du mot = «non médiat», sans intermédiaire.

57 Ed. PRADHAN ⟨1975⟩ p. $388/_{8-40}$. À remarquer qu'en ABH.KOŚA, VI, 296 – 297 ces deux composés: *cetovimukti* + *prajñāvimukti* sont qualifies de *saṃskṛta*, alors que la *vimukti* ayant trait au *nirvāṇa* même est considérée, elle, comme *asaṃskṛta*, comme le confirme THA 725d: «*phusiṃsu nibbānapadaṃ asaṅkhataṃ*».

Hare, dans les volumes traduits par lui de l'Aṅguttara, traduit presque toujours *cetovimutti* par «emancipation of mind» et *paññāvimutti* par «emancipation of insight». Cependant pour A. IV, $140/_{12}$ il traduit le couple (trd. IV, p. 95) par «emancipation of the heart and wisdom», pour revenir à la page 210 du même volume à «emancipation of the mind and wisdom».

Woodward, par contre, aussi bien dans ses traductions du Saṃyutta: II, III, et V, que dans celles de l'Aṅguttara: I, II, et V, ou de l'Udāna et de l'Itivuttaka traduit, d'une manière tout à fait conséquente, toujours *cettovimutti* par «heart's release» et *paññāvimutti* par «release by insight», mais parfois par «release by wisdom».

Geiger lui (1930) p. 187 traduit S. I, $120/_{23}$ *cettovimutti* par «Herzenserlösung» et (1925) p. 276 le couple par «Erlösung des Herzens, Erlösung der Erkenntnis».

Il nous paraît que Woodward et Geiger sont plus près de la vérité avec leurs traductions de *ceto* par «heart» ou «Herz». Les interprétations de *ceto* par «pensée», «mind», «intellect», «will», vis-à-vis de celles de «insight», «intuition», «wisdom» pour *pañña* nous semblent inacceptables, d'autant plus qu'elles tendraient à effacer la différence fondamentale entre les deux termes et même à les confondre. Une traduction telle que «purification ou émancipation du coeur» soit «purification ou émancipation de la sensibilité», vis-à-vis de «émancipation ou purification de l'entendement» nous semblerait pouvoir convenir.

Cette dualité *cetovimukti-prajñāvimukti*: «purification du coeur» en tant que «lieu figuré» de la sensibilité et «purification de l'entendement», correspond à la dualité fondamentale de l'expérience immédiate préalable, condition *sine qua non* et nécessaire pour que l'ouverture même à l'Eveil puisse se produire et que l'Illumination, la *Saṃbodhi*, soit définitivement acquise.

En effet quelque puisse être une expérience humaine — et à plus forte raison pour une expérience de nature religieuse ou mystique — elle mettra toujours en jeu deux éléments fondamentaux ou «de base»: c'est à dire

a) un élément «sensitivo-émotionnelo-psychologique», vécu au niveau du sensible.
b) un élément «rationnel-logico-explicatif», vécu au niveau de la pensée; ici: *cetas* et *prajñā.*

Ces deux faces, ces deux aspects concomitants d'une même et unique expérience «*in vivo*», pour pouvoir être conceptualisés et verbalisés, devront forcément être séparés «*in vitro*». On ne peut effectuer ces «conceptualisations-verbalisations» en une seule et même opération simultanée. Pour en parler, il faudra toujours commencer par l'une ou par l'autre, indifféremment, et sans que cela implique jamais, dans l'expérience même, une priorité quelconque de l'un ou de l'autre élément de base.

Quant à nous, nous considérerions volontiers que dès leurs origines les notions d'*āsravakṣaya*, d'*anāsrava*, de *kṣīṇāsrava* reléveraient du ... et équivandraient au concept de *cetovimukti*, alors que tout ce qui concerne les Āryasatyāni reléverait et correspondrait à *prajñāvimukti.*

On pourrait même penser qu'à l'origine le terme *vimukti/vimutti* aura suffi à lui tout seul à exprimer la réalité, qui sera précisée ensuite comme *cetovimukti/cetovimutti*, alors que le terme de *prajñā* était également employé seul sans l'adjonction de °*vimukti*/°*vimutti.*

A l'appui de cette hypothèse nous citerons un sūtra du SAṂYUTTA: S. V, 223/$_{3-9}$

ariyāya ca paññāya ariyāya ca vimuttiyā || ||
yā hissa ... ariyā paññā tad assa pāññindriyaṃ ||
yā hissa ... ariyā vimutti tad assa samādhindriyaṃ || ||
imesaṃ kho ... dvinnam indriyānam bhāvitattā bahulīkatattā
khīnāsavo bhikkhu aññaṃ vyākaroti ||

Tout naturellement, avec le temps, les différentes sédimentations textuelles (d'abord orales, ensuite écrites) auront tantôt mis l'un, tantot l'autre aspect en avant, négligeant même parfois l'un des deux plus ou moins complétement.

D'où l'imbroglio et les variations des interprétations qui s'en sont suivies, d'où les contaminations de libellés entre eux, alors que primitivement ceux-ci étaient distincts et aussi «authentiques» (?) les uns que les autres, d'où encore les priorités qu'on aura voulu accorder à l'un ou l'autre élément, comme représentant le vrai contenu de la Saṃbodhi.

Cependant, il nous semble que les témoignages à trouver dans nos textes sont suffisants pour attester que la dualité foncière, de ce que nous avons nommé le «Seuil de l'Eveil», est d'origine et appartient indubitablement déjà à la strate la plus ancienne de la légende.[58]

Nous ajouterons, qu'outre le fait d'être d'origine, cette dualité de base aura continué à se répercuter jusque dans les traités d'Abhidharma avec leurs combinaisons de *laukika/lokiya° (lokika)* et de *lokottara/lokuttara° mārga/magga*, de *bhāvanāmārga* et *darśanamārga* (Skr.) et *bhāvanābhūmi* et *dassanabhūmi* (Pali).

Nous faisons suivre, sans aucune prétention à être exhaustif, un tableau des paires des termes contrastants, qui semblent expliciter cette dualité foncière de l'expérience bouddhiste, dès ses origines: cette dualité appartenant déjà à la terminologie des strates les plus anciennes de la légende.

On pourrait, à la rigueur, même concevoir que l'invention de ces termes serait à attribuer au Buddha lui-même, car comme dit T. E. VETTER[59]:
«... one can certainly experience and know something and still need time to find the proper words to describe this experience, (in this way more than one concept may be possible to describe the same experience, and also, in the course of time, interpretative thinking may take precedence).»

---

[58] Cf. encore dans le LALITA VISTARA, p. 409/$_{11-14}$ le discours mis dans la bouche du Maître et adressé aux cinq premiers disciples, explicitant son intention de leur faire acquérir *ceto°* et *prajñāvimukti.*

[59] VETTER ⟨1985⟩ p. 79.

S. V, 223/3-9	*ariyā vimutti = samādhindriya*	*ariyā paññā = paññindriya*
très fréquent	*cetovimukti / cetovimutti*	*prajñāvimukti / paññāvimutti*
MVU. III 321/9-10	*anāśravavaṃ cetovimuktiṃ*	*prajñāvimuktiṃ yathābhūtaṃ*
ABH. K. VI, 297	*rāgavirāgāt = cetovimukti*	*avidyāvirāgāt = prajñāvimukti*
LV. 418/17-19	*akopyā (ca me) cetovimuktiḥ*	*prajñā vimuktiśca*
S. V, 230/18-19	*kāyena caphusitvā viharati*	*paññāya ca ativijjha passati*
M. I, 480/9-10	*kāyena c'eva paramaṃ saccaṃ sacchikaroti*	*paññaya ca ativijjha passati*
—	*āsravakṣaya / āsavakkhaya*	*duḥkhāryasatya / dukkhāriyasacca*

Sigles des Formules Canoniques

Ayant, une fois au moins, suffi à exprimer dans les textes anciens l'obtention de la SAṂBODHI

Formule «o»	«O_a»	(SKR.)	*anuttarāṃ samyaksaṃbodhim abhisaṃbuddho 'smi*	[SBHVU. I, $136/_{12-13}$ = CPS. $446/_{20}$ = YAS. $520/_{13}$
		(P.)	*anuttaram sammāsambodhim abhisambuddho*	[VIN. III, $4/_{2}$ ≡ A. IV, $176/_{17}$ ≡ S. I, $68/_{12-13}$
	«O_b»	(BHS.)	*ekacittakṣanasamāyuktayā prajñayā anuttarāṃ samyaksaṃbodhi-mabhisaṃbuddho*	[MVU. II, $133/_{11-12}$ + $285/_{2-3}$ + $416/_{3}$
			°abhisaṃbudhya	[LV. $350/_{13-14}$
Formule «α»	—	(P.)	*akuppā me cetovimutti ayaṃ antīmā jāti n'atthi dāni punabbhavo*	[VIN. I, $11/_{30-31}$ = S. V, $423/_{10}$ = M. I, $167/_{28-29}$ = M. III, $162/_{24-25}$
Formule «β»	—	(P.)	*khīṇā jāti vusitaṃ brahmacariyaṃ kataṃ karaṇīyaṃ nāparaṃ itthattāyā*	[VIN. III, $5/_{34}$ ≡ A. IV, $179/_{7}$ = M. I, $23/_{24-25}$ etc.
		(BHS.)	*kṣīṇā me jātir-uṣitaṃ brahmacaryaṃ kṛtaṃ karaṇīyaṃ noparim-itthatvam*	[MVU. III, $447/_{7}$
		(SKR.)	*kṣīṇā me jātir-uṣitaṃ brahmacaryaṃ kṛtaṃ karaṇīyaṃ nāparam asmād bhavaṃ*	[LV. $418/_{20-21}$ = SBHVU. I, $119/_{3}$ = DASA-BALA-S. 223(419)$/_{13}$ + YAS. $275/_{23}$
Formule «γ»	—	(P.)	*āsavānaṃ khayā anāsavaṃ cetovimuttiṃ paññāvimuttiṃ diṭṭhe va dhamme*	M. I, $71/_{13-14}$ + $482/_{34-36}$
			sayaṃ abhiññā sacchikatvā upasampajja	S. II, $214/_{19-21}$ + A. II, $37/_{13-15}$ etc.
		(SKR.)	*āsravāṇāṃ kṣayād anāsravāṃ cetovimuktiṃ prajñāvimuktim dṛṣṭa eva dharme*	YAS. $642/_{24-26}$ et les
			svayam abhijñayā sākṣātkṛtvopasaṃpadya	DASABALA S. Sanskrits.
Formule «δ»		(P.)	*rāgo me pahīno . . . doso me pahīno . . . moho me pahīno ucchinna-mūlo*	A. I, $184/_{15-19}$
			tālāvatthukato anabhāvakato āyatiṃ anuppādadhammo	M. I, $250/_{13-16}$ + A. II, $38/_{26}$–$39/_{3}$ (variantes)
Formule «ε»		(P.)	*vusitavā katakaraṇīyo ohitabhāro anuppattasadattho parikkhīṇabhavasaṃyojano sammadaññā vimutto*	M. I, $235/_{10-12}$ = IT. $38/_{16-18}$ etc. Parallèles partiels sanskrits de certains UVS s'appliquant au Buddha lui-même: LV. $425/_{16-22}$ + MVU. III, $262/_{13-14}$

Chapitre V

La Saṃbodhi

Annonces et Témoignages

Avec ce cinquième chapitre nous entreprendrons l'examen des textes ou parties de textes concernant l'Eveil proprement dit, la *Saṃbodhi*: c'est à dire l'étude des différentes formules qui dans les textes canoniques en annoncent l'obtention et déclarent le but de la „*quête*» comme définitivement acquis, ainsi que l'étude des diverses expressions traditionnelles en marquant les conséquences les plus immédiates pour le sujet lui-même: notre Buddha.

Dans les textes canoniques des deux premières corbeilles, vu la fréquence de ces libellés ou parties de libellé, plus ou moins stéréotypes et pieusement conservés par la tradition comme «logia» soi-disant authentiques du Maître[60], et aussi leurs insertion fréquente dans des contextes fort variables, ces libellés — pensons-nous — auront appartenu, pour la plupart tout au moins, au tissu et aux matériaux primitifs de la légende et ce à titre d'expressions en soi indépendantes et qui originellement se seront suffies à elles-même.

Remarque preliminaire: Afin de faciliter l'étude comparative des éléments sémantiquement significatifs, que nous isolerons dans les différentes versions parallèles d'un même texte ou de textes analogues, nous avons été amenés à forger un terme particulier: celui **d'UNIVERBSEM = UNITE-VERBALE-SEMANTIQUE**, que nous utiliserons le plus souvent sous sa forme abrégée d'**UVS**.

Ce terme/sigle pourra, suivant le cas, se référer a) soit à l'unité entière d'un libellé, b) soit à une partie bien distincte de celui-ci, c) soit enfin à un seul mot ou terme, simple ou composé.

Le critère, ayant déterminé notre choix de ces «Univerbsems», repose sur le fait que tout énoncé, expression ou terme choisi aura, *dans «un» contexte au moins*, fait partie d'un libellé se rapportant 1) soit à l'expérience ou au processus même de l'Eveil du Maître, 2) soit à un état ou processus qui l'aura plus ou moins nécessairement précédé, 3) soit à un état qui en aura causalement résulté pour lui.

A titre comparatif nous utiliserons parfois des «Univerbsems», parallèles ou analogues au niveau sémantique, se rapportant à l'obtention de l'état d'Arhant par un ou plusieurs disciples, soit, mais plus rarement encore, pris dans des exposés exemplaires tirés de prédications attribuées au Maître.[61]

Les UVS qui, une fois au moins, auront marqué le point culminant et terminal d'un récit ou énoncé de l'expérience même de l'Eveil du Fondateur, seront affectés

---

[60] Et ce tout particulièrement en ce qui concerne les «logia» figurant dans des versets des textes gnomiques, généralement considérés comme les textes ou fragments des textes les plus anciens qui nous soient parvenus.

[61] Il nous faudra également tenir compte de la possibilité que plusiers UVS provenant de libellés différents puissent avoir été recombinés en une apparente nouvelle unité d'énoncé.

d'un sigle particulier pour chacun d'entre eux, afin d'en faciliter les nombreuses références. Voir le tableau ci-joint.

Notons encore qu'un même UVS pourra suivant les cas se ranger en trois catégories différentes selon l'échelon de l'analyse textuelle où nous l'isolerons. En effet un libellé peut déjà avoir été considéré comme un UVS particulier, alors que dans un autre texte il fera partie d'un énoncé ou formule élargie. Nous distinguerons donc trois catégories d'UVS selon l'emploi de ceux-ci:

A) Les UVS dont le libellé aura été employé et aura suffi en soi, une fois au moins (parfois à plusieurs reprises), à annoncer, décrire, exprimer ou simplement mentionner, soit le fait même de la *Sambodhi*, soit un état ou une caractéristique particulière de notre Buddha historique, l'Illumination une fois atteinte.
B) Ces mêmes UVS lorsqu'ils sont, dans d'autres contextes, employés non plus à titre premier comme en «A», mais ravalés au rang d'éléments partiels ou préalables d'un texte plus ample, qui lui se termine et culmine en un autre des UVS de la catégorie précédente.
C) Enfin des UVS plus restreints, éléments isolés par l'analyse dans les différents UVS des deux catégories précédentes: expressions stéréotypes brèves, parfois réduites à un seul terme ou composé. Il advient parfois que certains des UVS de cette catégorie «C» puissent se retrouver également dans des contextes canoniques autres, n'ayant aucun rapport avec des récits ou mentions de la *Saṃbodhi* du Fondateur, ni même avec la personne même du Buddha.

Pour en revenir maintenant aux UVS des catégories «A» et «B» il est à remarquer qu'avec le temps et la diffusion de la «bonne parole» il paraît s'être développé chez les pieux diascévastes une disposition à rationaliser la situation, à ordonner et hiérarchiser les concepts et les UVS. Ainsi pouvons nous constater dans nos textes la mise en oevre d'une tendance à forcer et disposer le plus grand nombre possible d'UVS dans le cadre d'un seul et même récit ou exposé de l'Eveil. Ces différents UNIVERBSEMS devront alors y faire figure d'étapes successives du chemin spirituel parcouru, perdant de ce fait partie de leur signification ou de leur force originelle et, ce qui était à prévoir, ne s'y trouvant pas toujours hiérarchisés dans le même ordre.

Il nous paraît important d'insister sur le fait que plusieurs de ces UVS ont, à l'origine, dû être des expressions indépendantes, distinctes et chacune en soi considérée sémantiquement plus ou moins suffisante pour avoir été porteuse de l'annonce de l'Eveil ou de la constation de l'événement.

En effet *a priori* il nous semble difficile de contester à l'Eveil du Buddha la qualité d'avoir été une expérience «mystique» et de ce fait, «par essence même» dirions-nous, d'avoir été difficilement verbalisable: d'où l'inévitable profusion d'expressions et énoncés divers et de libellés variés s'y rapportant de manière plus ou moins immédiate. Ceux-ci, possiblement et théoriquement tout au moins, pourraient être considérés remonter à et découler de la diversité originelle des «dires» même du Maître au sujet de sa propre Illumination (?).

Quoiqu'il en soit, l'ancienneté de la presque totalité de ces UVS ne fait aucun doute. Quant à nous, ils auront appartenu tous, ou quasi tous, à la couche la plus ancienne de la Légende, à titre d'unités significatives distinctes, mais parfois fonctionnellement analogues.

Le Dharma-Cakra-Pravartanam et la Formule «O»

Nous aborderons la matière propre de ce chapitre par une étude comparative des quatre versions de la partie finale du DHARMA-CAKRA-PRAVARTANAM[62], conservées en langues indo-aryennes anciennes. Et ce non pas, que nous les considérions dans leurs formes actuelles comme les textes les plus anciens à nous fournir une formulation de l'Eveil; mais tout simplement parce que, selon la tradition, après ses paroles des «Stances à Upaga / Upaka / l'Ājīvika», ces textes nous auraient conservé le soi-disant premier discours du «frais-moulu» Buddha, prononcé à Bénarès et contenant le premier exposé de son obtention de la *Saṃbodhi.* De plus ces textes nous fournissent de bons exemples des quatre principales formules stéréotypes, que l'on retrouve fréquemment dans d'autres textes canoniques concernant l'Eveil: c'est à dire, soit dans les récits biographiques cironstanciés, soit dans les mentions occasionnelles de la *Saṃbodhi.* On les retrouve également à propos de disciples, ou encore à titre exemplaire dans les prédications.

Pour faciliter cette étude nous avons établi un tableau synoptique de ces quatre textes.[63]

En outre et afin d'en permettre une comparaison plus aisée, nous avons établi pour chacune des quatre formules un tableau synoptique particulier des autres textes canoniques les contenant et concernant le Buddha lui-même.

---

62 Pour lequel nous utiliserons dorénavant le sigle DHCP.

63 Afin d'indiquer leurs positions dans la séquence de chacun des textes, nous avons affecté à chaque UVS que nous isolons et à ses parallèles une même lettre majuscule.

VIN. I, $11/_{26-31}$	MVU. III, $333/_{14-17}$	LV. $418/_{17-21}$	SBHVU. I, $136/_{7-13}$
A *Yato ca kho me bhikkave* *imesu catusu ariyasaccesu* *evaṃ tiparivaṭṭaṃ dvādasākāraṃ* *yathābhūtaṃ ñāṇadassanaṃ* *suvisuddhaṃ ahosi* Et quand réellement en moi (Dat.), ô Moines, à propos de ces quatre nobles vérités, ainsi en une triple révolution de douze modalités, selon la réalité, une connaissance parfaite et absolument pure se fut réalisée,	**A** *Yato ahaṃ bhikṣavaḥ* *imāni catvāry-āryasatyāni* *evaṃ triparivartaṃ dvādaśākāraṃ* *tathābhūtaṃ samyak-prajñayā* (Instr.) *abhyajñāsiṣaṃ* Quand moi, ô Moines, ces quatre nobles vérités, ainsi en une triple révolution de douze modalités, selon la réalité, par une connaissance parfaite je les connus à fond,	**A** *Yataśca me bhikṣava* *eṣu caturṣvāryasatyeṣv* *evaṃ triparivartaṃ dvādaśākāraṃ* *jñānadarśanam-utpannaṃ* Et quand mienne (Gen.), ô Moines, à propos de ces quatre nobles vérités, ainsi en une triple révolution de douze modalités la connaissance parfaite surgit, **A bis** *akopyā ca me cetovimuktiḥ prajñāvimuktiśca sākṣātkṛtā* [que nous déplaçons en position «E»]	**A** *Yataś ca mama bhikṣava* *eṣu caturṣv āryasatyeṣv* *evaṃ triparivartaṃ dvādaśākāraṃ* *cakṣur udapādi jñānaṃ vidyā* *buddhir udapādi** Et quand mienne (Gen.), ô Moines, à propos de ces quatre nobles vérités, ainsi en une triple révolution de douze modalités, la vision surgit, la connaissance, le savoir, la compréhension surgit,
B a *athāhaṃ bhikkhave* alors moi, ô Moines,	**B** *athāhaṃ* alors moi	**B** *tato 'haṃ bhikṣavo* alors moi, ô Moines,	**B b** *tato 'ham* . . . ⟨*bhikṣavah*⟩ alors moi . . . ⟨ô Moines⟩ . . .
B b *sadevaka loke samārake* *sabrahmake* (Loc.) *sassamaṇabrāhmaṇiyā* *pajāya sadevamanussāya* dans ce monde avec ses dieux, avec son Māra, avec son Brahma, y compris ses Śramanes et ses Brāhmanes, à la face de ce qui est né: dieux ou hommes,			**B b** *asmāt* (Abl.) *sadevakāl lokāt samārakāt* *sabrahmakāt*** *saśramaṇabrāhmaṇikāyāḥ prajāyāḥ* *sadevamānuṣāyā* de ce monde pourvu de dieux, pourvu d'un Māra et d'un Brahma à la face de ce qui est né: dieux ou hommes, avec ses Śramanes et ses Brāhmanes, *mukto nisṛto visaṃyukto vipramukto* *viparyāsāpagatena cetasā**** *bahulaṃ vyāhārṣam bhikṣavaḥ,* libre, sans en être marqué, liberé, délivré, avec un esprit purifié d'illusions, fermement je demeurai, ô Moines,

* cf. YAS. $580/_{10}$: *yāvad buddhir udapādi*
** YAS. 580: *sadevakāt yavāt* seuls

VIN. I	MVU. III	LV.	SBHVU. I
C a *anuttaraṃ sammāsambodhiṃ* *abhisambuddho 'ti* **C b** *paccaññāsiṃ* ‖ ‖	**C a** *anuttarāṃ samyaksaṃbodhim* *abhisaṃbuddho ti* **C b** *prajānāmi* ‖ ‖	**C a** *(a)'nuttarām samyaksaṃbodhim* *abhisaṃbuddho 'smi iti* **C b** *pratijñāsiṣaṃ* ‖	**C a** *anuttarāṃ samyaksaṃbodhim* *abhisaṃbuddho 'smīty* formule «o»* **C b** *adhyajñāsiṣam* ‖ ‖
D *ñāṇañ ca pana* *me dassanaṃ udapādi*	**D** *jñānaṃ ca* *me udapāsi*	**D** *jñānadarśanaṃ* *me udapādi*	
E *akuppā me* *cetovimutti*	**E** *akopyā ca me* *cetovimuktiḥ prajñāvimuktiḥ* *sākṣīkṛtā* ‖ ‖ (formule «γ»)	**E** *akopyā ca me* *cetovimuktiḥ prajñāvimuktiśca* *sākṣātkṛtā* [restitué de «A bis»]	
F₁ *ayaṃ antimā jāti* *n'atthi dāni punabbhavo 'ti* (formule «α») *idaṃ avoca bhagavā . . .*		**F₂** *kṣīṇā me jātir* *uṣitaṃ brahmacaryaṃ* *kṛtaṃ karaṇīyaṃ* *nāparasmādbhavaṃ* (formule «β») *prajānāmi* ‖ ‖	

* Pour cette formule «o», cf. MVU. II, $133/_{12}$ + II, $285/_{2-3}$ + II, $416/_{3}$ et LV. $350/_{13-14}$.

A propos de notre tableau synoptique du Dharma-Cakra-Pravartanam il est à noter que l'UVS (l'univerbsem) du Lalita Vistara en position «A bis» dans le texte qui nous a été transmis (à la première page du tableau) a été déplacé par nous, ou plutôt replacé, en position «E» à la deuxième page. En effet si l'on admet que c'est bien en «E» que cet UVS aura été situé originellement, l'accord se trouvera *de facto* rétabli pour toutes les trois premières versions et ce jusqu'à la section «E» incluse, en ce qui concerne l'ordre des UVS principaux.

Cependant on pourrait, peut-être, objecter, que dans le Mahāvastu l'UVS en «E», (quasi identique à celui du LV.) se prète fort mal, dans le libellé actuel, à se trouver en position terminale pour y tenir le rôle de porteur de l'annonce de l'Eveil.

Le même problème ne se pose pas pour le Lalita Vistara, où on trouve en position terminale une formule «β». Aussi bien dans le MVU que dans le LV. cet UVS montre une grande similitude, quoique incomplète, avec les formules terminales «γ» (Cf. notre tableau de la formule «γ»).

La différence principale et pour nous significative entre les deux libellés est l'absence des termes: *svayam abhijñāya* dans l'UVS en question.

L'étude du libellé des formules «γ» nous aura amené à considérer l'expression: *svayam abhijñāya* (ou *abhijñā)/sayam abhiññā* (ou *abhiññāya*) comme devant être les «mots clefs» de ces formules, y dénotant leur fonction de porteuse de l'annonce de l'Eveil.[64]

En conséquence on doit considérer son absence dans l'UVS en «E» du Mahāvastu comme significative et révélatrice d'une lacune dans notre texte actuel, si cette position dans la séquence du texte est originelle. On se trouve alors devant l'alternative suivante: a) soit ce texte ne se terminait pas originellement ainsi et était suivi immédiatement par une formule «β», comme dans le Lalita Vistara, mais aujourd'hui perdue, b) soit originellement les mots *svayam abhijnāya* (ou *abhijñā*) précédaient le terme *sākṣīkṛtā* comme dans les formules «γ» et auraient été omis par un copiste négligeant (?).

Si pour le LV., on accepte comme originelle la position en «A bis» de l'UVS de type formule «γ» incomplète, afin que la séquence du texte demeure intelligible, ne devrait-on pas envisager aussi de l'y faire précéder par l'UVS en «D»?

— On pourrait alors admettre que c'est dans le MVU qu'aurait eu lieu la transposition principale. Si dans ce texte on replace les UVS de «D» et «E» immédiatement après «A», l'on y transforme la situation de son UVS du type formule «o» en celle d'une position terminale, comme dans le S.BH.VU. (?). En effet l'UVS final actuel du «Dharma-Cakra-Pravartanam» n'y caractériserait alors que le «Seuil de l'Eveil» et non l'Eveil proprement dit, et par conséquent l'omission de l'absolutif *abhijñāya* précédé de *svayam* serait pleinement justifiée, comme c'est d'ailleurs le cas dans la version du LV., mais là, à cause de la formule «β», en position terminale.

[64] Cf. plus loin l'étude detaillée des formules «γ» qui devrait justifier cette affirmation.

Cependant l'hypothèse d'un déplacement dans le texte du MVU nous paraît peu convaincante. En effet, vu l'accord dans la tradition manuscrite de nos trois premiers textes au sujet de la position en «D» de paralléles d'un même UVS, cette position paraît bien avoir été «d'origine» et l'hypothèse-correction la plus simple et la plus vraisemblable nous semble bien devoir être le rétablissement en «E» de l'UVS du LALITA VISTARA actuellement en «A bis».

Si l'on admet ce réajustement, n'est-on pas également forcé d'admettre une lacune dans notre texte du MAHĀVASTU et placé devant l'alternative mentionnée ci-dessus: soit il y aura eu originellement une formule terminale «β» qui se sera perdue dans la transmission manuscrite, soit ce sera l'unité verbale *svayam abhijñāya* avant *sākṣīkṛtā* qu'un copiste négligeant aura laissé tomber?

Quoiqu'il en soit, seuls les UVS des sections «A» + «Ba» + «C (a + b)» sont communs à toutes les quatre versions du DHARMA-CAKRA-PRAVARTANAM («DHCP.») et uniquement dans celle du S.BH.VU la formule «o» de la section «C» en clôt l'exposé, y remplissant seule la fonction d'être porteuse de l'annonce de l'Eveil.

Le fait que c'est dans le CPS. et dans le S.BH.VU, seulement, que cet UVS (notre formule «o») se trouve en position terminale d'un exposé de l'Eveil et qu'il y figure comme l'unique libellé affirmant ou constatant l'obtention de la *Saṃbodhi*, ne nous semble absolument pas fournir d'argument contre l'ancienneté de l'emploi de cet UVS en tant que l'une des formules originelles annonciatrices de l'Eveil.[65]

Bien au contraire, celle-ci pourrait même et très vraisemblablement en avoir été la première utilisée. En effet la tradition Mūlasarvāstivādin, dépréciée et écartée à tort — croyons-nous — par A. BAREAU dans ses remarquables études sur la vie du BUDDHA[66], nous a très certainement et fréquemment conservé des textes ou morceaux de textes très anciens dans leurs libellés originaux.[67]

N'aurions-nous pas justement dans ce libellé limité aux seuls UVS des sections «A» + «Ba» + «C»,[68] communes à toutes nos quatre versions du «DHCP» la strate la plus ancienne qu'il nous soit donné d'y pouvoir distinguer ou isoler? — Cela nous paraîtrait d'autant plus plausible, que pareil énoncé révélerait un état de la tradition, dans lequel on n'aurait pas encore tenté d'analyser l'Eveil et d'en expliciter le soi-disant contenu. Ceci concorderait parfaitement avec la conclusion de BRONKHORST envisageant «*the possibility that originally the liberating insight was not described in any explicit way.*»[69]

---

65 Cf. aussi la formule «o» en S. I, $68/_{12-13}$ où elle figure tout à la fois comme affirmation et caractérisation de l'Eveil et le parallèle en VIN. III, $4/_{2}$ = A. IV, $176/_{17}$.

66 BAREAU ⟨1983⟩ p. 9.

67 Par ex. cf. MEISIG ⟨1987⟩ p. $62/_{14-15}$.

68 Il figure textuellement dans le MVU et le LV., mais aussi dans le VIN. et le S.BH.VU à conditions d'en omettre les prolongations «Bb» de la section «Ba».

69 BRONKHORST ⟨1986⟩ p. 95 – 96.

FORMULE «o»

Vin. III, $3/_{32}$–$4/_{3}$ (≡ **A. IV**, $176/_{15-18}$) et **S. I**, $68/_{12-13}$	**MVu. II**, $133/_{10-12}+258/_{2-3}+416/_{2-3\text{ et }6-7}$	**LV**. $350/_{8\text{ et }13-14}$
eva kho ahaṃ brāhmaṇa ⟨Vin.⟩ *ahaṃ hi mahāraja* ⟨S.⟩	*sa khalvaham bhikṣavaḥ* [$133/_{5}$] . . . *atha khalu bhikṣavo bodhisatvā* [$284/_{15}$] . . .	 *evaṃ khalu bhikṣavo bodhisatvena* . . . [$350/_{8}$]
avijjāgatāya pajāya aṇḍabhūtāya *pariyonaddhāya avijjaṇḍakosaṃ* *padāletvā eko 'va loke* } ⟨Vin. seul⟩	. . . *sarvaso sarvatratāye* [*sarvatra yaj°* ⟨$416/_{2}$⟩] *jñātavyaṃ prāptavyaṃ* (manque en $416/_{2}$) *boddhavyaṃ* (manque en $133/_{11}$) *abhisaṃboddhavyaṃ* *sarvaṃ taṃ* [*sarvantaṃ* $285/_{2}$]	 . . . *jñātavyaṃ boddhavyaṃ prāptavyaṃ* *draṣṭavyaṃ sākṣātkartavyaṃ* *sarvaṃ tad* –
	ekacittakṣaṇasamāyuktayā prajñayā	– *ekacittokṣaṇasamāyuktayā prajñayā* –
anuttaraṃ sammāsambodhim abhisambuddho ti ⟨Vin. + S.⟩	*anuttarāṃ samyaksaṃbodhim-abhisaṃbuddho* ‖ ‖ [*-dhaḥ* $416/_{3}$]	– *anuttarāṃ samyaksaṃbodhim–abhisaṃbudhya* (Absol.)
svāhaṃ brāhmaṇa jeṭṭho seṭṭho lokassa ‖ ‖ ⟨Vin. seul⟩	. . . [$416/_{6-7}$] . . . *chittvā tṛṣṇām vijahāmi rajaṃ śuṣkāśravāmi na sravanti chinnaṃ vartmaṃ na vartati* ‖ *eṣaiva anto duḥkhasya* ‖ ‖ (416 seul) En $285/_{3}$ la formule «o» est immédiatement suivie par les *āryasatyāni* et les quatres modalités de l'*āsravakṣaya* et ensuite par un double *pratītyasamutpāda* direct et inverse.	*traividyādhigatā* ‖ ‖
Parallèles: 1° L'UVS de la formule «o» dans les «DhCP»:	Vin. I, $11/_{27-29}$: MVu. III, $333/_{15-16}$: LV. $418/_{19}$: SBhVu. I, $136/_{12-13}$:	*anuttaraṃ sammāsambodhiṃ abhisambuddho 'ti* *anuttarāṃ samyaksaṃbodhiṃ abhisaṃbuddho ti* *(a)'nuttarāṃ samyaksaṃbodhiṃ abhisaṃbuddho 'smi iti* *anuttarāṃ samyaksaṃbodhim abhisaṃbuddho 'smīty*
2° L'UVS de la formule «o» comme libellé préalable à une formule «α»:	S. II, $171/_{32-33}$ ‖ S. III, $28/_{31}$ ‖ S. IV, $7/_{33}+8+9+10$ ‖ S. V, $204/_{9-10}$ ‖ A. I, $259/_{9-10+30-31}$ ‖ A. IV, $56/_{14-15}+305/_{2-3}$ ‖	— suivis soit de *paccaññāsiṃ* soit de *abbhaññāsiṃ*

La Formule «O»

Nous passerons maintenant à l'étude de la signification propre de l'UVS de la section «Ca», c'est à dire de notre formule «o»:

anuttaraṃ sammāsambodhiṃ abhisambuddho 'ti
anuttarāṃ samyak-saṃbodhim-abhisaṃbuddho 'ti/ ou *(a)'smīti.*

— v. HINÜBER ⟨1968⟩ p. 64, § 50 considère, que nous avons là un «composé adverbial accusatif», «*mit dem Verbum finitum verwandt*» et traduit, incorporant dans le libellé même le *ahaṃ* de «Ba»:

«Ich bin auf die höchste, vollständige (Weise) erleuchtet»

— Mais se référant à DELBRÜCK ⟨1888⟩ p. 169, on pourrait tout aussi bien voir dans cet accusatif un «*Akkusativ des Inhaltes*». Dans ce cas il semblerait qu'on doive traduire:

«Avec (= portant en moi) l'inégalable (ou: l'insurpassable) suprême illumination je suis le totalement illuminé.»

— Enfin on pourrait y voir un simple «accusatif de but» et traduire:

«Le tout-illuminé jusqu'au degré même (*abhi°*) de l'inégalable suprême Illumination.»

Cet UVS est suivi, dans toutes les quatre versions du «DHCP.», par un verbe à la première personne et variant avec chacune d'elles, mais dont les racines, dans leur sens premier, expriment invariablement le fait de comprendre ou de prendre conscience, renforcée à chaque fois d'un préfixe superlatif: ... *paccaññāsiṃ* ‖ ‖, ... *prajānāmi* ‖ ‖, ... *pratijñāsisaṃ* ‖ ‖, ... *adhyajñāsiṣaṃ* ‖ ‖.

Quelque soit la construction-traduction adoptée, il paraît certain que, en soi-même, le libellé de cette formule «o» exprime tout à la fois: et l'obtention du but, et le but lui-même. Elle en est l'annonce et simultanément elle le qualifie au moyen de l'expression: *anuttarāṃ samyaksaṃbodhiṃ.*

Cet UVS a dû paraître suffisamment explicite en lui-même pour n'avoir pas originellement nécessité d'autre terme ou expression complémentaire pour en préciser le soi-disant contenu.

Ici, contenu et énoncé de l'expérience sont bien une seule et même chose, et manifestement à l'origine se suffisaient tels quels, ne posant pas de problèmes.

Nous n'en voulons pour preuves que

a) un autre passage du VINAYA PĀLI [VIN. III, $3/_{37}$ – $4/_{3}$] mis dans la bouche du Maître:

evam eva kho ahaṃ ...
avijjāgatāya pajāya aṇḍabhūtāya
pariyonaddhāya
avijjaṇḍakosaṃ padāletvā eko 'va loke
anuttaraṃ sammāsambodhiṃ abhisambuddho ‖
sv āhaṃ ... jeṭṭho seṭṭho lokassa ‖ ‖

Ainsi vraiment moi ... [par amour] pour (dat.) ce qui est plongé dans l'ignorance, pour ce qui est né provenant d'un oeuf et pour ce qui est totalement enténébré, [moi] seul en ce monde à avoir brisé le cocon de l'ignorance, [je suis devenu] le tout illuminé jusqu'à («*abhi*»*sambuddho*) [avoir atteint] l'inégalable suprême Illumination. [Aussi] suis-je bien le plus insigne, le plus parfait de ce monde.

b) l'énoncé, sans rien de plus, également attribué au Buddha lui-même, en S. I, $68/_{12-13}$:
ahaṃ hi mahārāja anuttaraṃ sammāsambodhim abhisambuddho 'ti

c) et surtout les récits parallèles de l'Eveil dans le MAHĀVASTU et dans le LALITA VISTARA [MVU II, $133/_{10-12}$ + II, $285/_{2-3}$, + II, $416/_{3}$ + LV. $350/_{13-14}$] où nous retrouvons la formule «o» en position terminale, en tant qu'expression unique et suffisante de la *Saṃbodhi*; mais ici précédée à chaque fois d'un même UVS, propre aux doctrines des différentes sectes Mahāsāṃghikas. A savoir:

[MVU] *sarvaṃ taṃ ekacittakṣaṇasamāyuktayā prajñayā*
[LV.] *sarvaṃ tad-ekacittekṣaṇasamāyuktayā prajñayā*
«tout cela en un seul instant après l'avoir précisément atteint et compris ...»

Seul le LALITA VISTARA adjoint en finale, et assez mal-à-propos semble-t-il, le composé: *traividyādhigatā* = «les trois sciences ayant été obtenues». Placé ici ce composé ne peut-être, quant à nous, qu'une interpolation, probablement une glose marginale, qui se sera glissée dans le texte. Elle paraît d'autant plus superfétatoire que l'obtention des trois *vidyā* a déjà figurée précédemment dans la cours de ce récit.

Pour en revenir maintenant au «*Dharma-Cakra-Pravartanam*», nous ferons remarquer qu'aussi bien dans la version *Théravādin* que dans celle des *Mūlasarvastivādin*, un libellé semblable marqué «Bb» s'intercale entre l'UVS de «Ba» et la section «C» (notre formule «o»); alors qu'un tel libellé manque totalement dans les textes du MVU et du LV.[70]

Par contre les sections marquées «D» et «E», qui suivent immédiatement «C», se trouvent aussi bien dans la version Theravādin, que dans les deux versions *Mahāsāṃghika*.

Il paraîtrait donc possible, peut-être même probable, qu'antérieurement au schisme *Mahāsāṃghika* il aura existé une version similaire et plus ou moins commune d'un «DHCP.» ayant comportée déjà l'adjonction, après la formule «o», de deux UVS semblables à ceux en «D» et «E».

A l'inverse, la dissemblance des libellés de la section suivante dans la version Pāli et dans le LALITA VISTARA = nos formules «α» et «β» en «F_1» et «F_2», indiquerait probablement que les inclusions respectives de ces deux formules dans ces versions du «DHCP.» seraient postérieures au schisme et auraient eu lieu indépendamment l'une de l'autre, bien qu'au niveau sémantique la signification des deux libellés demeure très analogue.

Pour les trois premières versions du «DHCP.» de notre tableau, et comme nous l'avons déjà constaté plus haut, la formule «o» n'y est pas terminale, l'exposé s'étant enrichi de deux UVS consécutifs.

a) Le premier, la section «D» du tableau, est un UVS introductif marquant simplement le fait d'une connaissance advenue, d'une prise de conscience nouvelle. Les trois parallèles sont:

---

70 Dans le S.BH.VU le libellé du cette section introductrice «Bb» est plus développé que dans la version Pāli.

ñāṇañ ca pana me dassanaṃ udapādi	:	et la connaissance avec aussi la vision s'éleva en moi ...
jñānaṃ ca me udapāsi	:	et la connaissance s'éleva en moi ...
jñāna-darśanaṃ me udapādi	:	la connaissance-vision s'éleva en moi ...

b) Le deuxième, celui de la section «E». Les libéllés en sont les suivants:

[VIN.]	*akuppā me cetovimutti*	inébranlable est en moi la délivrance du coeur ...
[MVU + LV]	*akopyā ca me cetovimuktih ...*	

Cet UVS est tout à la fois: 1°) pour les Theravādin l'UVS qui toujours introduit la formule «α» et qui peut même à la rigueure être considéré comme en faisant partie plus ou moins intégrante[71], 2°) pour les Mahāsāṃghika du MVU partie d'un UVS plus ample et terminal, apparenté, quant au principal de son libellé *cetovimuktiḥ prajñāvimuktiḥ*, à notre formule «γ», et 3°) pour les Mahāsāṃghika du LV. partie d'un UVS définissant un état préalable à l'énoncé même de l'Eveil par la formule «β» en position terminale.

Nous retrouverons cet UVS dans l'étude des formules «γ» qui suivra plus loin et à laquelle nous renvoyons.

71 Une seule fois, en M. I, 167, nous trouvons *akuppā me vimutti* au lieu de *cetovimutti.*

FORMULE «α»

<table>
<tr>
<th>M. I, 167/$_{9-29}$</th>
<th colspan="2">A. I, 259/$_{5-12+26-34}$ + Parallèles avec légères variantes en S. II, 170/$_{28}$–171/$_{2}$ + S. III, 28/$_{26-34}$ + 29/$_{24-30}$ + S. IV, 7/$_{28-34}$ + 8/$_{20-25}$ + 9/$_{26-31}$ + 10/$_{17-22}$ + V. 204/$_{5-12}$ + 206/$_{4-7}$</th>
<th>VIN. I, 11/$_{24-31}$ ≡ S. V, 423/$_{4-11}$</th>
<th>A. IV, 304/$_{22}$–305/$_{5}$</th>
<th>A. IV, 56/$_{9-17}$</th>
</tr>
<tr>
<td rowspan="3">so kho ahaṃ bhikkhave
. . .
ajātaṃ . . . . . +
ajaraṃ . . . . . +
abyādhiṃ . . . +
amataṃ . . . . +
asokaṃ . . . . . +
asaṅkiliṭṭhaṃ . +

Ainsi moi, ô Moines
. . .
. . .
le non-né . . . +
le sans vieillesse +
le sans maladie +
l'immortel . . . +
le sans chagrin +
le non-souillé . +

– chacun de ces termes est suivi, à chaque fois, de la déclaration:
+ le parfait salut, le nirvāṇa je l'ai atteint
+ anuttaraṃ yogakkhemaṃ nibbānaṃ ajjhagamam</td>
<td rowspan="2">yato ca kho aham [khvāhaṃ] bhikkhave evaṃ lokassa ①
assādañ ca assādato
ādīnavañ ca ādīnavato
nissaraṇañ ca nissaraṇato ②
yathābhūtaṃ abbhaññāsiṃ

Mais quand moi, ô moines, de ce Monde et la satisfaction en tant que satisfait, et la misère en tant que miséreux, et l'évasion en tant qu'évadé, selon la réalité je les eus connus,

athāhaṃ bhik. sadevake loke samārake sabrahmake sassamaṇabrāhmaṇiyā pajāya sadevamanussāya

alors moi, ô moines, dans ce Monde avec son Māra et son Brahma, y compris ses Śramanes et Brahmanes, à la face de ce qui est né: dieux ou hommes,</td>
<td rowspan="2">① remplacé en S. II, 170/$_{28}$ par imāsaṃ catunnaṃ dhatūnam evam
— en S. III, 28/$_{26}$ + 29/$_{24}$ par imesaṃ pañcannam upādānakkhandhānam evam
— en S. IV, 7/$_{22}$ + 8/$_{20}$ + 9/$_{26}$ + 10/$_{16}$ ⟨yāva kīvañcāham bhik. [9/$_{26}$]⟩ imesaṃ channam ajjhattikānam ⟨bāhirānam⟩ āyatanānam evam
— en S. V, 204/$_{5}$ par imesaṃ pañcannam indriyānam
— en S. V, 206/$_{1}$ par imesam channam indriyānam<hr>② variantes augmentées en S. V, 204 + 206 avec seuls les termes initiaux
samudayañca, atthagamañca, assādañca, ādīnavañca, nissaraṇañca . . .</td>
<td>yato ca kho me bhikkhave imesu catusu ariyasaccesu evaṃ tiparivaṭṭaṃ dvādasākāraṃ yathābhūtaṃ ñāṇadassanaṃ suvisuddhaṃ ahosi</td>
<td>yato ca kho me bhikkhave evaṃ

aṭṭhaparivaṭṭaṃ adhideva-

-ñāṇadassanaṃ suvisuddhaṃ ahosi</td>
<td>yato ca kho ahaṃ brāhmaṇa imesaṃ sattannaṃ methuna-saṃyogānaṃ aññataraññataraṃ methuna-saṃyogaṃ attani appahīnaṃ na sam anupassiṃ

athāhaṃ brāhmaṇa</td>
</tr>
<tr>
<td colspan="3">⟨athāhaṃ bhikkhave⟩ sadevake loke samārake sabrahmake sassamaṇabrāhmaṇiyā pajāya sadevamanussāya</td>
</tr>
<tr>
<td colspan="5">anuttaraṃ sammāsambodhiṃ abhisambuddho 'ti paccaññāsiṃ</td>
</tr>
<tr>
<td colspan="3">ñāṇañ ca pana me dassanaṃ udapādi akuppā me cetovimutti</td>
<td colspan="3">– M. I, 167/$_{28}$ est seul à avoir au lieu de cetovimutti un simple: akuppā me vimutti</td>
</tr>
<tr>
<td colspan="6">ayaṃ antimā jāti n'atthi dāni punabbhavo 'ti</td>
</tr>
</table>

La Formule «α»

Dans tous les contextes où la formule «α» figure en position terminale d'un exposé de la *Saṃbodhi*, à l'exception de celui de l'ARIYAPARIYESANA-.S,[72] elle est toujours précédée, en premier, par l'UVS de la formule «o»:

anuttaraṃ sammāsambodhiṃ abhisambuddho 'ti paccaññāsiṃ
«je me reconnus comme totalement illuminé ⟨parce que⟩ ayant atteint la parfaite suprême Illumination».

— Dans le cas particulier de l'ARIYAPARIYESANA-S. cet UVS est remplacé par un libellé ayant une terminologie différente, mais ayant sémantiquement un sens analogue et au fond équivalent:

anuttaraṃ yogakkhemaṃ nibbānaṃ ajjhagamam[73]
«le parfait salut: le *nirvāṇa* je l'ai atteint»

Ensuite, l'ensemble des versions nous donne, sans exception, les libellés successifs:

ñāṇañ-ca pana me dassanaṃ udapādi	«la connaissance et la vision se firent jour en moi,
akuppā me cetovimutti	inébranlable pour moi est la délivrance du coeur,
ayaṃ antimā jāti n'atthi dāni punabbhavo 'ti	c'est là la dernière naissance: il n'y aura plus désormais de [nouvelle] existence.»

REMARQUE: Il serait à noter que si l'on accepte le parallélisme du Sūtra Sarvāstivādin [T. 26, p. 777 a, l. 12–18], ici (dans un contexte parfaitement parallèle) le chinois, traduit par BAREAU[74], remplace l'UVS: *akuppā me cetovimutti* par: fixées sont les choses (*dharma*) de la classe de la Voie (*mārga*)».

Que pareille substitution ait été possible, semble être un indice en faveur de la crédibilité de notre conjecture du chapitre précédent: en effet le concept même de *cetovimutti*, ayant dû appartenir à «la classe de la Voie»[75], dénoterait bien un état à réaliser avant l'Illumination, relevant de ce que nous avons dénommé le «Seuil de l'Eveil» et non de l'Illumination proprement dite.

Venons en maintenant au libellé même de l'UVS terminal de cet exposé de l'Eveil du «DHCP.» en Pāli: c'est à dire la formule «α» proprement dite. — Celle-ci peut-être décomposé en deux UVS, auxquels nous attribuerons les sigles «α_1» et «α_2»:

«α_1»: *ayaṃ antimā jāti*: «ceci est la dernière naissance»
«α_2»: *n'atthi dāni punabbhavo 'ti*: «désormais il n'y a plus de (nouvelle) renaissance».

---

72 M. I, $167/_{9-29}$.
73 M. I, $167/_{26-27}$.
74 BAREAU ⟨1963⟩ p. 72.
75 A la rigueur on pourrait aussi vouloir trouver dans «les choses de la classe de la Voie» une allusion aux «182 moments de la destruction des impuretés» (*āsravakṣaya*) particuliers aux Sarvāstivādin (?).

Notons tout d'abord, qu'au point de vue du sens, ces deux UVS, en position terminale d'un exposé du processus de l'Eveil, ne nous disent rien au sujet de l'Eveil lui-même. Ils paraissent plutôt être des constatations pures et simples de conséquences, qui, l'Illumination une fois réalisée, en auraient découlé pour son bénéficiaire. — Une observation analogue serait également de mise à propos de la formule «β», comme nous le verrons plus loin.

Il nous paraît également important de faire remarquer ici, que cette formule «β», et ce en position terminale, soit d'un exposé de l'Eveil du Maître, soit de l'obtention de l'état d'Arhant par des disciples, soit enfin d'une manière tout à fait générale: à titre exemplaire ou autre, — nous disons bien — cette formule «β» est l'UVS terminal le plus fréquent de toute la littérature canonique. Elle appartient déjà à toutes les traditions textuelles du Bouddhisme Indien sans exception aucune.

Alors qu'au contraire, et assez étonnamment d'ailleurs, on ne peut trouver[76] aucun parallèle complet de la formule «α» entière en dehors du Canon Theravādin.

En effet, avec l'aimable aide du Professeur Tadashi Tani (du Kochi Technical College), alors de passage à Vienne (Autriche), et par l'obligeante entremise du Professeur Steinkellner, nous avons éxaminé dans le Taisho les Sūtras, qui selon Akanuma Chizen[77] seraient les parallèles des Suttas Pāli où la formule «α» figure, pour tenter d'y trouver un libellé, qui puisse correspondre plus ou moins textuellement à celui de cette formule. Ce fut en vain. Il nous a été impossible d'en déceler la moindre trace.

Nous admettons volontiers que nous n'avons pu qu'effectuer là des sondages d'une ampleur fort limitée. Une collation et un dépouillement exhaustif des Sūtras des quatre Āgamas conservés en Chinois, ne serait-ce qu'à propos d'un hypothétique parallèle de notre formule «α», est en dehors de nos possibilités actuelles. — Néanmoins ces modestes sondages nous auront quand même montré qu'à chaque fois, que nous avions en Pāli une formule courte «α», le chinois avait une traduction de la formule longue «β», et ce dans des contextes dont le parallèlisme avec ceux du Pāli était indubitable. A ce que nous sachions, jamais jusqu'à maintenant le chinois n'aura fourni la traduction d'un libellé qui puisse être considéré comme un parallèle de la formule «α».

Il en résulterait indirectement, que les conclusions de Bareau[78], conjecturales il l'admet, sur la probabilité d'une antécédence de ce qu'il nomme: «le récit abrégé de l'Eveil» et de sa formule courte finale[79] paraissent difficilement soutenables, à moins de vouloir revenir à la théorie de l'identité foncière et originale entre le Canon Pāli et un hypothétique «Urkanon» original, thèse aujourd'hui linguistiquement controuvée et universellement rejetée par les érudits, occidentaux et japonais, tout au moins.

---

[76] Tout au moins dans l'état actuel de noter documentation.

[77] Akanuma Chizen: «Comparative Catalogue of Chinese Āgamas and Pāli Nikāyas» Nagoya, ⟨1929⟩.

[78] Bareau ⟨1963⟩ p. 72.

[79] C'est à dire par rapport à la version longue, intitulée par Bareau «L'Acquisition des trois sciences» avec sa formule terminale «β».

De plus, contre l'argument de BAREAU on peut faire valoir que le Sūtra Sarvāstivādin [T. 26, p. 777a, l., 12–13], qu'il donne en parallèle comme «récit abrégé Sarvāstivadin de l'Eveil», se termine par une formule, qui dans la traduction française qu'il nous en a donnée, semble étrangement proche, sinon identique, aux formules longues «β» classiques.[80]

Cette formule «α» — qui paraît donc, dans sa forme intégrale (α_1 + α_2) se trouver exclusivement dans le Canon Pāli — répétons le — se rencontre, utilisée à propos de l'Eveil même du Buddha, en trois genres de contextes différents[81]:

a) soit dans le contexte du «DHCP.» où elle est toujours précédéee en «Bb» de l'UVS suivant:

sadevake loke samārake sabrahmake sassamaṇabrāhmaṇiyā pajāya sadevamanussāya

«Dans ce monde avec ses dieux, avec son Māra, avec son Brahma, y compris ses Śramanes et ses Brāhmanes, à la face de (tout) ce qui-est né: dieux ou hommes ...»

Remarquons que ce dernier libellé se retrouve dans de nombreux passages de la litterature canonique tout entière et peut souvent y précéder, et ce même chez le Theravādin, tout aussi bien une formule «β»

b) soit dans une série de Sūtras des AṄGUTTARA et SAṂYUTTA Nikāyas où l'élément textuel précédant (c'est à dire la mention de «la maîtrise de l'évolution duodécimale des *āryasatyāni*») de la section «A» manque et où à sa place se trouve un libellé variable et sémantiquement totalement différent; mais qui y remplit néanmoins le rôle de condition préalable:

yato ca kho ahaṃ bhikkhave evaṃ lokassa assādañ ca assādato ādīnavañ ca ādīnavato nissaraṇañ ca nissaraṇato yathābhūtaṃ abbhaññāsiṃ ... [A. I, 259/$_{5-12}$ et $_{26-34}$][82]

«Mais quand moi, ô Moines, ainsi selon la réalité, je connus de ce monde à fond: et la satisfaction en tant que satisfait, et la misère en tant que miséreux, et l'évasion en tant qu'évadé ...»

ou bien en A. IV, 304/$_{27-28}$ et en A. IV, 56/$_{9-12}$

yato ca kho me bhikkhave evaṃ aṭṭhaparivaṭṭaṃ adhidevañāṇadassanaṃ suvisuddhaṃ ahosi ...

«Mais quand en moi, ô Moines, ainsi l'octuple série de connaissances et visions des dieux les plus hauts eut surgie ...»

et

yato ca kho ahaṃ brāhmaṇa imesaṃ sattannaṃ methunasaṃyogānaṃ aññatarañ-ñataraṃ methunasaṃyogaṃ attani appahīnaṃ na samanupassiṃ ...

«Mais lorsque moi, ô Brahmane, je ne perçus plus l'une ou l'autre servitude sexuelle, de l'ensemble des sept servitudes sexuelles, comme n'ayant pas été éliminée, alors ...»

---

80 BAREAU ⟨1963⟩ p. 72.

81 Cf. notre tableau.

82 Cf. avec d'assez legères variantes: S. II, 170/$_{22}$–171/$_2$; S. III, 28/$_{26-34}$ + 29/$_{24-30}$; S. IV, 7/$_{28-34}$ + 8 + 9 + 10; S. V, 204 + 206.

c) soit enfin dans l'ARIYAPARIYESANA-S. [M. I, 167/$_{9-31}$], succédant immédiatement à une suite de six libellés stéréotypes et de même structure, ayant une connotation toute particulière. En effet ces six libellés se terminent toujours par un même UVS invariable:

... *anuttaraṃ yogakkhemaṃ nibbānaṃ ajjhagamaṃ*
«... la parfaite sécurité envers les attaches de ce monde, le *nirvāṇa* je l'atteignis»

et amorcé à chaque fois par l'un des six termes différents suivants en apposition:

ajātaṃ	:	le non-né ...
ajaraṃ	:	le sans vieillesse ...
abyādhiṃ	:	le sans maladie ...
amataṃ	:	l'immortel ...
asokaṃ	:	le sans chagrin ...
asaṅkiliṭṭhaṃ	:	le non-souillé ...

Ceux-ci sont, à leur tour précédés à chaque fois de la prise de conscience de leur contraire, en tant que danger particulier, et de la déclaration d'en vouloir rechercher la délivrance.

Notons encore qu'ici la formule finale est introduite par un simple:

akuppā me vimutti, au lieu de *akuppā me cetovimutti.*

Pareil contexte semble révéler déjà, de par sa structure répétitive stéréotype et à chaque fois par l'utilisation du mot *nibbāna*, une influence scholastique, et n'aura en conséquence pu apparaître que dans une strate de la légende plus récente que celle à laquelle la formule «α» aura appartenu originellement.

Bien que, comme nous l'avons déjà noté, on ne trouve aucun parallèle exact de la formule «α» entière en dehors de la tradition Theravādin; cependant nous avons pour «α_1» au niveau sémantique, mais non littéral, un UVS documenté, aussi bien en Sanskrit qu'en Pāli, et qu'on peut considérer comme en étant un quasi parallèle:

vikṣīno jātisaṃsāro / vikkhīno ⟨vitiṇṇo⟩ jātisaṃsāro

et suivi pour «α_2» alors d'un parallèle satisfaisant ou parfait:

	UV. XXXII, 41, 43, 45, 47 (c–d)	SN. 746 (c–d)	UD. IV, 9 (c–d), p. 46
(«α_1») «α_2»	*vikṣīṇo jātisaṃsāro* *nāstīdāniṃ punarbavaḥ*	*vitiṇṇo jātisaṃsāro* *n'atthi tassa punabbhavo 'ti*	*vikkhīṇo jātisaṃsāro** *n'atthi tassa punabbhavo 'ti**

* Cf. TH. 67 (c–d) etc. + THĪ. 22 (c–d) etc., où l'on retrouve fréquemment: *vikkhīṇo jātisaṃsāro*, mais alors suivi de l'UVS «α_2» classique: *n'atthi dāni punabbhavo 'ti.*

De l'existence de ces parallèles et quasi-parallèles dans la littérature des Gāthās il nous semble licite de conclure à une ancienneté certaine et reculée des deux UVS «α_1» et «α_2». On en peut également conjecturer que la formule «α» complète, insérée dans des contextes de récits ou exposés de l'Eveil du Maître, n'y aura probablement été introduite que peu après le premier schisme.[83] En effet tout trace en manque dans les textes Mahāsāṃghika.

Maintenant et toujours à propos de la formule «α» quelques considérations encore sur son rôle et utilisation dans la tradition Theravādin.

Comme nous l'avons déjà noté dans un chapitre précédent[84], il paraît indéniable que le MAHĀVAGGA du Vinaya Pāli, dans son état actuel, débute sur une lacune.

— Bien que dans un chapitre subséquent du MAHĀVAGGA notre formule «α» y clôt l'exposé du «DHCP.» concernant l'Eveil, on peut légitimement se demander: laquelle des deux formules «α» ou «β» terminait originellement dans le Vinaya Pāli le récit de l'obtention de la Saṃbodhi, tel qu'il a dû figurer dans la partie perdue du texte original de ce premier chapitre, et ce conformément au titre conservé en colophon: *Bodhikathā niṭṭhitā* ‖ 1 ‖

Premièrement: On pourrait être tenté d'invoquer en faveur de la formule «α» les *Ariyapariyesana°* et *Upakkilesa-Suttas*[85] [M. I, $167/_{26-28}$ et M. III, $162/_{23-24}$]. Cependant leurs témoignages ne pèsent pas lourd en faveur de ce choix, vu que les contextes qui y précèdent la formule «α» sont aberrants par rapport aux autres récits Theravādin de l'Eveil et dénotent tous les deux des compositions particulières ne correspondant que d'assez loin aux récits biographiques incorporés dans la plupart des Vinayas des autres sectes.

Deuxièmement: On pourrait donc tout aussi bien opter pour la formule «β», comme ayant dû figurer dans le récit perdu (?). En effet, dans ce même MAHĀVAGGA nous trouvons plus loin cette formule «β» utilisée à titre exemplaire-idéal dans la dernière partie du «Sermon de Bénarès»[86] adressée aux «Cinq». Elle y est suivie deux lignes plus bas par la mention sur laquelle se termine l'épisode:

> *imasmiñ ca pana veyyākaraṇasmiṃ bhaññamāne pañcavaggiyānaṃ bhikkhūnaṃ anupādāya āsavehi cittāṇi vimucciṃsu ‖ tena kho pana samayena cha loke arahanto honti ‖ ‖* [VIN. I, $14/_{34-37}$].[87]
>
> «En outre, quand cette explication eut été donnée, les pensées (ou les esprits) des moines du groupe des «Cinq» furent complétement délivrées des impuretés. A ce moment il y eut six Arahants en ce monde.»

L'ARIYAPARIYESANA-S., par contre, emploit, pour faire constater cette même obtention du but par les «Cinq», la formule «α» [M. I, $173/_{18}$].

Il est évident que, dans l'état actuel de notre documentation, la question de savoir laquelle des formules «α» ou «β» aura figuré dans le texte original perdu du début du Vinaya Pāli ne peut-être tranchée d'une manière décisive. Néanmoins,

---

83 Et ce dans un contexte aussi important que le «DHCP.» pāli.

84 Chap. I, 24.

85 L'UPAKKILESA-S. se singularise par une substitution d'une série de sept *Samādhi*, à la place des quatre Dhyānas classiques. Mais, dans la littéralité du libellé, ces sept Samādhis correspondent *verbatim* aux libellés des Dhyānas classiques. Ensuite le texte passe directement à: *ñaṇañca pana me dassanaṃ udapādi.*

86 VIN. I, $14/_{31-32}$ = S. III, $68/_{24-25}$.

87 Cf. S. III, $68/_{29}$ où le discours et le sutta se terminent sans autre mention en: *vimucciṃsuti.*

quant à nous, nous pencherions plutôt en faveur de la formule «β». En effet, avec elle il y aurait une conformité complète entre la version Pāli et celle des autres Vinayas.

Avec l'unique exception du passage de l'ARIYAPARIYESANA-S., noté ci-dessus et concernant les «Cinq», nulle part ailleurs dans tout le Canon Pāli la formule «α» n'aura été utilisée à propos de l'obtention de l'état d'Arahant par un ou des disciples.

Par contre la formule «β» y est généralement utilisée, quasi à titre d'une «formule liturgique», comme d'ailleurs dans toutes les autres traditions canoniques.

Il serait à noter qu'en SN. 502 nous trouvons utilisés à titre exemplaire ces mêmes UVS de la formule «α» presque au complet:

ayam antimā n'atthi punabbhavo'ti

Remarquons qu'en «α_1» il y manque le terme *jāti*, qui paraît sous-entendu et en «α_2» celui de *dāni* au fond superfétatoire quant au sens. Très probablement ces deux mots auront été omis ici pour des raisons de mètre.

Pour être complet, nous devons encore mentionner l'occurence de l'UVS «α_2» seul et en position terminale dans un autre contexte qui se retrouve à plusieurs reprises dans le Canon Pāli, et ce à propos d'un exposé exemplaire mis dans la bouche du Buddha [S. V, 432/$_{3-8}$; A. II, 1/$_{16-20}$; A. IV, 105/$_{20-24}$]

tayidaṃ bhikkave
ariyaṃ sīlaṃ anubuddhaṃ paṭividdhaṃ
ariyo samādhi anubuddho paṭividdho
ariyā paññā anubuddhā paṭividdhā
ariyā *vimutti anubuddhā paṭividdhā*
ucchinnā bhavataṇhā khīṇā bhavanetti[88]
(«α_2») *n'atthi dāni punabbhavo ti.*

«Lorsque ô Moines la noble moralité est éveillée et pénétrée,
la noble concentration est éveillée et pénétrée,
la noble sagesse est éveillée et pénétrée,
la noble délivrance est éveillée et pénétrée,
(alors) coupé est le désir d'exister, détruit est le support (*lit*: le conduit) de l'existence.
Il n'y aura plus desormais de (nouvelle) naissance.»

---

88 Pour l'UVS: *khīṇā bhavanetti* un équivalent assez fréquent: *bhavanetti samūhata* se trouverait par ex en M. D., 105/$_{14}$ et en THA. 604 d + 891 d, ou THĪ 11 e, etc. Cf. aussi UV. XXXII, 46 a + 47 a: *ucchinnabhavatṛṣṇasya* comme parallèle de *ucchinnā bhavataṇhā*, ou encore à propos du Buddha lui-même MVU. I, 247/$_{18}$: *aśeṣā bhavanetri-saritā ucchoṣitā.*

La Formule «β»

Notons tout d'abord que, seule, parmi les différentes versions du «DHCP.», c'est celle du LALITA VISTARA où se trouve notre formule «β», et ce en finale.

D'autre part et comme nous l'avons déjà fait remarquer, cette formule «β» est de loin la plus fréquente des formules terminales de toutes les traditions canoniques: qu'il s'y agisse de la *Saṃbodhi* du Maître, de l'obtention de l'état d'*Arahant* par un ou des disciples,[30] ou enfin d'enseignement exemplaire du chemin. Son libellé demeure particulièrement constant à travers l'ensemble de la tradition et la correspondance entre les parallèles est littérale, à un UVS près: le dernièr; et même encore là la littéralité du parallélisme est, dans le cas du MAHĀVASTU et du Pāli, quasi-parfaite.

UVS.	PĀLI	BHS. (MAHĀVASTU) +	SKR. (LV. et SBHVU.)
β_1	*khīṇā jāti*	*Kṣīṇā me jātir*	
β_2	*vusitaṃ brahmacariyaṃ*	*uṣitaṃ brahmacaryaṃ*	
β_3	*kataṃ karaṇīyaṃ*	*kṛtaṃ karaṇīyaṃ*	
β_4	*nāparaṃ itthattāyā 'ti*	*noparimṃ-itthatvaṃ-iti*	*nāparam-asmād-bhavaṃ*
	abbhaññāsiṃ	*prajānāti*	*prajānāmīti*
β_1	— épuisée est la naissance	— — épuisée pour moi la naissance, — —	
β_2	— — — — — — — — — — — parfait le renoncement — — — — — — — — — — —		
β_3	— — — — — — — — — fait ce qui devait être fait — — — — — — — — —		
β_4	afin qu'il n'y ait plus à nouveau d'existence pareille (Dat. final)*	afin qu'il n'y ait plus à nouveau d'existence pareille (Acc. adverbial)	[et] il n'y aura plus à nouveau d'existence dérivant de celle-ci (Abl.)
	je le sus totalement	Il le sait réellement	je le sais réellement

* Cf. VON HINÜBER ⟨1968⟩ p. 182, § 166.

La seule variante d'importance que nous connaissions est chez YASOMITRA : KOŚAVYĀKHYA, $654/_{25}$, employée à propos de disciples et réduite à:

> *Kṣīṇā me jātir yāvan nāparam asmād bhavaṃ prājānāmīti* || ||
> «Epuisée pour moi est la naissance **dans la mesure où** (*yāvan*) je comprends qu'il n'y aura plus d'autre existence.»[90]

Cette formule y suit sans autre UVS préalable: *vimuktasya vimukto 'smīti jñāna-darśanaṃ bhavati.*

Comme pour la formule «α» il nous faut constater ici aussi qu'aucun des UVS, en lesquels nous avons décomposé cette formule «β», ne nous apprend quoique ce soit sur l'expérience même de la *Saṃbodhi*, ou sur son soi-disant contenu. En effet

---

89 Dans les cas de l'emploi de la formule à propos de l'obtention de l'état d'Arahant par un ou des disciples, elle paraît avoir quasi la valeur d'une formule liturgique.

90 Trad. BAREAU ⟨1963⟩ p. $85/_{31}$. SCHMITHAUSEN ⟨communication pers.⟩ considérerait cette formule de YASOMITRA tout simplement comme un abrégé de la formule «β» normale. D'après lui *yāvat* aurait le sens de «jusqu'à ...» et non de «dans la mesure où ...» et serait d'un usage courant dans les citations en abrégé.

FORMULE «β»

Vin. III, $5/_{30-35}$ + **A. IV**, $179/_{4-9}$ + **M. I** $23/_{21-25}+249/_{14-18}$ + **M. III**, $36/_{23-28}$	**SBhVu. I**, $118/_{35}-119/_{4}$ + **Yasomitra**: Kośavyākhya: $273/_{20-21}+654/_{24-25}$	**MVu. III**, $447/_{5-8}$	**LV.** $418/_{17-21}$ (Dharma-Cakra-Pravar-tanam)	**Yas. Kośavyākhya** $642/_{21-26}$ [Lamotte ⟨1970⟩ p. 1508] cf. Daśabalasūtra p. 223 (419)
tassa me evaṃ jānato evaṃ passato *kāmāsavā pi cittaṃ vimuc-cittha* *bhavāsavā pi cittaṃ vimuc-cittha* *⟨diṭṭhāsavā pi cittaṃ vimuc-cittha⟩** *avijjāsavā pi cittaṃ vimuc-cittha* *vimuttasmiṃ vimuttam iti ñāṇaṃ ahosi*	*tasyaivaṃ jānata evaṃ paśyataḥ* *kāmāśravāc cittaṃ vimu-cyate* *bhavāśravād cittaṃ vimu-cyate* *avidyāśravāc cittaṃ vimu-cyate* *vimuktasya vimuktam eva*** *jñānadarśanaṃ bhavati*	*anupādīyanto* *pratyātmam-eva* *parinirvāyati*	*akopyā ca me cetovimuktiḥ* *prajñāvimuktiśca sākṣātkṛta* *tato 'haṃ bhikṣavo* *'nuttaraṃ samyaksambodhim* *abhisaṃbuddho 'smi iti* *pratijñāsiṣaṃ* *jñānadarśanaṃ me udapādi*	*tathāgata āsravāṇāṃ kṣayād* *anāsravāṃ cetovimuktiṃ* *prajñāvimuktiṃ dṛṣṭa eva dharme* *svayam abhijñāya* *sākṣātkṛtvopasaṃpadya* *prativedayate*
de ceci, ayant ainsi en moi la connaissance et la vision, ma pensée fut délivrée des impuretés du désir, de l'existence, ⟨des vues erro-nées⟩ et de l'ignorance; [alors] en moi le délivré (loc.) la conscience ainsi libérée existe (ou se fait jour).	de ceci ainsi la connais-sance avec la vision a déli-vré sa pensée des impuretés du désir, de l'existence, et de l'ignorance; [alors] du délivré (ou chez le . . .) (gén.) la conscience-vision ainsi libérée existe (ou se fait jour).	ne s'attachant à rien il réa-lise ainsi par lui même (ou: en sa personne) le *nirvāṇa*		
khīṇā jāti *vusitaṃ brahmacariyaṃ* *kataṃ karaṇīyaṃ* *nāparaṃ itthattāyā 'ti* *abbhaññāsiṃ*	*kṣīṇā me jātir* *uṣitaṃ brahmacaryaṃ* *kṛtaṃ karaṇīyaṃ* *nāparam asmād bhavaṃ* *prajānāmīti****	*kṣīṇā me jātir* *uṣitaṃ brahmacaryaṃ* *kṛtam karaṇīyaṃ* *noparim-itthatvam-iti* *prajānāti*	*kṣīṇā me jatir* *uṣitaṃ brahmacaryaṃ* *kṛtaṃ karaṇīyaṃ* *nāparasmād-bhavaṃ* *prajānāmi*	*kṣīṇā me jātir* *uṣitaṃ brahmacaryaṃ* *kṛtam karaṇīyaṃ* *naparam asmād bhāvaṃ* *prajānāmīti*

* Vin. seul
** *vimukto 'smīti* (Yas.)
*** **Variante: Yas. Kośavyākhya** $654/_{25}$: *Kṣīṇā me jātir yāvan nāparaṃ asmād bhavaṃ prajānāmīti*

Remarque: Dans notre traduction du tableau ci-dessus nous comprenons *tassa* comme un «*genitivus objectivus*». Cf. v. Hinüber ⟨1968⟩ § 214, p. $225/_{15}$.

nous n'avons là aussi, que des constatations regardant des conditions préalables et déjà réalisés précédemment: «β_2» et «β_3», soit des conséquences ayant résultées de l'Eveil, l'Illumination une fois obtenue: «β_1» et «β_4».

Il est à constater que les deux formules «α» et «β» ont sémantiquement exactement la même fonction: celle d'exprimer que, pour celui qui aura fait l'expérience de l'Illumination, il est d'évidence que la ronde du *saṃsāra* a été définitivement brisée.

Nous aurons encore à apprécier la portée de cette constatation dans nos conclusions, non sans l'avoir confrontée également avec quelques autres libellés canoniques exprimant des idées analogues ou apparentées.

Un point à noter est que parmi les quatre UVS de notre formule «β» seul le deuxième se retrouve dans les Gāthās et y est précédé soit de *vedāntagas/vedantayū*:

> *vedāntagaś ca-uṣitabrahmacaryaḥ* [Uv. XXXIII, 13 c]
> *vedantagū vusitabrahmacariyo* [Ud. I, 4 c + Vin. I, $3/_7$ + Sn. 463 b]
> «Etant allé jusqu'au bout de la connaissance et ayant parfait le renoncement»,

soit de *khīṇāsava: khīṇāsavā vusitabrahmacariyā*[91]

Pour conclure ce paragraphe consacré à la formule «β» en tant qu'énoncé terminal d'exposés relatifs à la *Saṃbodhi* dans les récits biographiques canoniques, nous devons constater la quasi identité des libellés Sanskrits (S.BH.VU + CPS) et Pāli, non seulement quant à leurs formules «β», mais aussi quant à l'énoncé qui les y précède; voir notre tableau ci-dessus et la traduction ci-dessous:

«En moi alors ayant de tout cela* et la connaissance, et la vision,		
«ma pensée étant délivrée des impuretés du désir,		
« —"—	de l'existence,	
« —"—	⟨des vues fausses⟩: seulement Vin. III, $5/_{33}$	
« —"—	de l'ignorance	
«en moi, le délivré, la conscience fut dorénavant ainsi libérée»		(aoriste ou présent)

* *tassa me evaṃ jānato* P.
tasyaivam jānata SKR.
Ici *tassa/tasya* serait un «genitivus objectivus»: cf. v. Hinüber ⟨1968⟩ § 214, p. $225/_{15}$.

Les mots clefs de l'énoncé nous paraissent être pour le Sanskrit: *vimuktam eva jñānadarśanaṃ*[92] et pour le Pāli: *vimuttam iti ñāṇaṃ.*[93]

Ces UVS ont déjà fait couler pas mal d'encre: Il faut citer surtout l'importante note du mémoire capital de Schmithausen ⟨1981⟩ pp. 219 – 220: note 69, les courtes lignes de Vetter ⟨1988⟩ p. XXIII/$_{23-31}$, traduisant: «*in the released [person] is the knowledge: it is released (vimuttam iti).*» v. Hinüber ⟨1968⟩ p. 301, § 303 b, et enfin Ergardt ⟨1977⟩ p. 48 – 49 pour les variantes des manuscrits: *vimuttamhi ti* et *vimutt 'amhīti*, cette dernière correspondant à Vin. I, $14/_{30}$, et qui aurait comme

---

91 Sn. 493 (a – b): *rāgañ ca dosañ ca pahāya mohaṃ khīṇāsavā vusitabrahmacariyā.*
92 Pour le Skr.: S.BH.VU I, $119/_{2-3}$. Cf. Yaś. $273/_{22-23}$: *vimukto 'smīti jñānadarśanam.*
93 Pour le Pāli: Vin. III, $5/_{33}$ + A. IV, $179/_6$ + M. I, $23/_{23-24}$ + $249/_{16}$ + M. III, $36/_{26}$.

parallèle sanskrit en NIDĀNASAṂYUKTA, 7. 14 [TRIPĀṬHĪ ⟨1962⟩ p. $119/_{18}$] et en YAŚ. $273/_{22}$: *vimukto 'smīti.*

A nos yeux SCHMITHAUSEN dans ses analyses exhaustives des libellés s'est laissé prendre par une problématique qui ne nous paraît pas bien convaincante. En effet il verrait dans une antécédence originelle d'un terme «*cittam*» dans le membre de phrase précédant une nécessité contraignante afin de pouvoir construire *vimuttam iti*, rapportant alors le «p.p.p. neutre» *vimuttam* à ce «substantif neutre» *cittam*. Il nous resterait alors dans cet UVS: *vimuttasmiṃ vimuttam iti ñāṇaṃ hoti* un libellé employé également fréquemment hors de son contexte (c'est à dire sans *cittam* préalable) et alors réduit à une espèce de reliquat stéréotype devenu inconstruisible. En tant qu'explication interprétative d'un pareil usage de cet UVS cela paraît bien peu convaincant.

Quant à nous, nous croyons que l'on peut construire: *vimuttam* ... *ñāṇaṃ* ⟨subst. neutre + attribut le précédant⟩ *ahosi*, à condition de ne pas voir dans *iti* un indicateur de «discours direct» et de le considérer simplement comme un terme «déictique» indéclinable, utilisé pour appuyer, accentuer, insister sur le sens du participe attribut qui le précède[94], exactement comme l'indéclinable *eva* se trouve employé dans le texte parallèle sanskrit du S.BH.VU:

PĀLI: *vimuttasmiṃ* (locatif sg.) *vimuttam iti ñāṇaṃ* (Subst. n.) *ahosi* (aor.)
«chez le délivré ainsi (certes) libéré la conscience exista.»

SKR.: *vimuktasya* (génitif sg.) *vimuktam eva jñānadarśanaṃ* (subst. n) *bhavati* (présent)
«Du délivré ainsi (certes) libérée la conscience-vision existe.»

En justification de cette interprétation par l'équivalence des termes déictiques *iti* (Pāli) *eva* (Skr.) nous donnerons les Gāthās parallèles suivants:

DHP 63:	*yo bālo maññati bālyaṃ*	*paṇḍito vāpi tena so* ‖
	bālo ca paṇḍitamānī	*sa ve bālo ti vuccati* ‖ ‖
PTN.DHP. 184:	*yo bālo bālamānī*	*paṇḍito cāpi tu(?)ttha so* ‖
	bālo tu paṇḍitamānī	*sa ve bālo ti vuccati* ‖ ‖
UV. XXV, 22:	*yo jānīyād ahaṃ bāla*	*iti bālaḥ sa paṇḍitah* ‖
	bālaḥ paṇḍita māni tu	*bāla eva nirucyate* ‖ ‖

et comme exemple d'emploi déictique de iti aussi bien en Pāli qu'en Sanskrit:

THA. 129:	*api ce hoti tevijjo*	*maccuhāyī anāsavo* ‖
	appaññāto 'ti naṃ bāla	*avajānanti ajānatā* ‖ ‖
UV. XIII, 13	*traividyaḥ syāt sa ced bhikṣur*	*mṛtyuhantā nirāsravaḥ* ‖
	alpajñātam iti jñātvā	*hy avajānanty ajānakāḥ* ‖ ‖

[94] D'après DELBRÜCK ⟨1888⟩ p. $532/_{39}-533/_{2}$ l'utilisation de *iti* pour souligner, mettre en relief le mot, l'adjectif qui le précède serait bien attesté: «*Sehr häufig kommt es vor, dass der angeführte Satz nur aus einem Appellativum besteht. Dann hat* iti *oft die Bedeutung wie unsere Anführungsstriche.*» Cf. également SPEYER ⟨1896⟩ p. $94/_{8}$, § 292: «*Bisweilen dient* iti *wie unser 'nämlich' zur Specialisierung eines allgemeinen Terminus.*»

Note additionelle

Dans une dernière communication personnelle[95] SCHMITHAUSEN nous fait part de ses réserves à l'égard de notre construction du libellé ci-dessus et considère notre lecture de *vimuttam iti* (comme faisant partie d'un seul et même UVS: *vimuttam iti ñāṇaṃ*) «tout à fait inacceptable».

En effet, pour lui, la fonction de «*iti*» ne pourrait pas être considérée ici comme «déictique» et indiquer un simple renforcement. En tant qu'antécédent immédiat de *ñāṇaṃ* il serait ici, d'après lui, clairement indicatif d'un «discours indirect».

Il réaffirme également que son argument principal pour une construction impliquant un «*cittam*» préalable (et qui manquerait ici à cause d'un changement de contexte) repose sur le fait que dans les expressions décrivant chez une personne l'apparition d'une pensée, la personne en question devrait toujours y figurer au «génitif» et non pas au «locatif». Par exemple le fréquent: «*tasyaivam bhavati* ...» (il lui vient la pensée suivante ...). — Effectivement dans le parallèle sanskrit du S.BH.VU *vimuktasya* est un génitif.

«Pour pouvoir se convertir à notre façon de voir — nous écrit-il — il faudrait qu'on lui prouve que l'emploi régulier d'un «locatif» dans le sens de «chez qui une pensée surgit» peut-être clairement documenté par des citations textuelles.»

SCHMITHAUSEN met également en doute notre interprétation, comme équivalence, du parallèlisme *iti/eva* aussi bien dans les différents libellés de la formule «β» que dans les versets cités à l'appui.

Cependant nous ne pensons pas que les arguments de SCHMITHAUSEN soient absolument convaincants. Quoique son interprétation demeure toujours une possibilité parmi d'autres, nous ne voyons pas dans son argumentation un «empêchement dirimant» à la construction proposée ci-dessus.

En effet avec ces libellés nous avons à faire aux strates les plus anciennes de la tradition, strates dans lesquelles l'interchangeabilité ou le flou de l'emploi des «*cas indirects*», que l'on trouve fréquemment dans les textes canoniques, est le plus fréquent et pourrait être justement en cause ici. — Ce «locatif» Pāli, au lieu du «génitif» Sanskrit du S.BH.VU, ne pourrait-il pas être compris ainsi? Et même si l'on considérait le cas comme exceptionnel, ne témoignerait-il pas, précisément à cause de cela même, son archaïsme?

D'autre part toute l'argumentation de la note 69, p. 220 de SCHMITHAUSEN ⟨1981⟩ tendant à expliquer l'origine des «*vimutt 'amhīti*» et *vimukto 'smiti*» des variantes:

> *vimuttasmiṃ vimutt 'amhīti ñāṇaṃ hoti* [VIN. I, $14/_{30-31}$] (Enseignement aux «Cinq Disciples»)
>
> *vimuktasya vimukto 'smīti jñāna-darśanaṃ bhavati* [YAŚ. $273/_{20sq.}$ + $654/_{24\,sq.}$] (concernant le Buddha)

nous paraît des plus complexe. Dans sa communication SCHMITHAUSEN y ajoute:

«K. R. NORMAN, dans un article qui va paraître prochainement, a pris position quant à ce passage et propose plusieurs solutions, à mon avis, peu convaincantes. En un point cepen-

[95] Lettre du 21. X. 89.

dant je tendrais à lui donner raison: c'est qu'on doit donner la préférence à la variante Pāli *vimutt'amhīti*, conforme à celle des *Mūlasarvāstivādin : vimukto 'smīti*.
Egalement la proposition de v. HINÜBER de comprendre *vimuttasmiṃ* comme *vimutt 'asmiṃ* est fort tentante.
Tout cela change peu en ce qui concerne mon interpretation. Aussi, actuellement je traduirait:

«Nachdem es (das citta!) befreit ist, entsteht bei ihm [oder bei mir] die Einsicht: «Ich bin befreit».»

Pour finir il ajoute la remarque: «Es ist gut möglich, daß das «*asmi*» später als mißdeutbar (*asmimāna!*) empfunden und deshalb beseitigt wurde» = «Il est bien possible que plus tard une mésinterprétation de cet «*asmi*» (en *asmimāna!*) aura été ressentie comme possible et qu'à cause de cela ont l'ait écarté».
(Notre traduction d'un passage d'une lettre personelle de SCHMITHAUSEN).

En ce qui concerne les autres parallèles cités
a) le MAHĀVASTU a un, tout autre et court, préambule:
anupādīyanto pratyātmam eva parinirvāyati[96]
«n'ayant plus aucune convoitise en soi-même il est complétement nirvané»;
b) le LALITA VISTARA, lui, prélude avec un UVS très similaire à une partie du libellé de notre formule «γ», suivie de l'UVS de notre formule «o», pour terminer avec la formule «β»;
c) quant au DASABALA-SŪTRA Sanskrit[97] il fait précéder la formule «β» d'un parallèle exact du libellé de notre formule «γ».

Nous retrouverons ces deux libellés b) et c) dans le paragraphe suivant consacré aux formules «γ» et à leurs parallèles plus ou moins proches.

---

96 MVU III, 447/6.
97 YAŚ. 624/24–26 et autres.

La Formule «γ»

Nous devons maintenant examiner la quatrième des formules terminales du «Dhcp». Celle-ci se présente avec un libellé similaire à la majeure partie d'un libellé affecté par nous du sigle «γ» et qui se retrouve très fréquemment dans nos textes canoniques, comme «formule terminale» d'énoncés et de mentions: a) soit de l'Eveil du Maître,[98] b) soit à propos de l'obtention de l'état d'Arhant par un disciple nommément désigné[99] et c) à titre exemplaire, et ce dans un nombre si considérable de passages des quatre Nikāyas qu'il ne peut-être question d'en donner ici les références complètes. Enfin d) le libellé apparaît également, en entier ou quasi en entier, en position pré-terminale et suivi de la formule «β»: à propos d'un disciple en Ud., p. $23/_{24-27}$ (cf. idem $23/_{3}-24/_{1}$) et à propos du Buddha en Yaś. $642/_{24-26}$ et LV. $418/_{17-18}$.

En A. II, $37/_{10-15}$ le Buddha, parlant de lui-même, termine par la formule «γ» après avoir déclaré:

ahaṃ hi brāhmaṇa cetovasippato vitakkapathesu ahaṃ hi brāhmaṇa catunnaṃ jhānānaṃ abhicetasikānaṃ diṭṭhadhammasukhavihārānaṃ nikāmalābhī akicchalābhī akasiralābhī, ahaṃ hi brāhmaṇa ...

«Car moi, ô brahmane, ayant, dans les chemins de la réflexion, parfaitement maîtrisé mon coeur, oui moi, ô brāhmane étant maître à volonté sans difficulté et sans effort des quatre *dhyāna* ⟨les ayant⟩ expérimentés jusqu'au fond en tant qu'heureux états dans lesquels s'entretenir en ce monde, en effet moi, ô brahmane ...»

suit la formule «γ»:

āsavānaṃ khayā anāsavaṃ cetovimuttiṃ paññāvimuttiṃ
diṭṭh' eva dhamme sayaṃ abhiññā sacchikatvā upasampajja viharāmīti || ||

Nous retrouverons ce même libellé final en S. II, $214/_{19-21}$ et en M. I, $482/_{34-36}$[100] mis dans la bouche du Buddha à propos de soi-même et succédant à des mentions du premier et deuxième *vidyā/ vijjā*; par conséquent y jouant tout à la fois le rôle du troisième et dernier *vidyā*, ainsi que celui d'une annonce de l'Eveil.

En M. I, $73/_{36}-74/_{3}$ la même formule termine un autre énoncé du Buddha, se référant à sa propre expérience, et y est précédée d'un libellé particulier:

nibbānañ-cāhaṃ Sāriputta pajānāmi nibbānagāmiñ-ca maggaṃ nibbānagāminiñ-ca paṭipadaṃ yathāpaṭipanno ca ...

«Car moi, ô Sāriputta, je compris le *nirvāṇa*, le chemin menant au *nirvāṇa* et la ligne de conduite à suivre selon le point atteint du cheminement vers le *nirvāṇa*.»

---

98 M. I, $73/_{36}-74/_{3}$ + $482/_{34-36}$; A. II, $37/_{13-15}$ + A. III, $418/_{26-27}$ + A. V, $36/_{10-12}$ + $69/_{19-20}$; S.II, $214/_{19-21}$.

99 S. II, $214/_{22-24}$ + S. V, 305–306 + $356/_{29-31}$ + $358/_{7-9}$.

100 Cf. A. V, $69/_{16-20}$ avec un libellé parallèle, mais à la troisième personne à propos du Buddha lui-même.

FORMULE «γ»

M. I, $482/_{34-36}$ + A. II, $37/_{13-15}$ + S. II, $214/_{19-21}$	M. I, ($71/_{10-12}$)+ ($73/_{36}$–$74/_{3}$) + A. III, $418/_{26-27}$ + V. $36/_{10-12}$+$69/_{19-20}$	YAS. KOŚAVYAKHYA p. $642/_{24-26}$ et les DESABALA-S. sanskrits.	MVU. III, $333/_{16-17}$	LV. $418/_{17-18}$	VIN. I, $11/_{29-31}$
ahaṃ hi . . . ⟨*ahañca . . .* ⟨S. II, 216⟩⟩	*Tathāgato* ⟨*Bhagavā* ⟨A. V, 69⟩⟩	*Tathāgata*	*athāhaṃ . . . jñānaṃ ca me udapāsi*	*. . . tato 'ham . . . jñāna-darśanaṃ me udapādi*	*athāhaṃ . . . ñāṇañ ca pana me dassanaṃ udapādi*
. . . āsavānaṃ khayā ① *anāsavaṃ cetovimuttiṃ paññāvimuttiṃ*		*āsravāṇāṃ kṣayād anāsravāṃ cetovimuktiṃ prajñāvimuktiṃ*	*akopyā ca me cetovimuktiḥ prajñāvimuktiḥ*	*akopyā ca me cetovimuktiḥ prajñāvimuktiśca*	*akuppā me cetovimutti*
diṭṭhe va dhamme sayaṃ abhiññā ②		*dṛṣṭa eva dharme svayam abhijñāya*			
sacchikatvā upasampajja		*sākṣātkṛtvopasaṃpadya*	*sākṣikṛtā*	*sākṣātkṛtā*	
viharāmi	*viharati*				
	⟨+ *tañ ca pajānāmi* ⟨M. I, $74/_{3}$⟩⟩	suit immédiatement la formule «β»		suit immédiatement la formule «β»	suit immédiatement la formule «α»
	① En M. I, $73/_{36}$–$74/_{1}$ précédé de: *nibbānañ-cāhaṃ . . . pajānāmi nibbānagāmiñ-ca maggaṃ nibbānagāminiñ-ca paṭipadaṃ yathāpaṭipanno-ca*				
	② Dans l'apparat critique de M. I, $71/_{11}$, p. 535 variante de deux manuscrits: *abhiññāya*				

Enfin nous avons les nombreuses inclusions de cette formule, en tant que dixième *bala* des listes des *jñānabala*, dans les DAŚABALA-SŪTRAS[101] de toutes les traditions bouddhistes, avec pour les versions sanskrites le plus souvent la particularité d'y être suivi de la formule «β» en position terminale.

Serait encore à citer un texte de LALITA VISTARA[102] adressé aux «Cinq»:

> *śrotam avadadhata aham avavadāmy anuśāsmi yathā mayā samyag avavaditāḥ samyag anuśiṣṭā yūyam apy āśravāṇām cetovimuktiṃ prajñāvimuktiṃ ca dṛṣṭā eva dharmasākṣātkṛtvopasaṃpadya pravedayiṣyatha* ... (suivi de la formule «β»)
> «Prétez l'oreille, je vous éclairerai et enseignerai de telle manière que, correctement éclairés et enseignés par moi, vous aussi, ayant déjà réalisé et atteint dans ce monde la délivrance des impuretés: et par le coeur, et par l'esprit, vous puissiez déclarer: ...» suit une formule «β».[103]

Nous passerons maintenant à l'examen du libellé même de cette formule «γ» et des UVS qu'on y peut distinguer:

γ1	*āsravāṇāṃ kṣayād* / *āsavānaṃ khayā* } (Abl.)	: par suite de la destruction des impuretés
γ2	*anāsravāṃ cetovimuktiṃ prajñāvimuktiṃ* / *anāsavaṃ cetovimuttiṃ paññāvimuttiṃ*	: ⟨établies⟨?⟩⟩ la délivrance de cœur et la délivrance de l'entendement purifiés de toute souillure
γ3	*dṛṣṭa eva dharme* / *diṭṭh'eva dhamme*	: déjà dans l'existence présente
γ4	*svayam abhijñāya* / *sayaṃ abhiññā* } (Absolutif intransitif)	: ayant de par moi même obtenu la connaissance suprême
γ5	*sākṣātkṛtvopasaṃpadya* / *sacchikatvā upasampajja*	: après avoir clairement saisi et réalisé (ou acquis)
γ6	*pratívedayate* (suivi de la formule «β») / *viharāmi/viharati*	: il proclame (la formule β) / : je/il demeure ⟨ainsi⟩

La construction de ce libellé est problématique et fait difficulté, aussi bien en Sanskrit qu'en Pāli. Les traductions anglaises de la «P.T.S.» (MAJJHIMA°, SAṂYUTTA°, et AṄGUTTARA-NIKĀYA) sont loin d'être convaincantes, également celle de GEIGER ⟨1924⟩ p. 276, et même celle de Mgr. LAMOTTE ⟨1970⟩ p. 1509 nous paraissent contestables. La plupart attribuent une même fonction syntactique

---

101 M. I, $71/_{10-12}$; A. III, $418/_{26-27}$; A. V, $36/_{10-12}$; YAŚ. $648/_{24-25}$; WALDSCHMIDT ⟨1979⟩ p. $223/_{419}$; etc. ... Cf. LAMOTTE ⟨1970⟩ p. 1509–1510.

102 LV. $409/_{10-14}$.

103 *kṣīṇa no jātir usitaṃ ca brahmacaryaṃ kṛtaṃ karaṇīyaṃ naparaṃ iti yato 'nyad bhavam prajānām iti.* WALDSCHMIDT ⟨1982⟩ p. 195 traduit: «Zu Ende ist für uns die Geburt, der heilige Wandel vollbracht und getan, was zu tun war. Hinfort werden wir niemals zu neuem Dasein geboren werden!»

transitive à l'absolutif: *abhijñāya/abhiññā*[104] et aux deux autres absolutifs suivants en «γ_5»: *sākṣātkṛtvopasampadya/sacchikatvā upasampajja.* En effet d'après les traductions citées[105] ces trois absolutifs régiraient ensemble un même complément d'objet direct à l'accusatif, c'est à dire: *anāsravāṃ cetovimuktiṃ prajñāvimuktiṃ/anāsavaṃ cetovimuttiṃ paññavimuttiṃ.*

Ainsi l'UVS «γ_2» devient tout à la fois expression-annonce de l'Eveil et son soi-disant contenu. C'est là le hic. — En effet il nous semble tout aussi difficile de concevoir cet UVS «γ_2» comme ayant été expression même de l'Eveil ou de son contenu, que de considérer ces deux «délivrances» comme n'en avoir été qu'une simple conséquence.[106]

Nous verrions là un argument analogue à celui qui, au chapitre précédent nous aura fait circonscrire le rôle des *āryasatyāni* et de l'*āsravakṣaya* à celui de préambule de l'Eveil et nous aura amener à y voir le «Seuil» immédiat de l'Eveil et non l'Eveil proprement dit ou son soi-disant contenu.

Pour nous, sémantiquement, ces délivrances (le doublet *cetovimukti prajñāvimukti*) ont dû, originellement, indépendamment des interprétations scholastiques plus tardives, n'être que des conditions préalables de l'Eveil et simplement une caractérisation de la double modalité du chemin qui y mène.

Quoiqu'il en soit, le fait est que la formule «γ» nous met devant un double problème, à la fois sémantique et grammatical (syntactique), centré sur l'interprétation à donner à l'UVS «γ_4»:

svayam abhijñāya/sayaṃ abhiññā ⟨Variante pour M. I, $71/_{11}$ p. 535: *abhiññāya*⟩.

Tout d'abord nous examinerons le sens lexical étymologique de son emploi dans les contextes les plus anciens.

A priori, il semble impossible d'admettre que l'acception courante du terme *abhijñā/abhiññā* puisse avoir été d'origine. Il s'agit là de son acception comme l'une des connaissances parapsychiques d'un groupe de cinq *abhijñā*, qui aurait couvert plus ou moins le même champ que les deux premiers *vidyā/vijjā*.

Ensuite et pas seulement dans le canon Pāli,[107] leur nombre grossira jusqu'à six, englobant dans leur champ tout le *traividyā/tevijjā*. Même l'accéption comme

---

104 Pour nous, tout à l'opposé, le terme en question est employé ici «intransitivement». Voir plus loin nos arguments à l'appui de cette interprétation.

105 WALDSCHMIDT ⟨1979⟩ p. $222-223/_{418-419}$, a pu donner une traduction plus satisfaisante, vu l'absence dans son texte du terme d'*abhijñāya.* On peut se demander si celle-ci est dû à une inadvertance de copiste, ou si l'omission de ce concept dans ce texte serait caractéristique pour cette version particulière?

106 C'est ce que fait Mrs. HORNER ⟨1954 – 1956⟩ traduisant M. I, $74/_{1-3}$ et M. I, $482/_{34-36}$ (voir sa traduction I, p. $99/_{4\,sq}$ et II, p. $160/_{31\,sq}$):
«And I, by the destruction of the cankers, having realised here and now by my own super-knowledge the freedom of mind and the freedom through wisdom that are cankerless, entering thereon, abid therein.» [C'est nous qui soulignons] Elle semble bien avoir fait la distinction entre la fonction des seconds absolutifs et celle de *abhiññā*, qu'elle paraît avoir interprété comme utilisé avec un sens instrumental, conformément à A. MACDONNEL ⟨3^{d} Ed. 1927⟩ A Sanskrit Grammar for Students § 209 a et d, pp. 202 – 203.

107 Cf. S.BH.VU I, 116 – 118.

représentant *in toto* l'ensemble du groupe paraît inadmissible. Pareilles significations et utilisations du terme sont certainement postérieures à la strate de la légende qui nous interésse ici et à laquelle notre formule «γ» a dû déjà appartenir.

Bien que documentée dans toutes les traditions, l'acception ci-dessus du terme et le groupe des cinq / six *abhijñā* paraissent devoir appartenir à des développements plus récents.

Originellement il semble bien que le terme d'*abhijñā / abhiññā* correspondait au seul, et probablement d'abord unique, troisième *vidyā*, ainsi qu'au concept même de l'Eveil.

En faveur de cette interprétation nous citerons un Gātha assurément très ancien, vu le parallélisme quasi parfait de ses trois versions appartenant au Gāndāri Dharmapada, au Dhammapada et à l'Udānavarga:

purve-nivasa yo uvedi *atha jadi-kṣaya prato*	*svaga avaya ya paśadi* *abhiña-vosido muṇi*	 G. Dhp. 5 (a–d)*
pubbe-nivāsaṃ yo vedi *atho jātikkhayaṃ patto*	*saggāpāyaṃ ca passati* *abhiññā-vosito muni*	Dhp. 423 (a–d) ‖ S. I, $167/_{1-2}$ (a–d) ‖ It. 99.2 (a–d) p. 100 ‖ A. I, $165/_{30-31}$ $+167/_{31-32}$ ‖ etc.
pūrvenivāsaṃ yo vetti *atha jātikṣayaṃ prāpto*	*svargāpāyāṃś ca paśyati* *hy abhijñavyavasito muniḥ*	 Uv. XXXIII, 47 (a–d)

«Celui qui connait ses existences passées, qui a l'expérience des cieux rafraichissants, qui a atteint la destruction de la naissance, parce qu'établi dans la connaissance suprême (ou surnaturelle), est un Muni.»

* Ce Gātha trouve sa suite immédiate en G. Dhp. 6 (a–b):
edahi trihi vijahi treviju bhodi brammanu — cf. son parallèle en S. I, $167/_3$ (e–f)
etahi tīhi vijjahi tevijjo hoti brāhmano — soulignons l'emploi de *treviju/tevijjo.*

Ces citations nous semblent attester que la signification et l'emploi du terme d'*abhijñā / abhiññā* devaient être plus ou moins équivalents, à l'origine, à ceux de *amṛta, nirvāṇa, saṃbodhi,* etc. et son sens propre: la connaissance la plus haute, la connaissance suprême, surnaturelle[108] justifierait pareil usage.

Dans les formules «γ» qui nous préoccupent, le terme nous semble bien être utilisé sous la forme verbale d'un absolutif (gerund).[109] Afin de parvenir à nous assurer de la signification de cette forme dans notre contexte «γ», nous citerons ici d'autres Pādas encore, également fort anciens, pris des «Stances à Upaga», que nous examinerons plus loin dans leur ensemble.

sabbañjaho taṇhakkhaye vimutto
sayaṃ abhiññāya kam uddhiseyyaṃ — Vin. I, $8/_{19-20}$ ≡ Dhp. 353 (c–d)

[108] Cf. Edgerton ⟨1953⟩: «Bhsd.», p. 50, col. 2 *abhijñā*: «higher or supernatural knowledge» — On peut encore citer à l'appui MVU III, $327/_2$: *abhijñayaṃ abhijñātaṃ.*

[109] Bien que Bronkhorst (communication personelle) voudrait plutôt y voir un Instrumental.

sarvajño haṃ tṛṣṇākṣaye vimukto
ahaṃ abhijñāya kim-uddiśeyaṃ MVu. III, 326/$_{7-8}$

sarvañjaho vitatṛṣṇo vimuktaḥ
svayaṃ hy abhijñāya kam uddiśeyaṃ SBhVu. I, 132/$_{9-10}$

sarvaṃjahaḥ sarvabhayād vimuktaḥ
svayaṃ hy abhijñāya kam uddiśeyam Uv. XXI, 1 (c–d)

«ayant tout abandonné, délivré de par la disparition de tout désir, par moi-même ayant obtenu la connaissance suprême, qui donc (pourrais-je) indiquer (comme mon Maître).»

Dans chacun des ces quatre libellés nous avons un UVS en parallèlisme parfait avec l'UVS «γ_4» de notre formule «γ». De plus, il saute aux yeux, que l'absolutif *abhijñāya/abhiññāya* y est utilisé intransitivement, vu que dans tout le contexte du Gātha il n'y a pas trace d'un complément d'objet direct qu'on puisse lui attribuer.

Ce sont ces impeccables parallèles à notre UVS «γ_4», qui nous ont amené à conclure que dans les libellés des formules «γ» l'absolutif *abhijñāya/abhiññā* ou *abhiññāya* devait être construit d'une manière identique à celle de ces Gāthas, c'est à dire comme un intransitif ne régissant aucun soi-disant complément d'objet direct à l'accusatif: en l'espèce *cetovimuktiṃ prajñāvimuktiṃ*, comme l'admettent généralement les traducteurs.

Il nous paraît donc licite d'en inférer que notre UVS «γ_4» serait sémantiquement l'equivalent de celui de notre formule «o», par conséquent d'écrire l'équivalence:

svayam abhijñāya : samyaksaṃbodhim abhisaṃbuddho asmi

et de conclure que l'UVS «γ_4» serait l'expression clef de la formule «γ» en tant qu'annonce de l'Eveil.

Ici justement commencent les difficultés grammaticales de la construction du texte. En effet si l'on accepte l'identité de la construction de l'absolutif *abhijñāya/abhiññā*[110] des «Gāthas à Upaga» et de nos formules «γ» on se trouve placé devant l'alternative suivante:

a) soit de devoir traiter de même les deux autres absolutifs qui suivent: c'est à dire que tous les trois auraient alors une même fonction intransitive (?),
b) soit de considérer que l'absolutif en «γ_4» aurait une toute autre fonction que celle de ceux de «γ_5». Ceux-ci seraient bien transitifs et régiraient tous les deux un même complément d'objet à l'accusatif: l'UVS «γ_2».

Contre la solution «a)» militent à nos yeux deux arguments de poids:

1°) comment alors justifier le libellé nominal à l'accusatif de «γ_2»? La seule possibilité serait d'y voir un «*accusativus absolutus*». L'objection là contre est, que v. Hinüber ⟨1968⟩ p. 105$_{sq}$ semble n'admettre, et cela encore à contre coeur, une pareille construction comme possible que pour le participe *santaṃ*, la considérant être une intrusion en Pāli, provenant d'un dialecte oriental. Et pour finir il conclut

---

110 Ou aussi *abhiññāya*.

ses paragraphes 87 à 89 (pp. 101 – 106) par l'affirmation que la construction d'un «accusatif absolu» en Pāli est plus que douteuse. Si on l'envisageait pourtant pour «γ_2», faudrait-il alors la considérer comme une intrusion d'une forme dialectale orientale ??? –

2°) De plus, à l'acceptation de la solution «a)» s'opposerait le fait que dans les textes canoniques nous n'avons pu trouver aucun exemple d'un emploi intransitif, ni de *sākṣātkṛtvā/sacchikatvā*, ni de *upasaṃpadya/upasampajja*.

On ne pourrait envisager une solution «a)», avec un problématique «accusatif absolu» pour «γ_2», que si l'on considérerait l'absolutif de «γ_4» comme le régime des deux absolutifs de «γ_5». Cela paraît bien difficile grammaticalement parlant.

On aurait alors une construction qui se comprendrait ainsi:

> «Par suite de la destruction des impuretés (γ_1) la délivrance de coeur et la délivrance de l'entendement purifiées de toute souillure [étant réalisées] (γ_2), déjà dans l'existence présente (γ_3) de par moi-même / soi-même ayant obtenu la conaissance suprême (γ_4) après l'avoir clairement saisie et y avoir pris position (γ_5) j'y demeurai (P.) ou bien (SKR.) il proclama ...» (γ_6) suivi pour le Sanskrit de la formule «β».

Une telle traduction pourrait paraître logiquement satisfaisante, parce que respectant l'ordre des UVS du texte. Cependant sa justification grammaticale est plus que douteuse.

Dans le cas d'une solution «b)», il faudrait admettre, que l'UVS «γ_2» soit le complément d'objet direct, anticipé de par sa position, des deux absolutifs de «γ_5» et traduire:

> «Ayant clairement saisi et réalisé (γ_5), par suite de la destruction des impuretés (γ_1), la délivrance de coeur et la délivrance de l'entendement purifiées de toute souillure (γ_2) déjà dans l'existence présente (γ_3) alors ayant obtenu par moimême la connaissance suprême (γ_4), j'y demeurais [ou: je demeurais ainsi] (P.); il proclama ... (SKR.) (γ_6)».

La construction de cette deuxième traduction peut paraître bien tarabiscotée grammaticalement; mais pas plus tarabiscotée que celle de Mrs. HORNER de M. I, 482 que nous avons citée plus haut en note.[111] Elle a sur cette dernière l'avantage de respecter ce que nous considérons comme l'ordre naturel entre le «Seuil de l'Eveil» et l'Eveil proprement dit: l'acquisition de *cetovimukti prajñāvimukti* y précédant ce dernier, exprimé ici par l'UVS «γ_4»: «la connaissance surnaturelle, ou suprême, obtenu par lui-même».

Cepandant si l'on envisageait, selon la suggestion de BRONKHORST,[112] de lire dans les formes *abhijñāya* (Skr.) et *abhiññā/abhiññāya* un instrumental, on aurait une troisième solution «c)» qui se comprendrait alors ainsi:

---

[111] Nous proposerions de construire de même SN., p. 16/$_{8-9}$: *tad anuttaraṃ brahmacariya-pariyosānaṃ diṭṭhe va dhamme sayaṃ abhiññā sacchikatvā upasampajja vihasi*, ⟨suit la formule «β»⟩: «Ayant saisi clairement et réalisé le but de la vie sainte déjà dans ce monde, après avoir obtenu la suprême connaissance il y demeura ... et il comprit (*abbhaññāsi*)» la formule «β».

[112] Cf. note 109, p. 157.

«Ayant clairement saisi et réalisé (γ_5), par suite de la destruction des impuretés ⟨Abl.⟩ (γ_1), la 'délivrance de coeur' et la 'délivrance de l'entendement' purifiées de toute souillure ⟨Acc.⟩ (γ_2), déjà dans l'existence présente (γ_3) de par moi / soi-même au moyen de la connaissance suprême ⟨Instr.⟩ (γ_4) je demeurai ainsi (P.)[113] ou (SKR.) il proclama ... (γ_6)», suivi en Sanskrit par la formule «β».

Nous voyons à cette construction plusieurs difficultés tant grammaticales que sémantiques:

a_1) L'utilisation en Pāli de *abhiññā* en tant qu'instrumental ne paraît pas établi en tant qu'usage normale et fréquent de ce cas.[114]

a_2) En Sanskrit *abhijñāya*, comme forme d'instrumental à la place du normal *abhijñayā*, paraît également devoir être douteux (Cf. EDGERTON)[115] et en tous les cas restreint au seul «B.H.S.», et ce sporadiquement.

D'autre part:

b) L'assemblage de deux cas indirects différents: un Ablatif et un Instrumental, dans un même «régime indirect» de deux verbes à l'Absolutif en γ_5 ne paraît pas bien satisfaisant.

c) Sémantiquement l'interprétation qui découle d'une pareille construction serait en contradiction avec les témoignages des Gāthās cités pages 157 et 158 ci-dessus.

d) Pareille interprétation aboutirait à vouloir faire de *cetovimuktiṃ — prajñavimuktiṃ* une espèce de contenu, ou tout au moins une spécification, de l'Eveil. Ce qu'excclueraient formellement les significations originelles de ces deux termes, telles que nous croyons les avoir analysées et établies aux pages 121 et suivantes du chapitre précédent.

Quant aux trois libellés similaires, mais seulement partiellement similaires — marquons le — inclus dans les Versions du «DHCP» du MAHĀVASTU, du LALITA VISTARA et du VINAYA PĀLI, c'est justement l'absence de libellé conforme à l'UVS «γ_4» qui les différencie le plus des autres formules «γ».

Peut-être cela s'explique et pourrait, à la rigueur, paraître normal, si l'on note que ces quasi-formules «γ» y sont à chaque fois précédées de l'UVS de la formule «o». En effet si l'on admet l'équivalence du rôle sémantique de l'UVS «γ^4» et de celui de l'UVS de la formule «o», la présence subséquente du premier de ces UVS à la suite du second aura bien pu être considérée comme répétitive et par conséquent superfétatoire.

Cependant, et comme nous l'avons déjà noté au début de ce chapitre, pareille omission dans la formule du MAHĀVASTU paraît rendre celle-ci peu apte à y figurer ainsi seule en position terminale d'un exposé de l'Eveil.

---

113 Si l'on accepte cette construction on pourrait, pour la version Pāli, considérer l'UVS γ_2 comme définissant l'état «éthico-psychologique» dans lequel demeure le sujet après l'obtention de la *Saṃbodhi* (?).

114 FAHS ⟨1985⟩ p. 52 ne donne *kaññā* comme exemple d'instrumental sing. fem. qu'en italique, donc comme exceptionnel.

115 EDGERTON ⟨1953⟩ B.H.S. Grammar, p. 52, § 8.42.

Dans les deux autres cas, dont il s'agit ici, le «Dhcp» ce clôt sur l'une des deux formules «α» ou «β» classiques. En conséquence il semblerait assez plausible que le «Dhcp» du Mahāvastu se soit terminé originellement lui aussi sur une formule du type «β», mais qui se serait perdue au cours de la transmission manuscrite à la suite d'une négligeance de copiste. Ce n'est là évidemment qu'une hypothèse invérifiable, à moins de l'apparition de documents manuscrits nouveaux (?).

Quoiqu'il en soit: que l'on accepte ou n'accepte pas les constructions et traductions proposées pour la formule «γ», il nous semble évident que la simple lecture objective et sans idée préconçue des textes cités ne peut aboutir qu'à la constatation que:

> l'ensemble des quatre formules «o», α», «β» et «γ», ainsi que leurs divers contextes immédiats, ne nous fournissent aucune information explicite sur un soi-disant contenu de l'Eveil.

Nos analyses de ces quatres libellés paraissent bien confirmer en tous points ce que Bronkhorst ⟨1986⟩ p. 95 – 96, présumait très judicieusement: c'est que «originellement l''Illumination' Libératrice» n'aurait pas été décrite d'une manière explicite», conclusion à laquelle l'avait amené une toute autre approche que la notre et qui par cela même nous paraît d'autant plus plausible et pleine d'intérêt.

Ces dernières remarques s'appliquent, également et avec la même pertinence, à quelques autres libellés de formules, expressions ou termes de nos textes canoniques relatifs à la *Saṃboddhi* du Maître, à son état d'«Eveillé» ou le qualifiant en tant qu'«Illuminé»: libellés qu'il nous faudra encore examiner dans les pages suivantes.

La Formule «δ»

En A. I, $184/_{15-19}$ se trouve mise dans la bouche du Buddha, une autre formule, à laquelle nous avons attribué le sigle «δ».

Celle-ci se trouve être le point culminant et terminal d'un processus de méditation assez complexe, comportant d'abord les quatre Dhyānas classiques [A. I, $182/_{14-25}$], suivis ensuite des quatre Apramāṇas [idem $183/_{16-27}$], déclarés comme constituant tout à la fois, «la sublime et divine, très haute et très large couche[116]» ainsi que la possibilté pour le Buddha de l'atteindre n'importe où et n'importe quand, à volonté, sans difficulté et sans peine:

a) + b) *idaṃ kho taṃ . . . dibbaṃ/brahmaṃ uccāsayanamahāsayanaṃ*
yassāhaṃ etarahi nikāmalābhī akicchalābhī akasiralābhī ti
[idem $182/_{32}$—$183/_{2}$ + $183/_{33-34}$]

Puis après un préambule analogue à ceux qui précédent les Dhyānas et les Apramānas (a) + (b), suit enfin la formule «δ». Son libellé peut être décomposé en six UVS:

c)	«δ_1»:	*so evaṃ pajanāmi*	— Ainsi j'ai la certitude
	«δ_2»:	*rago me pahīno*	— : que pour moi toute passion est éliminée,
	«δ_3»:	*ucchinnamūlo tālavatthukato*	— coupée à la racine, devenue telle une souche de palmier,
	«δ_4»:	*anabhāvakato āyatiṃ anuppādadhammo,*	— incapable à l'avenir de donner de rejet;
	«δ_5»:	*doso me pahīno*	— : que pour moi toute hainc est éliminée,
		suivi de la répétition de «δ_3» + «δ_4»	⟨suivi de la répétition de «δ_3» + «δ_4»⟩
	«δ_6»:	*moho me pahīno*	— : que pour moi toute illusion est éliminée
		suivi de la répétition de «δ_3» + «δ_4»[117]	⟨suivi de la répétition de «δ_3» + «δ_4»⟩.

qui dans leur ensemble correspondent bien à l'*āsravakṣaya* et par conséquent devrait relever exclusivement du «Seuil de l'Eveil». L'Eveil lui-même sera ensuite exprimé quatre lignes plus bas, en tant que but final par le libellé (a + b) modifié.

idaṃ kho taṃ . . . ariyaṃ uccāsayanamahāsayanaṃ
yassāhaṃ etarahi nikāmalābhī akicchalābhī akasiralābhī ti [idem $184/_{24-26}$]
= la conquète définitive de «la haute et très large couche Aryenne».

En M. I, $250/_{13-16}$[118] nous avons une variante digne d'être encore notée:

[116] = Lit de repos.

[117] Cf. les parallèles plus ou moins conformes en M. I, $370/_{1-3}$ ‖ A. I, $135/_{20-21}$ + $137/_{23-25}$ ‖ D. III, $270/_{29}$—$271/_{1}$.

[118] Cf. en S. III, $10/_{10-11}$ un parallèle très écourté.

tathāgatassa kho ... ye āsavā saṅkilesikā ponobhavikā sadarā dukkhavipākā āyatiṃ jātijarā maraṇiyā pahīnā ucchinnamūlā tālāvatthukatā anabhāvakatā āyatiṃ anuppāda-dhammā	Ainsi les impuretés du Tathāgata, celles qui corrompaient, amenaient les renaissances et tourmentaient, celles dont le résultat serait souffrance pour les naissances, vieillesses et morts futures, celles-ci sont éliminées, coupées à la racine, devenues comme une souche de palmier incapable, à l'avenir, de donner de rejet.

et en A. II, $38/_{26-27} + 39/_{3}$ une autre, où les *āsavā* sont précisés comme étant ceux qui amènent une nouvelle naissance comme *deva, gandharva, yakkha* et *manussa* (homme):

... me āsavā pahīnā ucchinnamūlā tālā-vatthukatā anabhāvakatā ayatiṃ anup-pādadhammā ... Buddho ti maṃ brāh-maṇa dhārehīti	: Je suis bien le Buddha, considère moi ainsi, ô Brāhman.

De cette formule «δ» et de ses contextes nous ne connaissons aucun parallèle sanskrit s'appliquant au Fondateur.[119]

[119] A rapprocher, pour la terminologie seulement, en Sanskrit, le Sūtra 1. 8 du *Nidānasaṃyukta* TRIPĀṬHI ⟨1962⟩ p. 85 – 86: *nanu sa vṛkṣas tannidānam ucchinnamulas tālamastakavad anābhavagatika āyatyām anutpādadharmā* || ||

La Formule «ε»

Celle-ci est la dernière des formules terminales que nous mentionnerons. Dans le Canon Pāli et une fois dans le MAHĀVASTU elle est employée exclusivement à propos de l'obtention de l'état d'Arahant par un ou des disciples, et parfois à titre exemplaire. Néanmoins nous donnerons ici le libellé de cette formule «ε»,[120] parce que dans le LALITA VISTARA on la trouve, sous une forme amplifiée, et certains de ses UVS correspondent textuellement à ceux de la formule «ε», avec la particularité qu'ils y concernent le Maître et non un disciple.

bhikkhu arahaṃ hoti khīṇāsavo *vusitavā katakaraṇīyo* *ohitabhāro anuppattasadattho* *parikkhīṇabhavasaṃyojano* *sammadaññā vimutto*[121] (Abs. = Instr.)	«Un moine est un Arahant, qui, après avoir détruit ses impuretés, ayant parfait ce qui était à accomplir, ayant déposé le fardeau, ayant atteint son propre but, ayant complétement annihilé les entraves de l'existence, est délivré par la connaissance suprême.»

Dans le LALITA VISTARA à partir de $425/_6$ et seq. nous avons une longue série de UVS, complétés à chaque fois par *ity ucyate* («ainsi il fut dit») et appliqués au Buddha lui-même. Nous ne donnons ici que les lignes LV. $425/_{16-22}$ dans lesquelles on trouve les parallèles, plus ou moins littéraux, aux UVS de la formule «ε» cidessus:

... *vigatarāga* ... ‖ *vigatadoṣa* ... ‖ *vigatamoha* ... ‖ *kṣiṇāśrava* ... ‖ *nihakleśa* ... ‖ *vaśībhūta* ... ‖ *suvimuktacitta* ... ‖ *suvimuktaprajña* ... ‖ *ājāneya* ... ‖ *mahānāga* ... ‖ *kṛtakṛtya* ... ‖ *kṛtakaraṇīya* ... ‖ *apahṛtabhāra* ... ‖[122] *anuprāptasvakārtha* ... ‖ *parikṣīṇabhavasaṃyojana* ... ‖ *samatājñanavimukta ity ucyate etc.*

De plus dans le MAHĀVASTU le Buddha emploie le terme d'*ohitabhāra* à propos de lui-même dans deux Pādas ⟨MVU III, $262/_{13-14}$] des Gāthas suivant:

anivartitaṃ gamiṣyaṃ kṛtasvakārthaśca āgamiṣyāmi ‖
ohitabhāraviśalyo[123] *puṇyakṣenno*[124] *bhave loke* ‖ ‖
ohitabhāraviśalyo kṛtasvakārethā jitakleśo jñāti ‖
gaṇaṃ anukampamāno iha āgato va kapilavastuṃ ‖ ‖

«J'ai pris le chemin qui n'a pas de retour, ayant accompli ce qui est à accomplir, je reviendrai,

---

120 Elle est identique à la formule «c» du P.T.S.D., p. 77, col. $1/_{32}$ avec nombreuses références.

121 Par ex.: M. I, $235/_{10-12}$ = IT. $38/_{16-18}$, etc. Cf. au pluriel S. I, $71/_{14-16}$ et autres, aussi MVU. I, $59/_{6-7}$ libellé parallèle où manque cependant le terme-concept sanskrit (BHS.) de *apahṛtabhāra* équivalent au Pāli: *ohitabhāra.*

122 *apahṛtabhāra* équivalent *ohitabhāra.* Cf. les deux articles de BHSD. p. 46, col. 2 / l. 2 sq. et p. 161, col. 2 / l. 3.

123 viśālā = tṛṣṇā, EDGERTON ⟨1953⟩ p. 500.

124 «Sic» *puṇyakṣenno* = texte du MVU. (Ed. SENART)

Après avoir déposé le fardeau du désir et être devenu un champ de mérite en ce monde.
Après avoir déposé le fardeau du désir, avoir ainsi accompli le travail, dorénavant vainqueur de toute impureté,
Ayant pitié de mon troupeau, maintenant je me dirige vers Kapilavastu.»

Notons encore à propos de la formule «ε» un parallèle d'un de ses UVS particuliers en THA. 604 (c – d) et 891 (c – d):

pariciṇṇo mayā satthā, kataṃ budhassa sāsanaṃ ‖
ohito garuko bhāro bhavanetti samūhatā ‖ ‖

«Au Maître toute mon attention fut accordée, les enseignements du Buddha exécutés, le lourd fardeau déposé et le conduit qui mène à une existence nouvelle détruit.»

Post-Saṃbodhi

Dires «Post-Saṃbodhi» du Buddha sur Lui-même et son Etat d'Eveillé

Nous en arrivons maintenant aux UVS, concernant toujours le Buddha lui-même et caractérisant trois épisodes «post-saṃbodhi», précédant tous trois le Dharma-cakra-pravartanam et que nous avons encore retenus pour cette étude:

A) — Les Exhortations Divines à prêcher
B) — Les Stances à Upaga.
C) — Les dires du Buddha au moment de ses retrouvailles avec les cinq disciples renégats.

A — Les Exhortations Divines à Prêcher

L'épisode commence, dans toutes les versions, par l'exposé de la répugnance à prêcher du Buddha. Dans le Vinaya Pāli, le Mahāvastu, le Lalita Vistara et le Saṅghabhedavastu elle est d'abord exprimée en prose dans le récit même et ensuite elle y figure également en *pādas* dans toutes les quatre versions. C'est ceux-ci que nous présenterons ici, dans leurs ordres particuliers pour chaque version, mais marquant les parallèles étroits par les numéros d'ordre de la version Pāli.[66]

PROSE: **VIN. I**, 4/₃₃–5/₅ PĀDAS: " 5/₈₋₁₁ (cf. **S. I**, 136/₆₋₂₁)	**SBHVU. I**, 128/₂₃–129/₂ —"— 129/₁₃₋₁₆ (cf. **CPS.** § 8,12)	**MVU. III**, 314/₁ₛq. —"— 314/₉₋₁₂	**LV.** 392/₇₋₂₀ " 397/₁₆₋₁₉
1 *kicchena me adhigataṃ* 2 *halaṃ dāni pakāsituṃ* ‖ 3 *rāgadosaparetehi* 4 *nāyaṃ dhammo susambuddho* ‖ ‖	1 *kṛcchreṇa me adhigato* 2 *'khilo brahman pradālya vai* ‖ 3 *bhavarāgaparīttair hi* 4 *nāyaṃ dharmaḥ susaṃbuddhaḥ* ‖ ‖	⑤ *pratiśrotagāminaṃ mārgaṃ* ⑥ *gambhīraṃ durdṛśaṃ mama* ‖ ⑦ *na rāgaraktā drakṣyanti* ② *alaṃ dāni prakāśituṃ* ‖ ‖	⑤ *pratisrotagāmi mārgo* ⑥ *gambhīro durdṛśo mama* ‖ ⑦ *na taṃ drakṣyanti rāgāndhā* ② *alaṃ tasmāt prakāsituṃ* ‖ ‖
5 *paṭisotagāmi nipuṇaṃ* 6 *gambhīraṃ duddasaṃ aṇuṃ* ‖ 7 *rāgarattā na dakkhanti* 8 *tamokhandhena āvuṭā 'ti* ‖ ‖	5 *pratisrotonugāminaṃ mārgaṃ* 6 *gambhīraṃ atidurdṛśaṃ* ‖ 7 *na drakṣyanti rāgāraktās* 8 *tamaskandhena nīvṛtāḥ* ‖ ‖	① *kṛcchreṇa me adhigato* ② *alaṃ dāni prakāśituṃ* ‖ *anuśrotaṃ hi vuhyanti* 7 *kāmeṣu grasitā narāḥ* ‖ ‖ 8	*anusrotaṃ pravāhyante* 5 *kāmeṣu patitā prajāḥ* ‖ 6 ① *kṛcchreṇa me 'yaṃ saṃprāptaṃ* ② *alaṃ tasmāt prakāsituṃ* ‖ ‖
«Ce que j'ai obtenu par ma peine, pourquoi faudrait-il maintenant le faire connaitre à des gens consumés de désir et de haine. Ce Dharma n'est pas facile: astucieux, allant à contre-courant, accompli, profond, difficile à saisir, fort subtil, les infatués de désir ne le voient pas, ensevelis dans la masse de l'ignorance.»			

[125] Il serait interéssant de noter que les deux textes Theravādin et Mūlasarvāstivādin se correspondent parfaitement: tant par les libellés que par l'ordre des Pādas. Alors que les libellés des Pādas 7 et 8 du Mahāvastu et 5 et 6 du Lalita Vistara se correspondent entre eux, ils se différencient nettement de ceux des deux autres versions. Egalement pour le Mahāvastu, comme pour le Lalita Vistara, l'ordre général des Pādas varie par rapport aux deux premiers textes.

Après un préambule dans les Cieux du *Brahmaloka*, dont la teneur varie sensiblement selon les versions, la Légende nous confronte avec une intervention divine, ayant pour rôle de persuader le Buddha de prêcher aux hommes le *Dharma*: la loi nouvellement découverte. Dans le Vinaya Pāli et l'Ariyapariyesana-S. cette intervention est attribuée à *Brahma Sahampati*, dans le Mahāvastu à *Mahā Brahma*, dans le Lalita Vistara au Roi des Dieux *Śakra* et dans le Saṅghabhedavastu à deux *Brahmāyikā Devatā*. Elle s'exprime dans les Pādas parallèls suivants[126]:

S. I, 233/30–33 + (234/3–4 ≡) **Vin. I**, 6/3–4	**MVu. III**, 315/14–15 + 316/4–5	**LV**. 397/1–2 + 397/10–11	**SBhVu. I**, 121/20–23 + 121/15–18
uṭṭhehi vijita-saṃgāma *panna-bhāra anaṇā vicara loke* ‖ *cittaṃ hi te visuddhaṃ* *cando yathā pannarasa-rattiṃ* ‖ ‖	*uṭṭhehi vijita-saṃgrāma* *pūrṇabhāra anṛṇo vicara loke* ‖ *cittaṃ ca te viśuddhaṃ* *yatha candro pañcadaśa-ratre* ‖ ‖	*uttiṣṭha vijita-saṃgrāma* *prajñākārānṛṇo vicara loke* ‖ ⟨Smith⟩ *cittaṃ hi te vimuktaṃ* *śaśir-iva pūrṇo graha-vimuktaḥ* ‖ ‖	*uttiṣṭha vijitasaṃgrāma* *parṇalopānigha vicara loke* ‖ *cittaṃ hi te suviśuddhaṃ* *pañcadaśyāṃ śaśīva paripūrṇaḥ* ‖ ‖
uṭṭhehi vijita-saṃgāma *satthavāha anaṇā vicara loke* ‖ *desassu bhagavā dhammaṃ* *aññātāro bhavissanti* ‖ ‖	*uṭṭhehi vijita-saṃgrāma* *pūrnabhāra anṛṇo vicara loke* ‖ *deśehi sugata dharmaṃ* *ājñātāro bhaviṣyanti* ‖ ‖	*uttiṣṭha vijita-saṃgrāma* *prajñākārānṛṇo vicara loke* ‖ ⟨Smith⟩ *deśaya tvaṃ mune dharmaṃ* *ājñātāro bhaviṣyanti* ‖ ‖	*uttiṣṭha vijitasaṃgrāma* *sārthavāhānigha vicara loke* ‖ ‖ *deśaya sugata varadharmaṃ* *bhaviṣyanti dharmaratnasyājñātāraḥ* ‖ ‖
«Lève toi, ô vainqueur du combat, ayant déposé le fardeau, libre de toute dette, parcours le monde: car pure est ton cœur, comme (resplendit) de nuit la lune du quinzième jour. Lève toi, ô vainqueur du combat, conducteur de caravane, libre de toute dette, parcours le monde, enseigne, ô Maitre, la Loi; il y en aura qui comprendront.»	«Lève toi, ô vainqueur du combat, ayant déposé le fardeau, libre de toute dette, parcours le monde: car pure est ton cœur, comme (resplendit) de nuit la lune du quinzième jour. Lève toi, ô vainqueur du combat, ayant déposé le fardeau, libre de toute dette, parcours le monde, enseigne la Loi, ô bon Pasteur; il y en aura qui comprendront.»	«Lève toi, ô vainqueur du combat, ayant déposé le fardeau, libre de toute dette, parcours le monde: car pure est ton cœur comme la pleine lune libérée des ténèbres. Lève toi, ô vainqueur du combat, promoteur de sagesse, libre de toute dette, parcours le monde, enseigne, ô sage, la Loi; il y en aura qui comprendront.»	Lève toi, ô vainqueur du combat, conducteur de caravane, libre de passion, parcours le monde, enseigne, ô bon Pasteur, la meilleurs des lois. Il y en aura qui comprendront le joyan de la Loi. Lève toi, ô vainqueur du combat, ayant déposé le fardeau, libre de toute dette, parcours le monde; car pure est ton cœur comme la pleine lune du quinzième jour.» [Dans ce texte l'ordre des *Gāthas* est inversé.]

[126] Nous adoptons pour le Pāli les lectures corrigées de Alsdorf ⟨1968⟩ p. 293 – 298.

Il serait à noter à propos du **Vinaya Pāli** qu'ici encore nous avons très certainement une lacune. En effet, dans notre texte actuel, il ne se trouve plus qu'un seul des deux Gāthās: le deuxième; alors que les trois autres versions, ainsi que le texte du **Saṃyutta N.**, contiennent les deux versets au complet, et pour le **Saṅghabhedavastu** avec la particularité que leur ordre est inversé.

Manifestement dans la transmission textuelle du **Vinaya Pāli** ce premier Gāthā s'est perdu et son texte est à compléter par celui du Saṃyutta: S. I, **233**/$_{30-33}$.

Dans la présentation synoptique ci-dessus nous avons utilisé les reconstructions du texte Pāli originel de ALSDORF ⟨1968⟩ p. **293 – 298**. D'après lui les composés *pūrṇabhāra, pūrnalopa, prajñākara* ne seraient que des déformations de *panna-bhāra* et équivaudraient par conséquent à l'*ohitabhāra* et l'*apahṛtabhāra* de notre formule «ε», avec la signification de «ayant déposé le fardeau».

Cependant, et pour le seul LALITA VISTARA, on pourrait aussi avec WALDSCHMIDT ⟨1982⟩ p. **188** lire *prajñākārā timisrā vicara loke*, qu'il comprend et traduit comme: «enthülle die Leuchte der Erkenntnis im Dunkel der Welt».

Enfin l'épisode se conclut par la déclaration en vers du Buddha, qu'il va «ouvrir les portes de l'Immortalité», et donc prêcher le Dharma:

VIN. I, 7/$_{4-7}$	**MVU. III**, 319/$_{3-7}$	**LV.** 400/$_{18-19}$	**SBHVU. I**, 130/$_{8-11}$
apārutā tesaṃ amatassa dvārā *ye sotavanto pamuñcantu saddhaṃ* ‖ *vihiṃsasaññī paguṇaṃ na bhāsi* *dhammaṃ paṇītaṃ manujesu brahme* ‖ ‖	*apāvṛtam me amṛtasya dvāraṃ* *brahmeti bhagavantaṃ ye śrotukāmā* *śraddhāṃ pramuṇcantu viheṭhasaṃjñāṃ* ‖ *viheṭhasaṃjño ⟨a⟩praguṇo abhūsi* *dharmo aśuddho magadheṣu pūrvaṃ* ‖ ‖	*apāvṛtās teṣam amṛtasya dvārā* *brahmanti satataṃ ye śrotavantaḥ* ‖ *praviśanti śraddhā na viheṭaṃjñāḥ* *śṛṇvanti dharmaṃ magadheṣu sattvāḥ* ‖ ‖	*apāvariṣye amṛtasya dvāraṃ* *ye śrotukāmāḥ praṇudantu śrāddhāḥ**** ‖ *viheṭhaprekṣī pracuraṃ na bhāṣe* *dharmaṃ praṇītaṃ manujeṣu brahman* ‖ ‖
«Ouvertes sont les portes de l'Immortel pour ceux qui écoutent et accordent foi. Pensant à l'inutile fatigue, je n'avais pas encore prêché la sublime et excellent Loi, ô Brahmā.»	«Ouverte par moi est la porte de l'Immortel, ô Brahmā; que ceux, qui désirent entendre le Maitre, rejètent une foi basée sur des idées pernicieuses. Car il a déjà surgi chez les Magadhiens une loi pernicieuse, inférieure, impure.»*	Ouvertes sont les portes de l'Immortel, ô Brahmā, pour ceux qui ont des oreilles (pour entendre); ils y entrent les croyants, qui ne songent plus à nuire; ils écoutent le Dharma ces gens d'entre les Magadhiens.»**	J'ouvrirai la porte de l'Immortel pour ceux qui se réjouissent vraiment d'entendre et sont motivés par la foi. Pensant à l'inutile fatigue je n'ai pas encore prêché aux hommes la sublime et riche Loi, ô Brahmā.

* Trad. LAMOTTE ⟨1949⟩ p. 60–62 modifiée
** Trad. LAMOTTE ⟨1949⟩ p. 60–62 modifiée
*** Conformément au texte du CPS. établi par WALDSCHMIDT p. **442**/$_{1-4}$ et p. **118**/$_{4}$ nous corrigeons *kāṅkṣāḥ* en *śrāddhāḥ*.

Parmi les UVS de ces Pādas, quatre seulement nous semblent être pertinents pour notre sujet:

1. *vijitasaṃgrāma/vijitasaṃgāma* = «le vainqueur du combat»[127]

Dans les «stances à Upaka» nous retrouvons le même concept, dans une autre formation de la même racine $\sqrt{\text{ji}}$ (les versets 17 à 20 de notre tableau ci-dessous).[128]

2. *sārthavāhānigha/satthavāha anaṇā* = «conducteur de caravanes libre de toute dette»

3. *panna-bhāra ananā* [Vin.]: «ayant déposé le fardeau (et) libre de toute dette»
pūrṇa bhāra anṛṇo [MVu.]: «ayant déposé le fardeau (et) libre de toute dette»
prajñākārānṛṇo [corr. Smith, LV.]: «ayant réalisé la sagesse, (donc) libre de toute dette»
pūrṇalopānigha [SBHVu.]: «ayant déposé le fardeau (et) libre de toute dette»

L'analogie entre les termes *ohitabhāra* et *apahṛtabhāra* de nos formules «ε» et les uvs ci-dessous nous semble digne d'attention.

4. *apārutā . . . amatassa dvārā* [Vin.]: «ouvertes les portes de l'Immortel»
apāvṛtaṃ me amṛtasya dvāraṃ [MVu.]: «ouverte par moi la porte de l'Immortel»
apāvṛtās . . . amṛtasya dvārā [LV.]: «ouvertes les portes de l'Immortel»
apāvariṣye amṛtasya dvāraṃ [SBHVu.]: «j'ouvrirai la porte de l'Immortel»

---

[127] Cf. It. 76/$_1$ + D. II, 39/$_{16}$.
[128] Cf. p. 178 sq. ci-dessous.

B — Les Stances à Upaga

Nous en arrivons maintenant à l'épisode de la rencontre entre le frais moulu Buddha et l'ascète Ājīvika et aux fameuses stances adressées à ce dernier par le Buddha en réponse aux questions posées.

Notons tout d'abord qu'il est tout à fait remarquable et fort singulier que pareil épisode, au fond peu flatteur à l'égard du Buddha vu la façon cavalière dont il y est traité, ait été scrupuleusement conservé dans toutes les versions de la «légende», alors que le caractère apologétique s'y affirme constant pour tous les autres épisodes, sauf celui-ci.

Ceci est non seulement vrai pour les quatre versions traduites par BAREAU[129]: c'est à dire les versions Theravādin, Sarvāstivādin, Mahīśāsaka et Dharmaguptaka, mais encore pour les deux versions Mahāsaṃghika (MVU + LV.) et celle des Mūlasarvāstivādin (S.BH.VU + CPS.), auxquelles nous devons encore ajouter une version des seules stances, sans le cadre du récit, incluse dans l'UDĀNAVARGA: XXI, 1 à 6.

Avec toutes ces différentes séquences, nous avons très certainement là un ensemble de Gāthās fort anciens et relevant vraisemblablement d'une des toutes premières strates de la tradition, pour ne pas dire de la toute première.[130]

En tous les cas, vu les parallélismes particulièrement étroits pour la presque totalité des Pādas de toutes les cinq versions conservées en Moyen-Indien, Pāli et Sanskrit, il nous semble impossible de ne pas faire remonter le prototype de cette série de stances (tout au moins pour les stances pour lesquelles cinq parallèles distincts auront été conservés) à une époque fort reculée et très certainement antérieure au premier schisme.

Lorsque nous écrivions ces lignes, dans notre première rédaction, nous n'avions pas encore pris connaissance des pages remarquables concernant ces stances que nous a donné v. HINÜBER dans son étude sur les manuscrits provenant de Gilgit. Vu leur importance capitale à nos yeux, nous les citerons intégralement ci-après.

En effet c'est justement l'ancienneté certaine de ces stances qui en fait un instrument des plus précieux pour éclaircir la terminologie et la sémantique des expressions du tout premier Bouddhisme, ou tout au moins de la couche la plus ancienne que nous en puissions atteindre, et ce spécialement en ce qui concerne la signification originelle des UVS et des termes employés pour nommer, qualifier et caractériser l'«état d'Eveillé» du Fondateur et son unicité.

Oskar von Hinüber: «Die Erforschung der Gilgit-Handschriften» ⟨1979⟩ S. 31 – 32.

Bekannt ist die Episode, in der die Begegnung des Buddha, der gerade zur Erleuchtung gelangt ist, mit dem Ājīvika Upaka der Pāli-Tradition oder Upagu des SBV [Sic!]. Auf die Frage des Upaka / Upagu nach dem Grund für seine strahlende Erscheinung

---

129 BAREAU ⟨1963⟩ p. 155 – 157.

130 Cf. contra BAREAU ⟨1963⟩ p. 160/$_{13sq.}$ Toute son argumentation pour une date relativement tardive paraît plutôt spécieuse et d'autant plus difficile à admettre, que lui-même place le premier schisme en 137 p.N.: BAREAU ⟨1955⟩ p. 31 et ⟨1953⟩ p. 88.

schildert der Buddha in einigen schwungvollen Versen sich selbst als *jina*. Den Ājīvika Upaka / Upagu beeindruckt das wenig, wie seine Antwort deutlich erkennen läßt: *syād āyuṣmān gautamo jinaḥ*[4] SBV I. 132, 25 „es ist schon möglich, daß der Herr Gautama ein *jina* ist". Dies stimmt genau zum Pāli, das hier mit *hupeyya āvuso* VIN. I, 8, 30 „Es könnte sein, Herr" sicher den ältesten Wortlaut bewahrt. Denn *hupeyya*, oder mit der Parallele MN I 171, 16 und der Sekundärüberlieferung Sadd 454. 24 *huveyya* ist, wie Aśoka's Felsenedikt 10, Abschnitt C in Dhauli *huveyā* zeigt, eine Ostform[5], wie man sie eben in der Sprache eines Ājīvika erwartet. Das SBV entspricht mit *syād* dem *huveyya* des Pāli recht genau, während im Lalitavistara 406.16 (ed. Lefmann) der Wortlaut verändert wurde: *tad bhaviṣyasi gautama* und das Mahāvastu diese, von späteren Buddhisten als Niederlage des Buddha empfundene Antwort ganz unterdrückt (MVU III. 327. 5 ff.). Die Übersetzer ins Tibetische[6], oder bereits vor ihnen die Abschreiber ihrer Sanskritvorlage, mildern den Text ab, indem sie Upaka / Upagu wenigstens ein zustimmendes *sādhu/legs-so* in den Mund legen, bevor er seines Weges geht.

Der Herausgeber des SBV war in doppelter Hinsicht schlecht beraten, als er den überlieferten Text nach dem Tibetischen von *syād* zu *sādhu* „verbesserte". Denn es besteht niemals ein Grund, der gewiß um Jahrhunderte jüngeren tibetischen Übersetzung den Vorzug zu geben, wenn der Sanskrit-Text einer Gilgit-Handschrift in sich sinnvoll ist. Zum anderen wird durch diese Textänderung die Pointe der Geschichte, die mit großer Wahrscheinlichkeit als historisch gelten darf, zerstört[7].

Die Historizität dieser Episode wird jedoch von A. Bareau[8] angezweifelt, der auch ausführlich weitere, nicht in Sanskrit überlieferte Quellen behandelt. Für Bareau erfüllt diese spät erfundene Szene allein den Zweck, dem Buddha durch eine zunächst anonyme Person einige schwungvolle Verse zu entlocken. Der Name Upaka etc. sei aus einem Kompositum wie *upagajino*[9] SBV I. 132, 19* oder *upakajino* VIN I 8, 298* „der kommende Jina" durch falsche Interpretation entstanden. Ein Kompositum *upagajina* ist nun kaum möglich, da *upaga* nur am Ende eines Kompositums stehen kann (pw, BHSD, PED, PTC). Andererseits ist *upaka* das Hypokoristikon „aller mit *upa* anlautender Namen" (pw). Da das Metrum im Pāli in der Śloka-Kadenz einen Vokativ mit gedehntem Auslaut fordert: *upakā jino*, liegt hier eine Pluti[10] vor. Da die Ostform *huveyya* nur an dieser einen Stelle im Pāli erscheint, sprechen die sprachlichen Beobachtungen für einen altertümlichen Abschnitt. Das trifft sich mit der inneren Wahrscheinlichkeit: Der erste Versuch des Buddha, einen Anhänger zu gewinnen, mißlingt. Dies mußte der späteren indischen Buddhologie ebenso unglaublich wie unpassend erscheinen. Durch eine leichte Änderung des Textes wurde diese als anstößig empfundene, historische Erinnerung verdeckt.

4) Lesung nach Waldschmidt, vgl. Anm. 7.

5) Die Parallelversionen der Ásoka-Inschrift haben: Girnar *assa*, Kalsi *ṣiyāti*, NW *siyati*. Die Form *huveyya* gehört damit nicht dem westlichen Pāli an und verweist zugleich die Paiśācī in den Osten Indiens.

6) Prof. Dr. C. Vogel, Bonn, weist mich darauf hin, daß auch eine Änderung der tibetischen Redaktoren *lags-so „syād"* zu *legs-so „sādhu"* vorliegen kann.

7) Auch E. Waldschmidt: Das Catuṣpariṣatsūtra. Teil III. Berlin 1962. S. 443 mit Anm. 32 verwirft zweifelnd den Text der Gilgit-Hanschrift im revidierten Text der Vorgänge 8 – 10.

8) „Recherches sur la biographie du Buddha dans les Sūtrapiṭaka et les Vinayapiṭaka anciens." De la quête de l'éveil à la conversion de Śāriputra et de Maudgalyāyana. Paris 1963. S. 155 – 160.

9) So überliefert; Ausgabe: *upagu jino*.

10) Über Pluti im Vokativ im Prakrit: R. Pischel: Grammatik der Prakrit-Sprachen. Straßburg 1900 § 366 b.

Pour en revenir au récit de la rencontre du Buddha et de l'Ājīvika, ce dernier, impressionné par l'apparence du tout nouvellement illuminé, lui adresse la parole et lui pose des questions, auxquelles répondront les stances mises par la légende dans la bouche du Buddha. Suivant les versions le nombre, l'ordre et le libellé des questions varient légérement, quoique le parallélisme de cette structure de questions et réponses demeure sémantiquement fort étroit.

VIN. I, 8/10sq	*addasa kho Upako ājīviko bhagavantaṃ antarā ca Gayaṃ antarā ca bodhiṃ addhānamaggapaṭipannaṃ disvāna bhagavantaṃ etad avoca . . .*	«Upaka l'Ājīvika aperçut le Maître entre Gaya et l'arbre (le lieu) de la bodhi cheminant sur la large route. L'ayant vu, il lui adressa ainsi la parole: . . .»
SBHVU. I, 131/23—132/1 CPS. 10,1	*tena khalu samayena upagur (-ga) ājīvikas tasminn eva mārge adhvapratipanno 'bhūt adrākṣīd upagur (-ga) ājīvako bhagavantaṃ pratipannaṃ mārge (dūrata eva) dṛṣṭvā ca punar evam āha . . .*	«En ce temps Upaga, cheminant sur la même route, aperçut le Maître de loin et, l'ayant vu, lui dit ces mots: . . .»
MVU. III, 325/12+14	*adrākṣīt upako ājīvako bhagavantaṃ dūrato yevāgacchantaṃ dṛṣṭvā ca punar . . . upako ājīvako bhagavantam etad uvācat . . .*	«Upaka l'Ājīvaka aperçut le Maître cheminant de loin, après l'avoir aperçu . . . Upaka l'Ājīvika parla ainsi au Maître: . . .»
LV. 405/3-4+7	*atha gayāyāṃ bodhimaṇḍasya cāntarādanyatam ājīvako 'drākṣīttathāgataṃ dūrata evāgacchantaṃ dṛṣṭvā ca punar . . . evam āha*	«Entre Gaya et le lieu de l'Illumination l'Ājīvaka aperçut le Tathāgata de loin, s'approchant; après l'avoir aperçu . . . il parla ainsi: . . .»

VIN. I, 8/$_{13-15}$	*vippasannāni kho te āvuso indriyāni parisuddho chavivaṇṇo pariyodato*	(Comment se fait-il) ô Ami (votre Révérence) que vos sens soient ainsi tout purifiés, votre teint si brillant et si pur?
	kaṃ 'si tvaṃ āvuso uddissa pabbajito	à cause de qui, votre Révérence, êtes-vous devenu un religieux?
	ko vā te satthā	qui a été votre Maître?
	kassa vā tvaṃ dhammaṃ rocesīti	à quelle doctrine adhérez-vous? → Pādas: 1 à 16
	[en réponse les Pādas 1 à 16]	
8/$_{27}$	*yathā kho tvaṃ āvuso paṭijānāsi arah' asi anantajino*	Votre Révérence se considère-t-elle un *arhant*, un vainqueur sans limites? → Pādas: 17 à 20
	[En réponse les Pādas 17 à 20]	
SBHVU. I, 132/$_{1-4}$	*viprasannāni te āyuṣman gautama indriyāṇi pariśuddho mukhavarṇaḥ paryavadātaś chavivarṇaḥ*	Ô révérend Gautama, vos sens sont tout purifiés, votre teint pur et d'une beauté sans taches,
	kas te āyuṣman gautama śāstā	qui est révérend G. votre Maître?
	kaṃ vāsy uddiśya pravrajitaḥ	par qui avez-vous été initié?
	kasya vā dharmaṃ rocasīti	quelle doctrine professez-vous? → Pādas: 1 à 16
	[En réponse Pādas 1 à 16]	
132/$_{17}$	*jina ity āyuṣman gautama kaṃ vadasi*	Ô révérend Gautama, prétendez-vous être un vainqueur? → Pādas: 17 à 20
	[En réponse Pādas 17 à 20]	
132/$_{20}$	*kutra tvam ayuṣman gautama gamiṣyasi*	Où donc, révérend Gautama, dirigerez-vous vos pas? → Pādas: 21 à 24
	[En réponse Pādas 21 à 24]	

MVU. III, $325/_{15-16}$	*pariśuddho bhagavato gautamasya cchavivarṇo pariśuddho paryavadāto viprasannaṃ ca mukhavarṇaṃ ...**	Tout purifié, ô vénérable Gautama, est votre teint, purifié et brillant, très sereine votre contenance;
$326/_{3}$	*kahiṃ vo bho gautama brahmacaryam uṣyate* [En réponse Pādas 1 à 4]	chez qui, vénérable Gautama, avez-vous pratiqué la vie sainte? → Pādas: 1 à 4
$326/_{9-10}$	*anācāryo bhagavāṃ gautamo prajānāsi* [En réponse Pādas 5 à 8]	Vénérable Gautama, prétendez-vous ne pas avoir eu de Maître? → Pādas: 5 à 8
$326/_{13-14}$	*arhanniti bhagavāṃ gautamo prajānāsi* [En réponse Pādas 9 à 12]	Vénérable Gautama, prétendez-vous être un Ahrant? → Pādas: 9 à 12
$326/_{17-18}$	*jino ti bhagavāṃ gautamo prajānāsi* [En réponse Pādas 13 à 24]	Vénérable Gautama, prétendez-vous être un Vainqueur? → Pādas: 13 à 24
$327/_{4-5}$	*kahiṃ bhagavāṃ gautamo gamiṣyasi* [En réponse Pādas 25 à 28]	Où donc, vénérable Gautama, dirigerez-vous vos pas? → Pādas: 25 à 28

* Le Mahāvastu intercale ici [$326/_{2}$] une déclaration préalable du Buddha: *amṛtam me upaka adhigataṃ amṛtagāmo ca mārgo:* «Oui, Upaka j'ai obtenu l'immortalité et le chemin qui y mène.»

LV. $405/_{7-8}$	*viprasannāni te āyuṣman gautama indriyāṇi parisuddhaḥ paryadātaḥ pītanirbhāsaśca te chavivarṇaḥ ...*	Vos sens, vénérable Gautama sont imperturbables, votre teint tout purifié et clair, doré et brillant;
$405/_{17-18}$	*kasminn āyuṣman gautama brahmacaryam ucyate* [En réponse Pādas 1 à 4]	chez qui, vénérable Gautama avez-vous pratiqué la vie sainte? → Pādas: 1 à 4
$405/_{22}$	*arahaṃ khalu gautama mātmānaṃ pratijānīṣe* [En réponse Pādas 5 à 8]	Vénérable Gautama, prétendez-vous être un Arhant? → Pādas: 5 à 8
$406/_{4}$	*jinaṃ khalu gautama mātmānaṃ pratijānīṣe* [En réponse Pādas 9 à 12]	Vénérable Gautama, prétendez-vous être un Vainqueur? → Pādas: 9 à 12
$406/_{8}$	*kva tarhy āyuṣman gautama gamiṣyasi* [En réponse Pādas 13 à 24]	Où maintenant, vénérable Gautama, dirigerez-vous vos pas? → Pādas: 13 à 24

Nous en arrivons maintenant aux stances mêmes. Notre disposition synoptique donne pour chaque Pāda son numéro d'ordre originel dans la séquence particulière dont il provient. L'ordre général est celui du VINAYA PĀLI, adopté arbitrairement parce qu'il en fallait un et ce sans autre raison définie.

PĀDAS			GĀTHĀS	
1 2	*sabbābhibhū sabbavidū 'ham asmi* *sabbesu dhammesu anupalitto* ‖	VIN. I, 8/$_{17-18}$	1 (a–b)	Moi, je suis le Vainqueur intégral, l'omniscient, celui qui n'est souillé par aucune chose.
5 6	*sarvābhibhūḥ sarvavid asmi loke* *sarvaiś ca dharmair iha nopaliptaḥ* ‖	SBHVU. I, 132/$_{7-8}$	2 (a–b)	—"— —"—
1 2	*sarvābhibhūḥ sarvavid eva cāsmi* *sarvaiś ca dharmaiḥ satataṃ na liptaḥ* ‖	UV. XXI, 1	1 (a–b)	—"— —"—
1 2	*sarvābhibhū sarvavido hamasmi* *sarvehi dharmehi anopalipto* ‖	MVU. III, 326/$_{6-7}$	1 (a–b)	—"— —"—
—	— Manque —	LV.: omis	—	(manque)
3 4	*sabbañjaho taṇhakkhaye vimutto* *sayaṃ abhiññāya kam uddiseyyaṃ* ‖ ‖	VIN. I, 8/$_{19-20}$	1 (c–d)	Ayant renoncé à tout, toute soif éteinte, liberé, j'ai par moi-même obtenu la connaissance suprême. Qui pourrais-je indiquer ⟨comme mon Maître⟩?
7 8	*sarvañjaho vītatṛṣṇo vimuktaḥ* *svayaṃ hy abhijñāya kam uddiśeyam* ‖ ‖	SBHVU. I, 132/$_{9-10}$	2 (c–d)	—"— —"—
3 4	*sarvaṃjahaḥ sarvabhayād vimuktaḥ* *svayaṃ hy abhijñāya kam uddiśeyam* ‖ ‖	UV. XXI, 1	1 (c–d)	Ayant renoncé à tout, délivré de toute crainte, libéré, ⟨variante⟩ —"—
3 4	*sarvajño haṃ tṛṣṇākṣaye vimukto* *ahaṃ abhijñāya kimuddiśeyaṃ* ‖ ‖	MVU. III, 326/$_{8-9}$	1 (c–d)	—"— —"—
—	— Manque —	LV.: omis	—	(manque)
5 6	*na me ācariyo atthi* *sadiso me na vijjati* ‖	VIN. I, 8/$_{21}$	2 (a–b)	Je n'ai pas de Maître, nul n'est mon égal.
1 2	*na me sti kaścid ācāryaḥ* *sadṛśo me na vidyate* ‖	SBHVU. I, 132/$_{5}$	1 (a–b)	—"— —"—
13 14	*ācāryo me na vai kaś cit* *sadṛśaś ca na vidyate* ‖	UV. XXI, 4 a–b	4 (a–b)	—"— —"—
5 6	*na me ācāryo asti kaścit-* *sadṛśo me na vidyate* ‖	MVU. III, 326/$_{11}$	2 (a–b)	—"— —"—
1 2	*ācāryo na hi me kaścit-* *sadṛśo me na vidyate* ‖	LV. 405/$_{20}$	1 (a–b)	—"— —"—

PĀDAS			GĀTHĀS	
7 8	*sadevakasmiṃ lokasmiṃ* *n'atthi me paṭipuggalo* ‖ ‖	VIN. I, 8/22	2 (c–d)	Dans ce monde, y compris parmi ses Dieux, je n'ai pas de rival.
15 16	*sadevakeṣu lokeṣu* *ahaṃ mārābhibhūr jinaḥ* ‖ ‖	SBHVU. I, 132/16	4 (c–d)	Dans ce monde, y compris parmi ses Dieux, je suis moi le Vainqueur supérieur à Māra par la puissance.
11 12	*sadevakeṣu lokeṣu* *cāhaṃ mārābhibhūr jinaḥ* ‖ ‖	UV. XXI, 3 c–d	3 (c–d)	—"— —"—
11 12	*sadevakasmiṃ lokasmiṃ* *sadṛso me na vidyate* ‖ ‖	MVU. III, 326/16	3 (c–d)	Dans ce monde, y compris parmi ses Dieux, ne se voit pas de rival pour moi
7 8	*sadevāsuragandarve* *nāsti me pratipuḍgalaḥ* ‖ ‖	LV. 406/3	2 (c–d)	Parmi les Dieux, les Asuras et les Gandarvas je n'ai pas de rival.
9 10	*ahaṃ hi arahā loke* *ahaṃ satthā anuttaro* ‖	VIN. I, 8/23	3 (a–b)	Je suis, moi, un Arhant en ce monde, je suis, moi, le Maître sans égal.
13 14	*aham asmy arhan loke* *ahaṃ lokeṣv anuttaraḥ* ‖	SBHVU. I, 132/15	4 (a–b)	Je suis, moi, un Arhant en ce monde, je suis, moi, sans égal en ce monde.
9 10	*ahaṃ hi lokeṣv arahan* *ahaṃ lokeṣv anuttaraḥ* ‖	UV. XXI, 3 a–b	3 (a–b)	—"— —"—
9 10	*ahaṃ hi arahā loke* *ahaṃ loke anuttaraḥ* ‖	MVU. III, 326/15	3 (a–b)	—"— —"—
5 6	*aham evārahaṃ loke* *śāstā hy aham anuttaraḥ* ‖	LV. 406/2	2 (a–b)	Je suis, moi, un Arhant en ce monde, je suis, moi, le Maître sans égal.
11 12	*eko 'mhi sammāsambuddho* *sītibhūto 'smi nibbuto* ‖ ‖	VIN. I, 8/24	3 (c–d)	Je suis l'unique complétement et parfaitement illuminé, sans aucune passion, je suis le «nirvané».
3 4	*eko 'smi loke saṃbuddhaḥ* *prāptaḥ saṃbodhim uttamām* ‖ ‖	SBHVU. I, 132/6	1 (c–d)	—"— ayant atteint l'ultime illumination *(saṃbodhi)*
15 16	*eko 'smiṃ loke saṃbuddhaḥ* *prāptaḥ saṃbodhim uttamām* ‖ ‖	UV. XXI, 4 c–d	4 (c–d)	—"— —"— *(saṃbodhi)*
7 8	*eko smi loke saṃbuddho* *prāpto saṃbodhim uttamāṃ* ‖ ‖	MVU. III, 326/12	2 (c–d)	—"— —"— *(saṃbodhi)*
3 4	*eko 'hamasmi saṃbuddhaḥ* *sītībhūto nirāśravaḥ* ‖ ‖	LV. 405/21	1 (c–d)	—"— sans aucune passion et sans impuretés

Pādas			Gāthās	
13 14	*dhammacakkaṃ pavattetuṃ* *gacchāmi kāsinaṃ puraṃ* ‖	Vin. I, $8/_{25}$	4 (a–b)	Pour faire tourner la roue de la Loi, je me rends en la cité des Kāschis (Bénarès).
23 24	*dharmacakraṃ pravartayituṃ* *yal lokeṣv apravartitam* ‖ ‖	SBhVu. I, $132/_{22}$	6 (c–d)	Pour faire tourner la roue de la Loi qui dans ce monde n'a pas encore été mise en mouvement,
23 24	*dharmacakraṃ pravartayiṣye* *lokeṣv aprativartitam* ‖ ‖	UV. XXI, 6 c–d	6 (c–d)	—"— —"—
27 28	*dharmacakraṃ pravartayiṣaṃ* *loke aprativartiyaṃ* ‖ ‖	MVu. III, $327/_{7}$	7 (c–d)	—"— —"—
23 24	*dharmacakraṃ pravartiṣye* *lokeṣv aprativartitaṃ* ‖ ‖	LV. $406/_{15}$	6 (c–d)	—"— —"—
15 16	*andhabhūtasmi lokasmiṃ* *āhañhi amatadudrabhin ti* ‖ ‖	Vin. I, $8/_{26}$	4 (c–d)	Pour ce monde devenu aveugle je vais battre le tambour de l'Immortalité.
21 22	*Vārāṇasīṃ gamisyāmy* *āhantuṃ dharmadundubhim* ‖	SBhVu. I, $132/_{21}$	6 (a–b)	À Bénarès je me rends pour y battre le tambour de la Loi.
21 22	*Bārāṇasīṃ gamiṣyāmi* *haniṣye 'mṛtadundubhim* ‖	UV. XXI, 6 a–b	6 (a–b)	À Bénarès je me rends pour y battre le tambour de l'Immortalité.
25 26	*Vārāṇasīṃ gamiṣyāmi* *āhaniṣyaṃ amṛtadundubhiṃ* ‖	MVu. III, $327/_{6}$	7 (a–b)	—"— —"—
13 14 15 20	*Vārāṇasīṃ gamiṣyami* *gatvā vai Kāśināṃ purīṃ* ‖ *andhabhūtasya lokasya . . .* *. . . tāḍayiṣye 'mṛtadundubhiṃ* ‖ ‖*	LV. $406/_{10\text{–}11+20}$	4 (a–c) 5 (–d)	Vers Bénarès je me dirige, et, rendu dans la cité des Kāschis, pour ce monde devenu aveugle, je vais battre le tambour de l'Immortalité.
17 18	*mādisā ve jinā honti* *ye pattā āsavakkhayaṃ* ‖	Vin. I, $8/_{28}$	5 (a–b)	Ceux-là sont vainqueurs, qui, comme moi, ont obtenu la suppression des souillures.
17 18	*jinā hi mādṛśā jneyā* *ye prāptā āśravakṣayam* ‖	SBhVu. I, $132/_{18}$	5 (a–b)	—"— —"—
17 18	*jinā hi mādṛśā jñeyā* *ye prāptā hy āsravakṣayam* ‖	UV. XXI, 5 a–b	5 (a–b)	—"— —"—
13 14	*jinā hi mādṛśā bhonti* *ye prāptā āśravakṣayaṃ* ‖	MVu. III, $326/_{19}$	4 (a–b)	—"— —"—
9 10	*jinā hi mādṛśā jñeyā* *ye prāptā āśravakṣayaṃ* ‖	LV. $406/_{6}$	3 (a–b)	—"— —"—

* Les Pādas: 16, 17, 18, 19, plus 21 et 22 du Lalita Vistara sont soit des répétitions, soit du remplissage. Nous les négligerons donc.

19 20	*jitā me pāpakā dhammā* *tasmāham upaka jino 'ti* ‖ ‖	VIN. I, 8/29	5 (c–d)	Vaincu par moi ont été les mauvais Dharmas pour cela suis-je, ô Upaka, un Vainqueur.
19 20	*jitā me pāpakā dharmās* *tenopagu jino hy aham* ‖ ‖	SBHVU. I, 132/19	5 (c–d)	—"— —"—
19 20	*jitā me pāpakā dharmās* *tato 'ham upagā jinaḥ* ‖ ‖	UV. XXI, 5 c–d	5 (c–d)	—"— —"—
15 16	*jitā me pāpakā dharmā* *tasmādahaṃ upaka jino* ‖ ‖	MVU. III, 326/20	4 (c–d)	—"— —"—
11 12	*jitā me pāpakā dharmās* *tenopagajino hyaṃ* ‖ ‖	LV. 406/7	3 (c–d)	—"— —"—

NOTE: Comme déjà noté pour la séquence des Pādas du LALITA-VISTARA, nous y avons une interpolation de Pādas répétitifs et redondants: les nos: 16, 17, 18, 19 plus 21 et 22.

Le MAHĀVASTU lui intercale dans sa séquence huit Pādas du même genre.

17 18 19 20	*pauṇḍarīkaṃ yathā varṇaṃ* *anope na pralipyate* ‖ *evaṃ loke na lipyāmi* *tasmād ahaṃ upaka jinaḥ* ‖ ‖		5 (a–d)	Comme la beauté de la fleur de lotus n'est pas salie par le terrain marécageux, ainsi ne suis-je pas sali par le monde; à cause de cela même je suis un vainqueur.
21 22 23 24	*abhijñeyaṃ abhijñataṃ* *sadvaktavyaṃ ca bhāṣyati* ‖ *prahātavyaṃ prahīnaṃ me* *tasmād ahaṃ upaka jino* ‖ ‖	MVU. III, 326/21–327/3	6 (a–d)	La connaissance suprême étant connue jusqu'au bout j'ai annoncé la vérité qui était à déclarer, par moi a été renoncé ce qui était à renoncer; à cause de cela même je suis un vainqueur.

Le SAṄGHABHEDAVASTU et l'UDĀNAVARGA intercalent quatre Pādas quasi identiques pour les deux versions mais placés différemment dans les deux séquences: pour le SBHVU. les nos 8 à 11, et pour l'UV. les nos 5 à 8:

8 9 10 11	*kam uddiśeyam asamo hy atulyaḥ* *svayaṃ pravaktā adhigamya bodhim* ‖ *tathāgato devamanuṣyaśāstā* *sarvaiś ca sarvajñabalair upetaḥ* ‖ ‖	SBHVU. I, 132/11–14	3 (a–d)	Qui devrais-je suivre, n'ayant personne de semblable ou d'égal à moi, étant moi même un Maître, ayant par moi même atteint l'Illumination? Je suis le Tathāgata, un Maître pour les Dieux et les hommes, omniscient, doué de toutes les forces de l'omniscience.
5 à 8	. . . ⟨Var. UV.⟩ *sarvajñatāṃ prāpya balair upetaḥ* ‖ ‖	UV. XXI, 2 a–d	2 (a–d)	—"— doué des forces qui appartiennent aux omniscients

Après la dernière stance-réponse du Buddha, une seule de nos versions, celle du MAHĀVASTU, dans son état actuel tout au moins, ne mentionne plus l'Ājīvika et met simplement dans la bouche de Divinités la stance suivante: [MVU. III, 327/13–17]

devatā antarīkṣe gāthāṃ bhāṣanti ‖ ‖

yo evarūpaṃ naradamyasārathiṃ
dṛṣṭvā maharṣiṃ parivarjayeya ‖
hastehi pādehi ca so mahāśiriṃ
praṇāmaye eṣa atīvamātraṃ

«Quiconque, après avoir connu pareil conducteur
d'hommes, évitera[131] le grand Sage,
sera comme quelqu'un qui des pieds et des
mains repousserait le plus précieux des biens.»

Ceci paraît bien être allusion à un passage, aujourd'hui perdu par la tradition manuscrite du Mahāvastu, et où aurait figuré la réaction négative de l'Ājīvika, qui se retrouve, elle, dans toutes les autres versions:

VIN. I, 8/30–32	SBHVU. I, p. 132/25–26	LV., p. 406/16–17
evaṃ vutte upako ājīviko hupeyya āvuso 'ti vatvā sīsaṃ okampetvā ummaggaṃ gahetvā pakkāmi ‖ ‖	*syād ayuṣman gautama jīnaḥ ityuktvā upagur ājīvakaḥ mārgād apakrāntaḥ*	*tad bhaviṣyasi gautama ityuktvā sa ājīviko dakṣiṇāmukhaḥ prakrāmantathāgato 'pyuttarāmukhaḥ prākrāmat* ‖ ‖
Ceci étant dit Upaka l'Ājīvika prit la parole: «C'est bien possible, votre Révérence?» Après avoir hoché la tête et avoir pris un chemin de Traverse, il s'en alla.	«Peut-être ⟨seriez-vous⟩ un vainqueur révérend Gautama?» Ayant ainsi parlé Upaga l'Ājīvika s'en alla son propre chemin.	«Le seriez-vous, ô Gautama?» — Après avoir ainsi parlé, l'Ājīvika se tourna vers le Sud et s'en alla, alors que le Tathāgata, lui, continua son chemin en direction du Nord.

[131] Cf. JONES ⟨1956⟩ Trd. III, 319 n. 2 et EDGERTON ⟨1953⟩ BHSD, p. 329 col. 1/16–22.

C — Dires aux Cinq

Il nous reste encore à mentionner les déclarations du Buddha faites aux cinq disciples renégats au moment de leurs retrouvailles à Bénarés.

Dans ces derniers textes les UVS dont le Buddha se qualifie lui-même ou qualifie le résultat obtenu sont les suivants:

PĀLI: *arahaṃ tathāgato sammāsaṃbuddho:*
«L'Arahant, le Tathāgata, le parfait et complétement Éveillé.»

amataṃ adhigataṃ: «L'Immortel a été atteint» (par moi).

SANSKRIT: *amṛtam mayā sākṣātkṛto amṛtagāmī ca mārgaḥ:*
«L'Immortel a été atteint par moi et (trouvé) le chemin qui mène à l'Immortalité.»

Buddho aham asmi: «Le Buddha, moi je le suis.»

sarvajnāh sarvadarśī śītībhūto anāśravah:
«L'omniscient, l'omni-clairvoyant, le possesseur de la paix de l'âme, le sans souillures.»

Ces UVS ne nous apportent rien de nouveau. Le seul qui nous paraisse cependant devoir attirer l'attention est:

amṛtaṃ mayā sākṣātkṛto / amataṃ adhigataṃ

précédant l'affirmation, que lui, le Buddha, proclame et enseigne la Loi, justifiant ainsi le fait explicitement. Cela fait penser à un des Pādas des «Stances à Upaga»:

āhañhi amatadudrabhin	VIN. I, $8/_{26}$
āhantuṃ dharmadundubhim	SBHVU. I, $132/_{21}$
haniṣye 'mṛtadundubhim	UV. XXI, 6 (a–b)
āhaniṣyaṃ amṛtadundubhiṃ	MVU. III, $327/_{6}$
tāḍayiṣye 'mṛtadundubhiṃ	LV. $406/_{20}$

C — Dires aux Cinq

Vin. I, 9/11–16	**MVu. III**, 329/9	**LV**. 409/7–11	**SBhVu. I**, 133/22–24 + 134/7–8
mā bhikkhave tathāgataṃ nāmena ca āvusovādena ca samudācaratha ‖	*mā bhikṣavo bhadravargīyā tathāgataṃ āyuṣmaṃvādena samudācaratha* ‖	*mā yūyaṃ bhikṣavas tathāgatam āyuṣmadvādena samudācariṣṭa* ‖	*mā yūyaṃ bhikṣavas tathāgatam atyarthaṃ nāmavādena gotravādena āyuṣmadvādena samudācarata* ‖
«N'adressez pas, ô Moines, le Tathāgata, ni par son nom, ni par le titre d'ami.»	«N'adressez pas, ô Moines de ce groupe fortuné, le Tathāgata par le titre d'ami.»	«N'adressez pas, vous, ô Moines, le Tathāgata par le titre d'ami.»	«N'adressez pas, vous, ô Moines, le Tathāgata dorénavant par son nom, par son patronyme ou par le titre d'ami.»
arahaṃ bhikkhave tathāgato sammāsambuddho ‖ *odahatha bhikkhave sotaṃ amataṃ adhigataṃ ahaṃ anusāsāmi ahaṃ dhammaṃ desemi* ‖	*(manque)*	*amṛtaṃ mayā bhikṣavaḥ sākṣātkṛto (a)'mṛtagāmī ca mārgaḥ* ‖ *Buddho (a)'ham asmi bhikṣavaḥ sarvajñaḥ sarvadarśī śītībhūto (a)'nāśravaḥ* ‖ *vaśī sarvadharmeṣu dharmamahaṃ . . . śrotam avadadhata . . .*	*. . . nanu yūyaṃ bhikṣavaḥ paśyatha tathāgatasya pūrveṇāparaṃ mukhasya vā viprasannatvam indriyāṇām vā nānākaraṇam*
«Ô Moines, je suis l'Arahant, le Tathāgata, l'Éveillé parfait et complet. Prêtez l'oreille, ô Moines, l'Immortel est atteint et moi je proclame et enseigne le Dharma.»		«Par moi l'Immortel, ô Moines, a été atteint et (trouvé) le chemin qui y mène. Je suis le Buddha, l'omniscient, l'omnivoyant et pure de toute souillure, celui qui est parvenu au calme parfait. Maîtrisant toutes choses, j'enseigne le Dharma . . . prêtez l'oreille . . .»	«Ne voyez-vous pas, ô Moines, la sérénité du maintien du Tathāgata différent de (ce qu'il était) précédemment et que ses facultés sont transformées?»

Remarque Finale

Pour conclure, et ce chapitre, et cette étude, nous croyons devoir constater et attirer, une fois de plus, l'attention sur le fait que, dans les significations originelles de leurs premiers emplois, l'ensemble des UVS que l'on peut distinguer: soit dans les relations ou exposés concernant la *Saṃbodhi* du Maître, soit dans les énoncés concernant sa qualité d'Eveillé et appartenant à des épisodes subséquents, soit également dans les libellés que nous avons groupé et étudié sous la dénomination de «Seuil de l'Eveil», tous, sans exception, ne nous fournissent aucune information explicite sur ce qu'aurait été l'expérience même de l'Eveil ou sur son soi-disant contenu.

En effet dans tous ces UVS il se sera toujours agi: soit de conditions préalables, soit de constatations et affirmations de résultats s'ensuivant. Pour ce qui concerne l'Eveil proprement dit nous sommes réduit, conceptuellement et sémantiquement, au seul UVS, inclus dans la formule «o», mais commun aussi à toutes les traditions dans le contexte de l'Eveil:

anuttarāṃ samyaksaṃbodhiṃ abhisaṃbuddho

et ce n'en déplaise aux docteurs et érudits de tous les temps.

En effet les efforts de la dogmatique et scholastique bouddhique, déjà très tôt à l'oeuvre, auront toujours tendu à utiliser l'un ou l'autre des différents énoncés, étudiés dans ce travail, comme ayant dû faire l'objet d'une gnose, qui aurait constitué la réalité de l'Eveil.

Pour nous au contraire, avec la *Saṃbodhi* on aurait à faire à une expérience mystique originelle: en soi irrationalisable et en fin de compte inconceptualisable et donc difficilement, sinon non-explicitable.

Dès nos textes les plus anciens, il en aura découlé fatalement un polymorphisme de la terminologie et des libellés concernant cette Saṃbodhi, ainsi que de la variété des combinaisons et constructions interprétatives qu'on aura élaboré, plus tard, à son égard.

Il nous semble donc pouvoir affirmer formellement ce que BRONKHORST considérait comme une possibilité des plus problables: c'est à dire que l'ensemble des énoncés et UVS anciens de la tradition canonique concernant la *Saṃbodhi* du Maître, pris dans l'économie même de leur sémantique, paraissent démontrer à l'énvi que, originellement et dans les strates les plus anciennes de la Légende, l'Illumination libératrice (the Liberating Insight) n'a été ni décrite, ni même conceptualisée d'une manière explicite.

Quelques Réflexions en Guise de Conclusion Générale

On est en droit de s'étonner, que pour le Buddha, pour cet homme, qui selon la tradition aurait formellement condamné toutes les *dṛṣṭi/diṭṭhi*: c'est à dire toute opinion préconçue, toute théorie établie ou à établir, toute ratiocination de quelque sorte soit-elle, que pour lui en particulier la croyance au *Saṃsāra* soit toujours demeurée inébranlable et que même après l'Eveil elle sera restée le seul cadre ontologique dans lequel sa pensée pourra se mouvoir.

En effet cette croyance à l'inéluctable transmigration, déjà plus ou moins généralisée aux Indes à son époque, allait tellement «de soi», s'imposera si totalement à son esprit, comme seule explication possible des destins personnels, collectifs et cosmiques, que, malgré l'irrésistible force illuminante de sa propre expérience, l'ensemble des paroles ou discours, que lui prètent nos textes, ne contiennent pas le moindre indice, qu'un doute quelconque ait jamais pu même l'effleurer quant à la réalité foncière de ce *Saṃsāra.*

Cependant, malgré pareille évidence, on aura, toujours et à nouveau, voulu présenter le personnage historique comme un profond penseur et l'initiateur d'une philosophie nouvelle.[132] Et ce, bien que, dès son origine, le Bouddhisme n'ait jamais cru nécessaire de se construire une ontologie ou «*Weltanschauung*» particulière, s'étant contenté d'adopter celles du milieu où il naquit.

Ceci dit, nous croyons devoir mettre l'accent sur le fait que son Illumination, cette *Saṃbodhi*, aura fait de Gautama le chercheur «LE BUDDHA», le premier et, «historiquement parlant», le seul Buddha. Cette Illumination lui aura donné l'inébranlable certitude qu'il ne renaîtrait pas ici-bas, qu'il avait accompli tout ce qu'il avait à accomplir afin d'échapper à la ronde cauchemaresque de ce *saṃsāra* maudit et afin d'être à tout jamais délivré de tous les maux inhérents à la condition humaine.

De plus cette expérience, caractérisée dans certains de nos textes comme: «d'avoir touché le *nirvāṇa*, l'Immortel [*amṛta*] avec son corps [*kayena*]», lui aura conféré aussi la certitude d'avoir triomphé de la mort, d'en avoir trouvé le moyen: une recette ou technique sotériologique valable pour tous et de plus enseignable aux Dieux comme aux hommes. — D'où la prédication.

En ce qui le concernera, lui-même, aucune chute, aucune rétrogradation de cet état quasi divin n'est envisagé par nos textes. Et lorsque plus tard, la question de la possibilité de rechutes pour l'Arahant viendra sur le tapis, jamais elle ne paraît avoir été même mentionnée à propos du Fondateur.

Pour nous, le contenu de la *Saṃbodhi*, l'expérience même du Maître, nous demeure et demeurera toujours chose mystérieuse. Toute explication psychologique ou psychologisante ne peut-être que rationalisation plus ou moins gratuite et dont les éléments, soi-disant démonstratifs, empruntés arbitrairement à nos textes, varieront à l'infini suivant les auteurs et leurs idiosyncrasies propres.

---

[132] Témoin en est la publication en 1962 par un érudit des plus reputé: BAREAU, dans une collection intitulée «Philosophes de Tous les Temps» d'un volume portant le titre «Buddha».

Historiquement, le fait est, que cette expérience originelle, unique et définitive quant à sa personne[133], aura investi le Fondateur d'un pouvoir psychologiquement effectif sur les autres, d'une espèce de «charisme» inexplicable et inexpliqué, qui seul — à nos yeux — peut rendre compte de l'étendu et de la rapidité de la diffusion du message et des conversions qu'il aura déclenché.

D'autre part la conviction, la certitude du Buddha d'avoir vaincu la mort et d'avoir trouvé l'Immortel, cette assurance qu'un occidental aura bien entendu tendance à qualifier d'illusion (de «*wishful thinking*») et de reléguer au rang de psychologisme conditionné par l'ambiance et par les croyances mythiques et religieuses de l'époque, cette assurance Śākyamuni l'aura proclamé à la face du monde comme «un vécu certain».

Pareille divergence de jugement dérive d'une différence fondamentale du contenu sémantique attribué par les uns et par les autres à un même terme essentiel à tout langage, en l'espèce au mot «mort»: pour les uns changement radical définitif irréversible; pour les autres une double notion, conceptuellement indivisible, de «mort-renaissance», césure autant que lien entre des durées existentielles plus ou moins équivalentes à leurs yeux.

Pour le Buddha, cette prise de conscience, du fait qu'il ne renaîtrait plus ici-bas, se présentait comme une réalité objective nouvelle et jusqu'alors inconnue et inconcevable. De nombreux textes en font foi.[134]

Nous touchons ici à un point particulièrement délicat de toute étude d'histoire des idées et de la psychologie religieuses.

On devrait relire les réflexions de Sainte Thérèse d'Avila sur la vision de Saint Paul. Si, en tant qu'historien occidental, nous qualifions les expériences existentielles cruciales et déterminantes de la vie des mystiques, leurs «visions», leurs illuminations comme n'étant que subjectives et illusoires, nous aurons construit une distinction d'ordre verbal et non expérimental, au moyen de laquelle nous prétendrons classifier des expériences vécues, dont l'objet ne serait qu'illusion, mirage, imagination, sans réalité objective, afin de les distinguer d'autres expériences nanties d'objets dits rééls.

Mais cette alternative d'objet, soit réel, soit irréel, n'est pas pertinente pour les sujets mêmes qui vivent de pareilles expériences. Leur objet même, jugé par nous antinomiquement réel ou illusoire, nous demeurera toujours (à nous qui sommes en dehors de l'expérience même) inconnu en soi et non identifiable par rapport à un critère quelconque d'objectivité.

Pour le sujet lui-même, l'expérience aura été indubitablement vécue. Pour lui, elle «fut» et fut «ce qu'elle fut», et rien d'autre: et cela indépendamment des ratiocinations possibles auxquelles la personne impliquée pourrait s'adonner par la suite.

---

133 Expérience à laquelle il est continuellement fait allusion dans les discours prêtés au Buddha par nos textes.

134 Par ex. VIN. I, $11/_{1-3}$: «Ainsi en moi, ô Moines, au sujet de réalités jamais entendues par le passé, surgit la vision, la connaissance, la sagesse, le savoir suprème, la lumière.» Cf. BRONKHORST ⟨1986⟩ p. 116.

Le fait existentiel d'expérience, rien qu'en tant qu'expérience vécue et sans évaluation de son soi-disant contenu, est le seul point d'application possible d'un jugement d'objectivité valable. C'est justement cette «objectivité», cette «historicité-réalité» d'une expérience qui devra être mise en lumière, pesée, affirmée ou controuvée et pas celle d'un insaisissable objet «métaphysique» de l'expérience.

Auriez-vous raconté à Sainte Thérèse que sa fameuse expérience mystique (la blessure infligée par un dard divin) n'avait été qu'illusoire, elle vous aurait ri au nez. Son «vécu» demeurait pour elle «certain», un absolument certain, une évidence inébranlable.

De telles certitudes sont, pour leurs sujets, d'un tout autre ordre et d'une incommensurabilité totale par rapport à nos certitudes rationelles ou scientifiques.

C'est à cause de cela, justement en cela, et en cela seulement, que pourra résider l'authenticité d'*«une expérience mystique d'une réalité ineffable»*.[135]

Il serait encore à remarquer que l'on peut discerner dans nos textes l'écho d'un malaise, qui a dû se faire jour dans la communauté bouddhiste après la disparition de son fondateur. On la retrouve, dans les *Parinirvāṇa-Sūtras* de toutes, ou quasi toutes les traditions, sous forme de reproches faits à Ānanda, le disciple chéri entre tous. Ces reproches à Ānanda auraient été motivées par la conviction que, si ce dernier avait compris les insinuations de son Maître, celui-ci aurait pu continuer à vivre. Aucune limite n'est fixée à ce répit par la légende. Il aurait pu tout aussi bien se prolonger ou se répéter indéfiniment.

Il nous semble qu'on retrouve ici, mais dans un tout autre contexte et avec une tout autre terminologie, l'idée de l'Immortel (*amṛta*).

Serait-ce concept-illusion d'un homme demi-dieu, ou plus vraisemblablement une invention subséquente de la légende? Qui pourra le dire?

Quoiqu'il en soit «de la Quête à l'Annonce de l'Eveil", le chemin parcouru par le Buddha, tel qu'il se profile à travers nos textes, nous paraît comporter un élément de «pathétique», dû essentiellement au contraste entre — ce que nous nommerons volontiers — son «échec méta-physique» d'une part et son invraisemblable réussite «historique» d'autre part.

Nous nous expliquons. Selon la tradition, après d'ardues recherches Gautama, en une veillée célèbre, acquiert la certitude de sa propre délivrance. Dorénavant il sera nanti de l'inébranlable conviction d'avoir trouvé le seul, l'unique moyen d'échapper à la ronde infernale du *saṃsāra*, épitomé de tous les maux humains.

Il est persuadé d'avoir vaincu la male mort et avec elle les autres afflictions de l'humaine détresse. Par charité il dédiera le reste de sa vie à enseigner aux pauvres hommes et aux Dieux l'usage de l'infaillible instrument sotériologique dont il vient de faire la découverte. Or cette mort signifiait indubitablement pour lui, comme pour tous ses contemporains, (tous nos textes en font foi) l'«embringue-

---

[135] L'expression n'est pas de nous, mais de De Jong ⟨1949⟩ p. XII/$_{10-11}$, où à vrai dire elle est employée à propos de Nāgārjuna et non au sujet du Buddha *«une expérience mystique, une expérience directe et individuelle d'une réalité ineffable.»* — On ne peut mieux dire!

ment» dans ce phénomène cyclique, cette succession répétitive et ininterrompue[136] de morts — renaissances de ce *saṃsāra.*

Pour ceux, qui ne sont pas imbus de la valeur normative de ce «mythe», la validité objective du moyen de libération nouvellement découvert, en tant que processus effectif pour briser la chaine d'un *saṃsāra* chimérique, ne pourra être que trompeuse. Pour pouvoir faire illusion, elle présuppose une conviction à toute épreuve en la réalité objective du cycle fatal des réincarnations.

Cependant, pour nous — et nous tenons à le souligner — constater, en soi, le caractère illusoire du moyen sotériologique proposé (le prétendu triomphe sur la mort et la découverte de l'Immortel) n'infirme en rien: a) ni les conséquences psychologiques qu'un tel enseignement aura pu avoir[137] et a probablement encore, et b) ni surtout la réalité objective d'une expérience et son authenticité foncière. Mais attention! On devra distinguer ici nettement l'événement, en tant que tel, de l'interprétation rationalisante, qui en aura été donnée ensuite: ce qui ne pouvait se faire, à l'époque, qu'à la lumière et dans l'horizon ontologique du *saṃsāra.*

Ainsi, d'une part, la certitude de sa non-renaissance a bien dû être le résultat authentique d'une prise de conscience intuitive d'une réalité, que nous qualifierons volontiers d'«objective», parce que tout aussi objective que la notre, par le fait de correspondre à une même réalité: «On ne vit pas deux fois!» — D'autre part, la portée même de l'expérience aura, elle, été grossement surestimée, par le fait d'avoir été considérée comme victoire définitive sur la mort; alors que le Buddha n'avait fait là que se débarrasser de l'angoisse d'un mythe ontologique.

Il serait également à noter que, par rapport au «chemin», parcouru jusqu'à l'instant où se produira l'Illumination, la délivrance du *saṃsāra* est présentée par nos textes comme en découlant inévitablement, «de soi». Cela paraîtrait bien confirmer l'hypothèse, que cette «délivrance» se sera présentée au Buddha comme une espèce de «grâce», une expérience d'ordre irrationnel, par nature «non-explicitable» et demeurée, à l'origine, non explicitée.

Ainsi, bien que des réflexions et interprétations subséquentes l'auront voulu transformer en une espèce de gnose, originellement et «en soi» *elle ne fut pas gnose.*

C'est là justement que se trouve, croyons-nous, la clef d'une compréhension possible de la situation première. — Oui, la *saṃbodhi* du Maître fût certes une expérience authentique. Bien plus, elle lui aura conféré cette espèce de «charisme», que dans l'«enthousiasme»[138] communicatif initial il aura pu transmettre à des disciples, les amenant à faire chacun une expérience individuelle semblable à la sienne. Ces disciples à leur tour ont dû pouvoir agir d'une manière semblable. Mais, tel une rivière qui s'assèche en se perdant dans le sable, leur effet s'amenuisera à mesure que la communauté s'élargira et ce jusqu'au point d'aboutir au désert spirituel des pratiques et doctrines de la quasi totalité des sectes Hīnayānistes évoluées, avec leur scholastique à outrance.

---

[136] Tout au moins jusqu'au moment de l'Illumination et de la découverte du moyen de s'en libérer.

[137] En effet il aura changé toute la face spirituelle et religieuse d'une énorme partie du continent asiatique.

[138] Nous employons «enthousiasme» dans son sens étymologique pythagoricien.

La réaction était inévitable. D'abord larvée et souterraine, elle émergera et se cristallisera dans «Les» Mahāyānas. Dès l'origine de l'histoire bouddhique, pareille réaction a dû se trouver en germe et en puissance dans le désir légitime et l'impulsion naturelle de certains individus de chercher à vivre une expérience personnelle équivalente à l'expérience originelle du Maître ou à celles des premiers disciples. Dans un premier stade ces réactions individuelles ont dû être dispersées dans l'ensemble de l'ère d'expansion du Bouddhisme.[139] En un deuxième temps ces «réactionnaires» se seront agglomérés en groupes commençant à se profiler. En un troisième stade ceux-ci finiront par s'affirmer par les doctrines particulières des différentes écoles Mahāyānistes que nous connaissons.

Resumons-nous:

A) L'instrument sotériologique, offert par le Buddha et par les premiers disciples, était en soi une rationalisation illusoire d'expériences mystiques authentiques. Les systématisations scholastiques (abhidharmiques) qui en dérivent deviendront de plus en plus mécaniques et spirituellement stériles.

B) Au contraire, l'action «charismatique» du Maître, fondée sur sa conviction inébranlable qu'il ne renaîtrait plus ici-bas — (pour nous tout à fait justifiée parce que conforme à notre horizon conceptuel, mais quasi inconcevable et ahurissante dans le sien) — aura amené le triomphe de la prédication qu'il a inauguré, ainsi que toutes les conséquences, repercussions et développements qui s'ensuivront.

C'est justement cet élément, originel et original, de «mystique vraie» ou «réelle» — osons le terme — qui, amenuisé au long des premiers siècles, rebourgeonnera et redeviendra agissant dans «les» Mahāyānas naissants, y donnant de nouvelles fleurs, au moins aussi belles que celles de la première floraison, sinon plus belles encore.

---

139 Cf. Przyluski ⟨1926⟩ p. 361 – 363 + 368 et Bechert ⟨1976⟩ p. 36 – 37.

Addenda:

Addendum I

La rédaction du présent travail était déjà terminée lorsque nous sont parvenues les deux dernières et particulièrement importantes contributions de T. VETTER aux études bouddhologiques:

a) The Ideas and Meditative Practices of Early Buddhism, E. J. Brill, Leiden 1988.
b) Some Remarks on Older Parts of the Suttanipāta: sa communication à la VIIth World Sanskrit Conference, Leiden, August 1987.

Quoique celles-ci n'apportent pas de points nouveaux concernant le sujet particulier de notre travail et ne requièrent donc de nous aucun remaniement rédactionnel, nous croyons cependant devoir mettre en lumière une convergence, fort significative à nos yeux, entre certaines prises de position de l'ouvrage mentionné ci-dessus et les notres.

Pour ce faire nous nous contenterons de citer textuellement les deux passages suivants:

I°) [VETTER ⟨1988⟩ p. $5/_{36+40-42}$ + p. 6]

... a later branch of thought ... tried to place words and concepts directly in the liberating experience of the Buddha. — ... probably the word *immortality (a-mata)* was used by the Buddha for the first interpretation of this experience and not the term *cessation of suffering* that belongs to the four noble truths.
An assertion in SN 2.12 also points to a liberating experience which in the beginning was not formulated in words: «those who possess the dhyāna [meditation] (*jhāyino*) shall no longer be subject to death (*maccu*). [S. I, $52/_{13-15}$.]
A very ancient assertion seems to be that even one who is in the first stage of dhyāna can no longer be seen by Māra (MN 25)[140], or has freed himself of Māras power (AN 9.4.8.).[141] Here also no dogmas are discernible. Māra is probably a very old, Buddhist personification of death (at any rate, it cannot be accounted for in Hindu mythology or by the development of Buddhist dogmatics). The two places mentioned make almost the same statements as SN 2.12.
This also points to the fact that the Buddha did not achieve the experience of salvation by discerning the four noble truths and / or other data. But his experience must have been of such a nature that it could bear the interpretation «achieving immortality» or (later) «cessation of suffering» used for his own orientation and for proclaiming this goal to others.
II°) [idem, p. $7/_{1-3}$]: ⟨Having already⟩ showed some hesitation in following the traditional view that the liberating experience of the Buddha had been expressed in words, the structure of the «first sermon» also supports this reluctance.

Une autre convergence à noter serait l'importance accordée par VETTER [p. 30 – 31] au terme *aññā/ājñā*, le distinguant nettement et le contrastant d'avec

140 M. I, 159 – 160.
141 A. IV, 434.

celui de *paññā/prajñā*, et les traduisant respectivement par: «*liberating insight*» et «*discriminating insight*».

Nous terminerons cet «addendum» en énumérant quelques points de divergence secondaires, mais qui nous aurons néanmoins paru dignes d'être notés:

a) p. XI, n. 4 — Contrairement à la note citée et en complet accord avec v. Hinüber ⟨1979⟩ p. 31 – 32 nous admettrions volontiers la probabilité de l'authenticité des «Stances à Upaga», et très certainement leur appartenance à la strate la plus ancienne de la tradition, à laquelle on puisse accéder dans les Canons où elles figurent.

b) p. XIII/$_{3-7}$ — Nous considérons la soi-disant démonstration de Bareau ⟨1980⟩ sur la non-historicité de Uruvilvā dans la Légende comme peu convaincante et ne pouvant en aucun cas être prise comme une preuve de l'existence d'une couche de la tradition qui aurait totalement ignoré ce nom de lieu.

c) p. XXII/$_{26-30}$ — Vetter accepte la non-historicité de l'écolage du Buddha, ainsi que celle des deux noms de ses «prétendus» Maîtres, comme ayant été définitivement établies par Bareau ⟨1963⟩. Pour la discussion et la remise en question de ce point de vue voir notre chapitre II.

d) p.XXXV/$_{17-19}$ — Vetter écrit: «*The release of the heart* (P. cetovimutti) *being concerned with life here and now, is explained here by release through discriminating insight* (P. paññāvimutti) ...»

Conformément a notre argumentation (chapitre IV, p. 121 – 126) il nous semble absolument impossible de voir dans le terme *prajñāvimukti/paññāvimutti* une simple glose explicative de *cetovimukti/cetovimutti*.
Pareille interprétation négligerait totalement la signification originale, et à nos yeux indéniable, du couple «*cetovimukti-prajñāvimukti*» et de sa dualité contrastante.

e) — p. 44/$_{23-27}$ et n. 14 — Le passage cité, de M. I, 140/$_{5}$, y est considéré comme preuve évidente que le nom de *tathāgata* aurait été dès l'origine (*in the earliest period*) appliqué à divers membres de l'ordre et ne désignait pas le Buddha exclusivement.

D'une manière générale, nous sommes d'un avis diamétralement opposé quant à l'usage originel du terme *tathāgata*.
D'autre part pour ce qui concerne le Sūtra, dont le passage a été tiré, il ne peut nullement justifier la conclusion avancée. En effet il ne peut certainement pas être inclus parmi les Sūtras les plus anciens du Majjhimanikāya. Cet Alagaddūpamasutta dénote déjà des influences scholastiques, il s'avère à l'analyse être formé de morceaux composites hétérogènes (cf. Vin. II, 25 – 26 et Vin. IV, 133 – 134) et par conséquent d'une facture relativement récente. Voir Pande ⟨1974, 2ème Ed.⟩ p. 147.

Addendum II

Les termes de *tathāgata* et de *buddha* pris substantivement et utilisés pour indiquer une personne ayant atteint le «*summum bonum*», le but suprême d'une quête spirituelle et de la vie sainte, paraissent bien devoir être d'invention spécifiquement bouddhiste. En tout cas leur apparition dans le vocabulaire du «Moyen Indien Ancien»[142] ne semble pas avoir antidaté celle du Bouddhisme lui-même.

De plus l'emploi de ces deux termes pour désigner tout particulièrement son Fondateur est richement attesté dans les strates les plus anciennes de la Légende.

Ceci dit et vu les développements ultérieurs de cette même Légende, il paraît légitime de se poser la question de savoir si, justement dans les strates anciennes de la Légende, on pourrait trouver — oui ou non — des indices impliquant que le personnage de Śākyamuni, tel qu'il s'y présente, se serait considéré lui-même comme s'insérant dans une séquence ou succession imaginaire d'individus exceptionnels à destins similaires et les aurait qualifiés, comme soi-même, de Tathāgatas ou de Buddhas?[143]

Nous savons bien que E. Waldschmidt dans son introduction à son édition du Mahāvadānasūtra[144] y a écrit:

> Dem Buddha wird eine Kette von Vorläufern als letztes Glied angereiht. [n. 1: Eine Säulen-Inschrift König Aśokas beweist, daß vor der Mitte des 3. Jahrh. v. Chr. ein Kult von Vorläufern des Buddha bestand ...] Er heißt der *Tathāgata*, der «also Gekommene», nämlich der in der gleichen Weise wie seine Vorgänger in der Welt Erschienene. Die ältesten Texte bereits enthalten allerlei Anhaltspunkte dafür, daß sich der Religionsstifter selbst als einen solchen bezeichnet und für den Fortsetzer des Werkes vergangener Buddhas angesehen hat. Häufig genug weist er auf seine Vorläufer in früheren Weltaltern hin.

Cependant, une telle affirmation ne nous paraît nullement justifiée. En effet avant d'avancer pareille assertion, assertion en flagrant désaccord avec l'ensemble des textes dits «biographiques» ou «autobiographiques» anciens, n'aurait-il pas fallu établir au préalable l'antériorité «absolue» et certaine des Mahāpadāna° et Mahāvadāna° Sūtras sur lesquels elle se fonde? — Or celle-ci est plus que douteuse. L'appartenance de ces Sūtras à une couche plus récente de la Légende paraît probable, et confirmée par le fait, reconnu par Waldschmidt lui-même, que leurs différences textuelles sont telles qu'elles ne permettent pas d'en établir une disposition en parallèles satisfaisante, comme il l'aura pu faire pour le Catuṣpariṣatsūtra et le Mahāparinirvāṇasūtra.

---

142 Ce que v. Hinüber ⟨1986⟩ groupe sous la dénomination de: «*Das ältere Mittelindisch.*»

143 La bibliographie de la question est fort étendue. Nous nous contenterons de renvoyer à son premier traitement solide (le plus ancien à notre connaissance) par O. Franke ⟨1913⟩ en appendice à sa traduction d'un choix de Suttas du Digha-N, p. 287 – 297 ainsi qu'à son traitement le plus récent par P. Harvey ⟨1983⟩ dans son mémoire «The Nature of the Tathāgata» in «Buddhist Studies», p. 35 – 52: volume collectif publié par Ph. Denwood et A. Piatigorsky, London.

144 Waldschmidt ⟨1953 – 56⟩ p. 3 + note 1.

Il nous semble pouvoir en conclure que l'affirmation de WALDSCHMIDT ne peut convenir qu'à un stade subséquent du développement de la Légende et ne peut en aucun cas avoir appartenu à la tradition de nos textes les plus anciens. En effet, à l'examen, ceux-ci ne comportent justement aucune mention de «précurseurs» et bien au contraire affirment fréquemment l'unicité et la nouveauté du message:

pubbe ananussutesu dhammesu ⟨THERAVĀDIN⟩[145]
pūrve ananuśrutehi dharmehi ⟨MAHĀSAṄGHIKA LOKOTTARAVĀDIN⟩[146]
pūrvam ananuśruteṣu dharmeṣu ⟨MŪLASARVĀSTIVĀDIN⟩[147]
«... à propos de choses antérieurement jamais entendues»

et S. III, $66/_{15}$

Tathāgato bhikkhave arahaṃ sammāsambuddho anuppannassa maggassa uppādetā asañjātassa magassa sañjānetā anakkhātassa maggassa akkhātā ...

«Le Tathāgata, ô Moines, un Arahant devenu le totalement Illuminé,
le chemin non encore conçu, il l'aura conçu,
le chemin non encore né, il l'aura fait naître,
le chemin jamais encore proclamé, il l'aura proclamé ...»

En conséquence E. J. THOMAS paraît bien être dans le vrai lorsqu'il écrit dans son «History of Buddhist Thought»[148]:

> ... When we find him (the Buddha) mentioned in some discourses as a great ascetic and teacher without any reference ... to former Buddhas, we seem to have an earlier stage of tradition than that which puts him in the succession of former teachers ... It is of course possible to suppose that even before Buddha there were traditions of earlier Buddhas, *but there is nothing in the texts to support this.*[149] The fact that there were stupas to earlier Buddhas in Aśoka's times proves nothing, for the doctrine of earlier Buddhas was [already by] then established.

Il serait également à noter que la glose de WALDSCHMIDT à sa traduction du mot *tathāgata* comme visant des Buddhas antérieurs: «*l'ainsi venu*, c'est à dire: de la même manière que ces prédécesseurs ont paru dans le monde», nous paraît ne pas correspondre au sens du terme dans ses emplois les plus anciens. En effet dans les textes biographiques ou autobiographiques des Sūtrapiṭaka et Vinayapiṭaka anciens (cf. LAMOTTE ⟨1947 – 48 et 1958⟩ et BAREAU ⟨1963⟩), où le terme est des plus fréquent, il n'est jamais fait allusion ou mention, dans les discours du Maître, de Buddhas ou de Tathāgatas qui l'auraient soit précédé, soit suivi.

K. R. NORMAN dans sa «Pāli Literature» déclare même que la mention de MAITREYA / METTEYA dans le CAKKAVATTI-SĪHANĀDA-S. [D. III, 76] est la seule et unique mention dans tout le Canon Pāli d'un autre Buddha et dans ce cas d'un Buddha futur.[150]

---

145 VIN. I, $11/_1$; M. II, $211/_{19}$; A. III, $19/_{13}$; S. II, $10/_{24}$ + $105/_3$ + 31; S. IV, $233/_{25}$; SV. $179/_{10}$ + 258 +422 + 424 + 425.
146 MVU III, $332/_{13}$.
147 CPS. $143/_2$; S.BH.VU I, $135/_8$; Cf. aussi LV. $417/_{15}$.
148 THOMAS ⟨1933⟩ p. 147.
149 C'est nous qui soulignons.
150 NORMAN ⟨1983⟩ pp. 41 + 93 + 161.

Nous croyons encore devoir, dans ce contexte, expliciter nos objections[151] à un regrettable et malheureusement trop fréquent usage de certains érudits: celui d'utiliser dans leurs traductions le mot de «Tathāgata», non traduit, d'une manière syntactique non autorisée explicitement par la construction du mot dans les textes originaux et, ainsi, de lui donner implicitement une interprétation qui en gauchit la portée.

En effet en Pāli comme en Sanskrit il n'existe pas et il n'a jamais existé un «article indéfini». Lorsque les auteurs anciens écrivant dans ces langues, ont eu à exprimer l'idée même et la nuance particulière que cet article (dans nos langues modernes) ajoute au substantif auquel il se rapporte: c'est à dire la signification de «*un*» élément appartenant à une classe ou à un ensemble, ils emploient soit l'adjectif numéral *eka* dépendant d'un génitif pluriel, soit un composé: combinaison de l'interrogatif *ka* et de *cit* ou *api*, qui donnent des formes variables et variées.

En conséquence il nous paraît manifestement abusif, dans la traduction d'un texte bouddhique, d'écrire: «*un* Tathāgata», «*a* Tathāgata»[152], ou «*ein* Tathāgata», lorsque le libellé original comporte seulement *tathāgata* sans l'adjonction d'aucun terme porteur de la signification «partitive», particulière, d'appartenance à un ensemble et lorsqu'il ne s'agirait pas expressément dans le passage d'une pluralité de Tathāgatas ou de Buddhas.

Dans la plupart de nos Sūtras et Vinayas, et en tout cas dans les passages que l'on doit considérer comme appartenant à la couche la plus ancienne de la tradition, lorsque le terme de *tathāgata* figure dans un discours prêté au Maître, il concerne toujours très certainement le Fondateur lui-même. Aussi, sous peine de forcer le sens du texte et de paraître vouloir y lire que le Buddha lui-même se serait considéré comme appartenant à toute une classe ou lignée de Buddhas et Tathāgatas, antérieurs et futurs, on ne peut et ne doit écrire que «LE» Tathāgata dans les traductions de textes de ce genre.

Comme autre traduction-interprétation abusive du même ordre et concernant le sujet de cet Addendum, nous voudrions encore citer une traduction par Miss HORNER[153] d'un passage du MAHĀVAGGA [VIN. I, $11/_{1-3}$], auquel nous nous sommes déjà référé au début de l'Addendum.

Le texte est:

idaṃ dukkhaṃ ariyasaccan ti me bhikkhave pubbe ananussutesu dhammesu cakkhuṃ udapādi ñāṇaṃ udapādi ... etc ...

Miss HORNER traduit:

On thinking «This is the ariyan truth of ill» among things not heard before *by me*[154], monks, vision arose, knowledge arose, ... etc ...

---

151 Cf. Ci-dessus p. 32 note 1.

152 Cf. par ex. M. I, 69–72 la trad. HORNER ⟨1954⟩ pp. 92–96.

153 HORNER ⟨1951⟩ IV, p. 16.

154 C'est nous qui soulignons.

Pareille traduction impliquerait le fait que «de pareilles choses» auraient pu être entendues précédemment par d'autres. — En effet Miss HORNER a dû considérer *me* comme un «instrumental» et en a fait le régime de *ananussutesu*, alors que conformément à la construction la plus normale ce *me* se trouve être ici un «datif»[155] et le régime de *udapādi*. On aurait donc dû traduire: «*arose in me*».[156]

Addendum III

VON HINÜBER dans une étude d'une importance capitale et toute pleine d'aperçus nouveaux, parue tout récemment ⟨1990⟩, semble accepter sans discussion la tradition theravādin d'une toute première mise par écrit du Canon Pāli en bloc au Ier Siècle a.C.[157] et page 63, notes 147 + 149, il écarte, simplement et sans réfutation, les arguments de FILLIOZAT ⟨1955⟩[158] et ceux de WELLER ⟨1928⟩.[159]

Cependant les informations historiques du MAHĀVAṂSA et du DĪPAVAṂSA et leur chronologie au sujet des premiers siècles bouddhiques paraissent pour le moins sujet à caution; et ce d'autant plus que leur «roman», de la traditionelle et gigantesque entreprise: d'avoir mis le Canon Pāli tout entier par écrit pour la première fois et en une seule opération, effectuée à Ceylon vers l'an 15 ou selon LAMOTTE[160] entre les années 35 – 32 avant notre ère, ne paraît guère plausible. En effet l'opération ainsi conçue serait humainement quasi impossible.

Et d'ailleurs il semble difficile de ne pas admettre la possibilité de traductions partielles, multiples et diverses effectuées déjà sur le continent avant l'introduction du Canon dans l'île. A ce propos l'argumentation philologique de WELLER ⟨1928⟩ pp. 153 – 160[161]: concluant à des mises par écrit préalables qui différeraient des transpositions en Pāli qui nous sont parvenues, semblerait toujours encore à prendre en considération, faute d'une réfutation en règle qui, à notre connaissance, n'a jamais été donnée.

---

155 Ou préférablement selon SCHMITHAUSEN un «génitif».

156 Cf. BAREAU ⟨1963⟩ p. 172 qui traduit: «à l'endroit des choses qui n'avaient pas été entendues jadis ... apparut en moi ...»

157 VON HINÜBER ⟨1990⟩ p. $41/_{8\,sq.}$

158 FILLIOZAT ⟨1955⟩ pp. 150 – 151 écrit: «... les premiers textes bouddhiques n'ont pas été liés à une forme linguistique fixée. Ils ont dû être transmis par la tradition orale, favorable aux variantes dialectales, avant de l'être par écrit, ainsi que l'indique EDGERTON ⟨1953⟩ I. p. 16, mais sans qu'on puisse admettre avec lui que cet état de choses ait duré '*des siècles*' (il faudrait dire deux siècles tout au plus) car *les textes que nomme en orthographe insolite l'inscription de Bhabra* (J. Bloch 154) *avaient déjà une forme écrite dans cette orthographie qu'Aśoka a respectée.* [C'est nous qui soulignons.]

159 Pour ce dernier v. HINÜBER semble en accord avec FRAUWALLNER ⟨1956⟩ p. $172/_{note}$, toutefois sans le citer ici (dans la note 149), ou mentionner son argumentation, qui, à nos yeux, demeure fort discutable. Au contraire DE JONG ⟨IIJ./32/1989, p. 242⟩ paraît considérer l'argumentation de WELLER, p. 164, comme plausible. Celle-ci tend à démontrer que la datation donnée par les DĪPAVAṂSA et MAHĀVAṂSA serait une interpolation tardive, probablement d'une glose marginale.

160 LAMOTTE ⟨1958⟩ pp. 404 – 405.

161 Et le résumé de ses conclusions, p. 178.

Il se pourrait donc bien que la soi-disant mise par écrit du Canon à Ceylon , plutôt qu'une «écriture» totalement nouvelle et première, aura été une espèce de «revision-normalisation» de textes divers ou assemblages de textes, en grande partie déjà écrits, et apportés du continent à des dates s'échelonnant probablement sur plus d'un siècle au moins et avec des variantes dialectales assez prononcées.

Maintenant une citation fort précautionneuse de LAMOTTE[162], à laquelle se réfère également v. HINÜBER ⟨1990⟩ p. 71 en note, «Les bouddhistes veulent qu'Udāyin [24 – 40 P.N. = 462 – 446 a.C.] se soit attaché à la doctrine du Buddha et l'ait fait consigner par écrit: tradition incontrôlable, mais qui ne peut-être écartée a priori.»

Très certainement le fait lui-même ne peut remonter à une date aussi reculée. D'autre part il semble bien que, pour un début absolu de cette mise par écrit, la date, le lieu et l'occasion fournis par la tradition Theravādin soient difficilement acceptables.

Ceci dit, si l'on admet (comme le veut v. HINÜBER[163] et ses arguments nous semblent, à première vue, des plus convaincants) que l'invention de l'alphabet *Brāhmī* daterait du règne d'Aśoka seulement et serait le résultat d'une commission donnée par le roi (ou sa chancellerie) à des brahmanes convertis au Bouddhisme afin de pouvoir disposer d'un instrument plus commode que le *Kharoṣṭhī* et spécifiquement destiné, à l'origine tout au moins, à l'écriture du Moyen-Indien de la chancellerie aśokéènne, n'est-on pas alors obligatoirement amené à remettre en question la date traditionelle de l'introduction du Canon Pāli à Ceylon sous le règne d'Aśoka?

Ne serait-ce, qu'afin de consentir, à l'adaptation et à l'utilisation du nouvel alphabet, l'espace de temps suffisant et nécessaire pour la mise par écrit sur le continent d'un certain nombre de Sūtras et des parties les plus anciennes du Vinaya au moins.[164]

Il suffit de relire les pages de LAMOTTE, dans son «Histoire du Bouddhisme Indien»[165], consacrées aux «missions bouddhiques» selon la chronique singhalaise, pour se rendre compte à quel point les données de ces dernières sont sujettes à caution.

Cependant une telle constation ne contredit en rien le fait que déjà sous le règne d'Aśoka des missionaires bouddhistes ont dû atteindre les *Tāmraparṇīya* (Ceylon), conformément aux mentions des édits sur roc II et XII (BLOCH, p. 93 – 130), et commencer à leur prêcher la bonne parole. On pourrait même aller jusqu'à admettre que parmi eux, ou à leur tête, se serait trouvé le fameux MAHENDRA de la légende, fils ou frère cadet d'Aśoka.

---

162 LAMOTTE ⟨1958⟩ p. 102.

163 VON HINÜBER ⟨1990⟩ pp. 59 – 62.

164 Bien que se gardant d'une affirmation catégorique, v. HINÜBER lui-même, p. 24, admet que l'absence dans le Vinaya de la formule «*evaṃ me sutaṃ*» rendrait fort tentante l'interprétation: qu'il s'agirait ici, dans le Kandhaka, d'une élaboration nouvelle, *au moyen de l'écriture*, de matériaux anciens ayant appartenu à la tradition orale.

165 LAMOTTE ⟨1958⟩ pp. 320 – 339 et surtout p. 335 in fine.

Addendum IV

A propos de l'ancienneté (ou antériorité) des Gāthā et de leur fiabilité (*reliability*) en tant que source à utiliser pour ce travail, il nous semble devoir citer les toutes récentes remarques dépréciatives de De Jong[166] au sujet des textes gnomiques bouddhistes en général:

> It is a misconception to assume that the oldest form of the doctrine is to be found in verses which in their literary form are older and more archaic than other parts of the canon. Many of these verses have parallels in non-Buddhist texts and belong to collections of verses current among wandering groups of ascetics. These verses were much later incorporated into the Khuddaka nikāya, the fifth and last collection of the Suttapiṭaka of the Theravādins. The doctrines found in these verses became in this way part of the Buddhist teaching but this does not mean that they reflect the oldest form of the Buddha's message.

Il est évident qu'il ne peut-être question de vouloir tirer de ces textes gnomiques une soi-disant «doctrine authentique» du Bouddhisme primitif.[167] En effet cette littérature gnomique bouddhiste ne contient aucun exposé doctrinal (aussi restreint et condensé qu'on puisse se l'imaginer) et elle n'y a jamais prétendu.

Cependant il nous semble tout aussi évident qu'un grand nombre de ces *Gāthā* sont spécifiquement bouddhiques et appartiennent à la strate la plus ancienne de notre documentation.

On peut citer par exemple les «*Stances à Upaka*», ainsi que les parties les plus anciennes du Suttanipāta. Pareillement on trouvera bien d'autres de ces *Gāthā* «typiquement bouddhiques» dispersés dans les Nikāyas, particulièrement dans le tome Ier du Saṃyutta, dans les Thera° Therīgāthā et également dans les parallèles des différents Dharmapada / Udānavarga.

L'étude philologique de ces textes nous paraît de la plus haute importance, vu leur ancienneté, pour établir le sens à attribuer aux mots-clefs de la terminologie bouddhiste, tels qu'ils furent employés au début du mouvement. Sens qui, bien souvent, diffèrent très sensiblement de ceux que nous rencontrons dans les exposés doctrinaux des générations suivantes.

Les textes gnomiques à caractère indéniablement bouddhique demeureront toujours — à notre avis — un instrument des plus précieux pour l'interprétation et l'authentification des textes du Bouddhisme ancien.

Aussi, prétendre que ces *Gāthā* aient été principalement une incorporation relativement tardive dans le ou les Canons bouddhistes (comme semble le penser De Jong) frise quant à nous le paradoxe et ne peut entrainer l'acquiescement.

De Jong ajoute (p. $7/_{24-27}$):

> Another frequently found misconception is that a shorter version of some doctrinal development is necessarily more original than a more expanded one and that an enumeration of a few items is likewise more primitive than one in which there are more items mentioned.

---

166 De Jong ⟨1991⟩ p. $7/_{14-23}$.
167 Comme semble le vouloir Nakamura ⟨1980⟩.

Cette dernière affirmation nous paraît par trop catégorique. En effet, généralisée, elle serait contraire à toute saine logique d'une quelconque critique textuelle et contraire aussi à l'histoire même du dévéloppement attesté de nos textes.

Cependant nous conviendrons volontiers qu'il existe, aussurément, un certain nombre de cas particuliers où pareille remarque s'avérera être fort pertinente et de bonne critique.

Remerciements

Pour ceux qui auront lu cet ouvrage jusqu'au bout, qu'ils trouvent ici le témoignage de l'expression de ma gratitude pour la mise sur disquette de mon manuscrit par Mesdames: Dr. Elisabeth MAIRHOFER et Dr. Ulrike ROIDER ainsi que pour les soins minutieux donnés par Monsieur le Mag. Gottfried GRASL et ses collaborateurs à l'impression du livre, spécialement à celle de ses difficiles tableaux synoptiques.

Je voudrais également et tout particulièrement remercier ici le Professeur Dr. Wolfgang MEID d'avoir bien voulu accueillir et publier mon travail dans la série si prisée des Innsbrucker Beiträge zur Kulturwissenschaft.

Et pour finir il nous faut encore dire combien les précieuses remarques des Messieurs les Professeurs Dr. Johannes BRONKHORST et Dr. Lambert SCHMITHAUSEN, qui ont bien voulu lire une première rédaction de notre manuscript, auraient permis d'améliorer ce travail en plusiers points et d'en corriger certains erreurs.